认知·国学经典书系

国学概论
国学略说

章太炎◎著　李建军◎导读

雷原　白金钟◎主编

四川人民出版社

图书在版编目（CIP）数据

国学概论　国学略说 / 章太炎著；雷原，白金钟主编；李建军导读. — 成都：四川人民出版社，2018.2

（国学经典书系）

ISBN 978-7-220-10655-2

Ⅰ. ①国… Ⅱ. ①章… ②雷… ③白… ④李… Ⅲ. ①国学—概论 Ⅳ. ①Z126

中国版本图书馆 CIP 数据核字（2017）第 316226 号

GUOXUEGAILUN　GUOXUELUESHUO

国学概论　国学略说

章太炎　著　李建军　导读
雷　原　白金钟　主编

责任编辑	罗晓春
特约编辑	闫　勤
封面设计	介　桑
版式设计	杨艳菲
责任印制	张　辉
出版发行	四川人民出版社（成都槐树街 2 号）
网　　址	http://www.scpph.com
E-mail	scrmcbs@sina.com
新浪微博	@ 四川人民出版社
微信公众号	四川人民出版社
发行部业务电话	（028）86259624　86259453
防盗版举报电话	（028）86259624
照　　排	北京新生代彩印制版有限公司
印　　刷	北京旭丰源印刷技术有限公司
成品尺寸	145mm×210mm
印　　张	10.25
字　　数	225 千字
版　　次	2018 年 2 月第 1 版
印　　次	2018 年 2 月第 1 次印刷
书　　号	ISBN 978-7-220-10655-2
定　　价	56.00 元

序

正值中国传统文化复兴之际，雷原教授计划选择一批民国时期的书籍，附之以导读进行出版，我非常支持，很乐意为他的这一出版计划写几句话。

自鸦片战争开始，中国历史在全球范围内展开了一场农耕文化与西方商业文化的较量，历经一百八十年的西风东渐，西方商业文化已主导整个世界。然而西方商业文化主导下的世界矛盾重重，危机四伏，致使全世界也包括中国面临着生态危机、道德危机、异化危机，人类的可持续发展已面临严重威胁。随着对西方商业文化认识的不断加深，人们开始关注东方，希望从中国传统文化中为人类找到出路，这为中国传统文化复兴带来巨大的历史机遇。

然而，面对中国传统文化的复兴事业，许多人在很多问题上存在着疑虑，诸如反转基因农业问题、中医与西医选择问题、市场经济价值规律与“君子喻于义”矛盾问题、对于中国历史文化的批判与继承的关系问题，等等。

这些问题概括起来不外乎：第一，如何认识中华民族几千年来的历史与文化，以“剔除糟粕，取其精华”这种简单化的二分法思维来对待中华几千年以来的历史文化是不行的。传统文化伴随历史的发展变化，有所损益或者创新，不能因为历史上的很多东西不能被今天的现实所用，就说它是糟粕，这种认识有悖于历史，也有悖于中国传统文化述而不作的精神。第二，科学与自然之道的关系问题。也就是说在自然之道与科学之间，我们应视科学为第一原则，还是视自然之道为第一原则呢？第三，在农与商之间，孰主孰次的问题，更确切地讲，在农耕文化与商业文化之间，谁是第一位的？两者兼顾自然是对的，但何者居于主导，何者处于从属？

上述这些问题，如果在今天都能得到深刻的反思，得到明确的答复，我想大概中华传统文化离真正复兴的日子就不远了。历史不能割断，我们不仅要对中华文化几千年之历史进行研究，从对历史的研究中、反思中形成我们今天的思想，还要借鉴历史中曾经有过的类似今天这些问题的研究与成果，使人们能更好地继承前人的经验。踩在前人的肩膀上会使我们少走弯路，也站得更高。

其实民国时期，对上述这些问题就有过争论，诸如科学与玄学的争论，玄学其实就是我们今天讲的自然之道；对于以农立国还是以工立国，也进行了深刻的思辨；还有中国本位还是全盘西化以及社会主义与资本主义之争、民主与独裁之争，等等。

对民国时期人物及其著作进行梳理，有助于促进我们对上述问题的认识，也可以说是认识中国传统文化的捷径。如果能借鉴民国时期的文化思想，一定会对今日中国传统文化的复兴事业大有裨益。也正是基于这一认识，我非常赞同研究民国并出版相关民国的书籍，如果全社会能借助这些书籍对民国时期的思想有一个更深的认识，那么将有助于我们的传统文化早日复兴。

楼宇烈

目录

国学略说

《国学概论》《国学略说》导读

李建军

《国学概论》和《国学略说》是太炎先生最为知名的两部国学讲义，也是近百年来最受欢迎的国学读本之一。两书在百年风云的变幻中经受历史的检验，在国学浪潮的涨落中历尽时光的淘洗，逐渐沉淀为国学名著，散发出经典的熠熠光芒。我们在欣赏光芒照耀的胜景之际，也应该追问光芒从何而来，大师如何治学，经典何以铸就……

一、“革命之志，终不屈挠”——民国先驱的壮丽人生

章太炎（1869—1936），初名学乘，字枚叔，后改名炳麟，再后又因仰慕明末清初思想家顾炎武（原名绛，明亡后改名炎武）而改名绛，别号太炎，以号行于世。浙江余杭人，出身于书香门第。祖父章鉴为国子监生，父亲章濬曾任余杭县学训导，兼杭州诂经精舍监院，兄章篯、章箴均为举人。先生幼时即从外祖父朱有虔读经，濡染清代汉学由声音文字以求训诂、由训诂以求义理的风习，从小

在文字音韵方面受到严格训练。1890 年，进入诂经精舍，师从朴学大师俞樾，并从高治平问经，从谭献习文辞之法。诂经精舍七年的勤学精研，给先生打下了深厚的朴学根基。

1894 年甲午战争之后，积极投身维新运动，参加强学会，又赴上海任《时务报》撰述。1898 年戊戌变法失败后遭通缉，避居台湾，后又流亡日本，结识孙中山。1900 年，在上海参加唐才常发起的“张园国会”，当场剪去辫发，表达排满之志，并公开与改良派决裂，从此走上推翻清王朝的革命道路。1903 年，因发表《驳康有为论革命书》并为邹容《革命军》作序，触怒清政府，被捕入狱达三年之久。1904 年，身陷囹圄的太炎先生与狱外蔡元培等人联络合作，在上海发起成立光复会。1906 年，出狱后赴日本，加入同盟会，并担任机关报《民报》主编，与改良派展开论战。

1911 年武昌起义爆发后归国，并于次年初担任《大共和日报》主编和孙中山总统府枢密顾问。1913 年宋教仁被刺后参与筹划讨袁，被袁世凯软禁于北京达三年之久。1917 年追随孙中山参加护法运动，曾任护法军政府秘书长，不久即离职，退隐于书斋。

1931 年“九一八事变”后，多方奔走、四处联络，主张坚决抵抗日本侵略，并赞助抗日救亡运动。同时，以肩荷民族文化为己任，以更强的使命感著书讲学，传承文化、培养后学。1936 年病逝于苏州，临终告诫子孙“设有异族入主中夏，世世子孙毋食其官禄”。[1]

1　章太炎生平事迹，详参章太炎《太炎先生自定年谱》（香港：龙门书店，1965 年版），汤志钧《章太炎年谱长编》（北京：中华书局，1979 年版）和《〈章太炎年谱长编〉补》（载《文史》第 18 辑），胡珠生《〈章太炎年谱长编〉订补》（载《近代史研究》1982 年第 1 期），章念驰《章太炎生平与思想研究文选》（杭州：浙江人民出版社，1986 年版）和《章太炎生平与学术》（北京：三联书店，1988 年版），谢樱宁《章太炎年谱摭遗》（北京：中国社会科学出版社，1987 年版），姚奠中、董国炎《章太炎学术年谱》（太原：山西古籍出版社，1996 年版），姜义华《章太炎评传》（南昌：百花洲文艺出版社，2010 年版）等。

太炎先生是近代民主革命家，先后参与维新运动、辛亥革命、二次革命、护国运动、护法运动等重大历史事件，坚贞之志，始终不坠，为推翻清政府、建立中华民国做出了不可磨灭的功绩，被誉为“民国先驱”。先生去世后，国民政府发布国葬令称其“性行耿介，学问淹通。早岁以文字提倡民族革命，身遭幽禁，义无屈挠。嗣后抗拒帝制，奔走护法，备尝艰险，弥著坚贞”，[1]钱玄同先生在挽联中赞其“缵苍水、宁人、太冲、姜斋之遗绪而革命，蛮夷戎狄，矢志攘除，遭名捕七回，拘幽三载，卒能驱逐客帝，光复中华，国士云亡，是诚宜勒石纪勋，铸铜立像”。[2]

鲁迅先生在《关于太炎先生二三事》中也特别提到：“我以为先生的业绩，留在革命史上的，实在比在学术史上还要大……考其生平，以大勋章作扇坠，临总统府之门，大诟袁世凯的包藏祸心者，并世无第二人；七被追捕，三入牢狱，而革命之志，终不屈挠者，并世亦无第二人：这才是先哲的精神，后生的楷范。”[3]许嘉璐先生《〈章太炎全集〉序》中云：“有志青年得先生熏润而投身革命者，岂可数哉！先生又著《俱分进化论》《革命之道德》《建立宗教论》《代议然否论》诸文，于革命力量之奋扬、帝制后之国体、建制诸事，皆有学理之探讨，即‘中华民国’之名亦出于先生。唏！民国之肇兴，先生奠基之功巨矣。”[4]上述材料都点出了太炎先生作为民主革命家的矢志不移和丰功伟绩。

1 姜义华《章太炎评传》附录《章太炎生平与学术行年》，第 310 页。

2 汤志钧《章太炎年谱长编》，第 978 页。

3 鲁迅《关于太炎先生二三事》，《鲁迅全集》第 6 卷，北京：人民文学出版社，1981 年版，第 554—556 页。

4 许嘉璐《〈章太炎全集〉序》，《章太炎全集》第 1 册，上海：上海人民出版社，2014 年版，第 2 页。

二、“转俗成真”与“回真向俗”——国学大师的治学心路

太炎先生不仅是革命家，而且是“有学问的革命家”，或曰“有革命业绩的学问家”。其学术造诣遍及经、史、子、集等中国传统学术领域，又精通印度佛学，通晓西方学术，堪称清末民初“学界泰斗”。许嘉璐先生《〈章太炎全集〉序》云：“先生之学博而约，闳而邃，于经、史、子、集及印、西诸学皆有独得。举凡古近政俗之消长，社会都野之情状，华梵圣哲之义谛，东西学人之所说，莫不察其利病，识其流变，观其会通，穷其指归。故黄季刚（侃）先生曰：‘先生懿行至多，著述尤富。文辞训故，集清儒之大成；内典玄言，阐晋康（唐）之遗绪；博综兼善，实命世之大儒’，诚不刊之论也。”[1]

太炎先生的学术路径，依其《菿汉微言》中的自述，可谓“始则转俗成真，终乃回真向俗”[2]。所谓“俗”“真”之别，即入世之学问与出世之佛学的界隔。太炎先生这种“俗——真——俗”的学术之路，在其《自述学术次第》中有清晰表述：

> 余少年独治经史通典诸书，穷及当代政书而已；不好宋学，尤无意于释氏。三十岁顷，与宋平子交，平子劝读佛书。始观《涅槃》《维摩诘》《起信论》《华严》《法华》诸书，渐近玄门，而未有所专精也。遭祸系狱，始专读《瑜珈师地论》及《因明论》《唯识论》，乃知《瑜伽》为不可加。既东游日本，提倡改革，人事繁多，而暇辄读藏经。又取魏译《愣伽》及《密严》诵之，参以近代康德、萧宾诃尔之书，益信玄理无过《愣伽》《瑜伽》者。

1　许嘉璐《〈章太炎全集〉序》，《章太炎全集》第1册，第2–3页。
2　章太炎《菿汉微言》，浙江图书馆校刊《章氏丛书》本。

少虽好周秦诸子，于老庄未得统要。最后终日读《齐物论》，知多与法相相涉，而郭象、成玄英诸家悉含胡虚冗之言也。既为《齐物论释》，使庄生五千言，字字可解……

余既解《齐物》，于老氏亦能推明。佛法虽高，不应用于政治社会，此则唯待老庄也。儒家比之，邈焉不相逮矣。然自此亦兼许宋儒，颇以二程为善，唯朱、陆无取焉。二程之于玄学，间隔甚多，要之未尝不下宜民物；参以藏氏，则在夷惠之间矣。[1]

所谓“少年独治经史通典诸书，穷及当代政书而已；不好宋学，尤无意于释氏”云云，可见太炎先生早年治学兴趣在经史之学、典制之学，当然还有其未提及的小学，而对宋学和佛学则不甚措意。这是太炎先生治学的第一个阶段。所谓“三十岁顷，与宋平子交，平子劝读佛书……既为《齐物论释》，使庄生五千言，字字可解”云云，这是太炎先生治学的第二个阶段，即接触并究心佛学“转俗成真”的阶段。大致从1897年遇宋恕（字平子）劝读佛书开始，到1910年撰成《齐物论释》为界。在此期间，太炎先生精研佛理，并以佛学来会通子学、西学，用佛解庄而成《齐物论释》。所谓“余既解《齐物》，于老氏亦能推明。佛法虽高，不应用于政治社会，此则唯待老庄也。儒家比之，邈焉不相逮矣。然自此亦兼许宋儒”云云，这是太炎先生治学的第三个阶段，即“回真向俗”的阶段。在此阶段，太炎精研佛理后，认识到“佛法虽高，不应用于政治社会”的缺陷，转而认为凡“外能利物，内以遣忧”之学皆有价值，开始对古今中

1 章太炎《自述学术次第》，陈平原编校《民国学术经典·章太炎卷》，石家庄：河北教育出版社，1996年版，第642–643页。

外学术思想进行重估，最后达到儒、释、道的会通，中学、西学的会通。

关于“回真向俗”的心路历程，太炎先生还有一个更为直白的表述：

> 我从前倾倒佛法，鄙视孔子、老、庄，后来觉得这个见解错误，佛、孔、老、庄所讲，虽都是心，但是孔子、老、庄所讲的，究竟不如佛的不切人事。孔子、老、庄自己比较，也有这样情形，老、庄虽高妙，究竟不如孔子的有法度可寻，有一定的做法。[1]

太炎先生指出自己从“倾倒佛法，鄙视孔子、老、庄”，到体会出“佛的不切人事”，再到体会出“老、庄虽高妙，究竟不如孔子的有法度可寻，有一定的做法”，经历了扬佛而抑儒道，最终在儒释道权衡中重新认识儒家价值的思想嬗变过程，这个过程正是太炎先生治学始于“入世”、中经“出世”而终于“入世”的回环。

三、“管籥”为基与“堂奥”为极——学界泰斗的治学心得

太炎先生的学术成就在小学、古文经学、诸子学等领域尤其令人瞩目。太炎先生在小学方面的辉煌成就，许嘉璐先生有精当阐发：

> 先生尤精于小学，学者谓为乾嘉正统派之殿军。清之朴学，自昆山顾氏肇其端，后竟蔚为大国。文字、音韵、训诂、目录、版本、校勘、辑佚、辨伪、沿革地理诸学渐

1 章太炎《说新文化与旧文化》，汤志钧《章太炎年谱长编》下册摘引，第 618 页。

为专门，学者苟通其一，即获赞叹，而先生乃能会而通之，上承戴东原（震）、段懋堂（玉裁）、王怀祖（念孙）、王伯申（引之）、俞曲园（樾）之绪余；下启近代各专门学科之兴盛。先生好顾、江、戴、段、王、孔音韵之学，及翻阅大徐《说文》十数过，昀然见语言文字之本原，著《文始》《新方言》。其躐越前人者，于文与字，不驻足于音同义同、音近义通、一声之转之混沌，而依文字之演进以探其源，即后世所谓以历时观念检视本体也。其于音声，亦不拘于同、近，创《成均图》，明言对转、次对转、次旁转，益合于音理及语言实际矣。至于发明孳乳、变易二例，尤为前人所不能言。如是，遂使附庸经学之小学，一跃而为独树大纛之语言文字学。季刚先生踵而襄之，遂有“章黄学派”之绵绵。[1]

太炎先生的小学成就，得到了学界公认。梁启超在《清代学术概论》中云：“其（即太炎先生，引者注）治小学，以音韵为骨干，谓文字先有声然后有形，字之创造及其孳乳，皆以音衍。所著《文始》及《国故论衡》中论文字音韵诸篇，其精义多乾嘉诸老所未发明；应用正统派之研究法，而廓大其内容延辟其新径，实炳麟一大成功也。”[2]太炎先生弟子周作人亦云：“我以为章太炎先生对于中国的贡献，还是以文字音韵学的成绩为最大，超过一切之上的。[3]太

1 许嘉璐《〈章太炎全集〉序》，《章太炎全集》第1册，第3页。

2 梁启超《清代学术概论》，夏晓虹编校《中国现代学术经典·梁启超卷》，石家庄：河北教育出版社，1996年版，第203页。

3 周作人《章太炎的北游》，载陈平原编《追忆章太炎》（修订本），北京：三联书店，2009年版，第283页。

炎先生的文字音韵学成绩也得到了当代学人的高度评价。著名音韵学家唐作藩等称："章、黄被认为是清代乾嘉以来小学的继承者和集大成者，他们对古音研究都有重要贡献。"著名古文字学家裘锡圭等称："章氏的理论和实践都证明他已经有了比较明确的语言学思想。他提出的语言文字之学这一名称，标志着中国现代语言学的发端。"[1]另外值得一提的是，民国年间使用的汉字注音符号亦是太炎先生所创，后来由其弟子钱玄同、许寿裳、周树人等促成教育部通过，成为通行的国语注音符号。

太炎先生在古文经学尤其是春秋左传学、尚书学方面有精深造诣，在剥落六经之经学油彩、还原其史籍本色、清除今文经学迷雾等方面，皆有重要建树。许嘉璐先生对此有贴切的论断：

> 先生治经，专尚古文，与康有为相颉颃。破燕齐方士怪迂之谈，谓《春秋》乃史家之实录而非万世之圣经；《易》明古今之变，史事之情状见焉；《礼》《乐》为周室法制，《诗》记列国之政，《书》之为史益莫须辨；孔子删定六经，非素王制法，乃在存故史，彰先世，故孔子为史家宗主。然亦许孔氏以"变机祥神怪之说而务人事，变畴人世官之学而及平民，此其功亦敻绝千古"。此其立意有别于康氏，而摧破之功则略同，经学由是而遂失庙堂之尊。是先生尤斤斤于学术独立，永葆中国独有之史学也。[2]

太炎先生在诸子学方面有精深研究，于其戛戛独造之处浃髓沦

1 刘坚主编《二十世纪的中国语言学》，北京：北京大学出版社，1998年版，第7页、第92页。

2 许嘉璐《〈章太炎全集〉序》，《章太炎全集》第1册，第3–4页。

肌，至今启人心智。太炎先生心仪周秦诸子研究，在 1909 年《致国粹学报社书》上，曾有这样的自我表白：

> 弟近所与学子讨论者，以音韵训诂为基，以周秦诸子为极，外亦兼讲释典。盖学问以语言为本质，故音韵训诂，其管籥也；以真理为归宿，故周秦诸子，其堂奥也。[1]

太炎先生“管籥”“堂奥”之喻，清晰揭示出经由小学之门登入子学之堂的治学门径，显示出其以语言为根底、以诸子为目标的研究进路。太炎先生的诸子研究，跳出了清儒精于校勘训诂、疏于融会贯通的窠臼，借助语言文字的“管籥”，进入精微隐秘的“堂奥”，探骊得珠，精警动人。对此，胡适先生在《中国哲学史大纲》中云：

> 清代的汉学家，最精校勘训诂，但多不肯做贯通的功夫，故流于支离碎琐。校勘训诂的工夫，到了孙诒让的《墨子间诂》，可谓最完备了，但终不能贯通全书，述墨学的大旨。到章太炎方才于校勘训诂的诸子学之外，别出一种有条理系统的诸子学。太炎的《原道》《原名》《明见》《原墨》《订孔》《原法》《齐物论释》，都属于贯通的一类。《原名》《明见》《齐物论释》三篇，更为空前的著作。[2]

点出太炎先生“于校勘训诂的诸子学之外，别出一种有条理系统的诸子学”之功绩。太炎先生诸子学研究之“条理系统”，精绝处在

1　章太炎《致国粹学报社书》，载汤志钧编《章太炎政论选集》上册，北京：中华书局，1977 年版，第 497 页。

2　胡适《中国哲学史大纲》，陈平原编校《中国现代学术经典·胡适卷》，石家庄：河北教育出版社，1996 年版，第 24 页。

于“援西释中”，中西贯通，论理透彻，略无窒碍。梁启超在《中国近三百年学术史》中称：“章太炎炳麟《国故论衡》中有《原名》《明见》诸篇，始引西方名学及心理学解《墨经》，其精绝处往往惊心动魄。”[1]太炎先生诸子学研究贯通中西所达到的哲理高度，得到学界的高度赞誉，贺麟在《五十年来的中国哲学》中云：“在他《国故论衡》中有《明见》一篇，最富哲学识度，又有《原道》三篇，最能道出道家的长处，而根据许多史实，指出道家较儒家在中国政治史上有较大较好的贡献，尤值得注意……现代西方哲学，大部分陷于支离繁琐之分析名相。能由分析名相而进于排遣名相的哲学家，除怀特海教授外，余不多觏。至转俗成真，回真向俗，俨然柏拉图‘洞喻’中所描述的哲学家胸襟，足见章氏实达到相当圆融超迈的境界。”[2]

太炎先生治学涉猎广泛，学术贡献也是多方面的，弟子许寿裳先生在《章炳麟传》中有精当概括：“虽则，他的入手工夫也是在小学，然而以朴学立根基，以玄学致广大。批判文化，独具慧眼，凡古今政俗的消息，社会文野的情状，中、印圣哲之义谛，东西学人的所说，莫不察其利病，识其流变，观其会通，穷其指归。‘千载之秘，睹于一曙’，这种绝诣，在清代三百年学术史中没有第二个人，所以称之曰国学大师。”[3]

太炎先生既是革命家(“民国先驱”)，又是学问家(“学界泰斗”)，其实两者是统一的。其研究国学、提倡国故、宣扬国粹，目的在于

1 梁启超《中国近三百年学术史》，北京：东方出版社，2004年版，第256页。

2 贺麟《五十年来的中国哲学》，上海：上海人民出版社，2012年版，第19–20页。

3 许寿裳《章炳麟传》，北京：中国言实出版社，2015年版，第4页。

"用国粹激动种姓，增进爱国的热肠"[1]，以文史之学传中国之命脉。太炎先生尝言：

> 夫国于天地，必有与立，所不与他国同者，历史也，语言文字也。二者国之特性，不可失坠者也。昔余讲学，未斤斤及此；今则外患孔亟，非专力于此不可。余意凡史皆春秋，凡许书所载及后世新添之字足表语言者皆小学。尊信国史，保全中国语言文字，此余之志也。[2]

其肩荷民族文化之使命感令人动容。太炎先生作为学问家以文史之学传中国之命脉，正如其作为革命家以坚贞之志开旧邦之新命，其背后都是对国家、民族的赤子情怀和使命担当。

太炎先生治学精勤，论著颇丰，其中包括《文始》《齐物论释》《国故论衡》《訄书》《检论》等名著。太炎先生的著述曾先后被汇集成《章氏丛书》（1915年）、《章氏丛书续编》（1933年）、《章氏丛书三编》（1939年）刊刻问世，但仍有遗珠之憾。1982年至1994年，上海人民出版社在《章氏丛书》《续编》《三编》基础上陆续点校出版《章太炎全集》八卷，给学界提供了很大便利。2014年开始，上海人民出版社正陆续推出新版共十九卷的《章太炎全集》，以冀为学界及广大读者提供一套规模最大、收录最全的章太炎著作集。

1　章太炎《东京留学生欢迎会演说辞》，汤志钧编《章太炎政论选集》，第272页。

2　诸祖耿《记本师章公自述治学之功夫及志向》，载陈平原编《追忆章太炎》（修订本），第69页。

四、真知灼见，深入浅出——《国学概论》的言简义丰

太炎先生作为一位大学问家，曾多次讲授国学。除了平日的零星讲演，比较集中的讲学有四次。第一次是1906年出狱后赴日本东京参加革命活动，“提奖光复，未尝废学”[1]，一边治学，一边讲学，讲授《说文》《庄子》《楚辞》《尔雅》《广雅疏证》典籍。弟子中有黄侃、钱玄同、周树人、许寿裳、朱希祖、周作人、龚未生等后来的知名人物。本次讲学，形成的重要成果便是后来名扬天下的《国故论衡》一书。该书1910年刊行于日本东京，太炎先生参与编辑的《教育今语杂志》曾刊登此书广告，刊于第一册上的广告称：“本书分小学、文学、诸子学三类，用讲义体裁，解说简明，学理湛深，诚研究国学者所不可不读也。”刊于第三册上的广告称：“本在学会口说，次为文辞。”可见该书是作者在讲义基础上修订而成的。第二次是1913年至1916年被袁世凯软禁于北京期间，与黄侃、钱玄同、吴承仕、周树人、朱希祖、许寿裳、马裕藻等一批学生讲授学术。本次讲学形成的成果之一便是太炎先生口述玄理，令吴承仕笔述整理，是为《菿汉微言》。第三次是1922年应江苏省教育会的邀请，在上海登坛系统讲授国学，所讲内容被曹聚仁整理为《国学概论》出版。第四次是晚年在吴中的讲学活动，所讲内容被诸祖耿等弟子记录下来，后来结集为《章太炎国学讲演录》。

太炎先生这四次比较集中的国学讲授活动，分别形成了《国故论衡》《菿汉微言》《国学概论》《章太炎国学讲演录》这四个文本。其中《菿汉微言》为哲学短论集，《国故论衡》《国学概论》《章太炎国学讲演录》则是较为系统的国学讲义。这三种国学讲义中，《国

1　章太炎《太炎先生自定年谱》，香港：龙门书店，1965年版，第14页。

故论衡》为作者手订，学理性、系统性最强，也最难读。《国学概论》和《章太炎国学讲演录》均为作者口述、弟子整理，既有一定的学理性和系统性，也有一定的普及性，特别是《国学概论》是面向社会大众讲演国学的记录整理稿，最为通俗易懂。从学习国学由易到难、由浅入深的次序来看，应先读《国学概论》，再读《章太炎国学讲演录》，最后读《国故论衡》。

下面先谈一下《国学概论》。1922年4月至6月，太炎先生应江苏省教育会之邀，到上海讲授国学。关于事情缘起，《申报》所载《省教育会通告》称："自欧风东渐，竞尚西学，研究国学者日稀，而欧战以还，西国学问大家来华专事研究我国旧学者，反时有所闻，盖亦深知西方之新学说或已早见于我国古籍，借西方之新学，以证明我国之旧学，此即为中国文化沟通之动机。同人深惧国学之衰落，又念国学之根底最深者，无如章太炎先生，爰特敦请先生莅会，主讲国学。"主办方从4月1日（星期六）起，请太炎先生于每周星期六午后进行讲授，共讲十次。《申报》于每次讲演后，即将讲授内容发表，文字加工不多，口语色彩很浓。曹聚仁先生则将讲演记录系统整理，但也保留了较浓的口语色彩，并于当年11月以《国学概论》为题在上海泰东图书馆排印出版。另外，还有张冥飞整理的《章太炎先生国学讲演集》，1924年于平民出版局出版。三者比较，曹先生整理而成的《国学概论》最优，流传也最为广泛。

《国学概论》分为概论（国学的本体、治国学的方法）、经学的派别、哲学的派别、文学之派别、国学之进步五个部分。在概论中，太炎先生论及国学之本体，指出"经史所载，虽在极小部分中还含神秘的意味，大体并没神奇怪离的论调。并且，这极小部分的神秘记载，也许使我们得有理的解释”，故而认为“经史非神话”；又指出“经典诸子中有说及道德的，有说及哲学的，却没曾说及宗教”，“孔子对于宗教，也反对；他虽于祭祀等事很注意，但我们味‘祭神如神在’的‘如’字的意思，他已明白告诉我们是没有神的”，故而认为“经典诸子非宗教”；还指出“史书原多可疑的地方，但并非像小说那样的虚构……正史中虽有些叙事很生动的地方，但绝与小说传奇不同”，故而认为“历史非小说传奇”。这些论断都是真知灼见，体现了学术的理性精神。太炎先生论及“治国学的方法”，谈到需要辨书籍的真伪、通小学、明地理、知古今人情的变迁、辨文学应用，都是多年治学的经验之谈。

在“经学的派别”中，太炎先生秉持“六经皆史”之说，指出“在六经里面，《尚书》《春秋》都是记事的典籍，我们当然可以说它是史。《诗经》大半部是为国事而作……也可以说是史。《礼经》是记载古代典籍制度的，在后世本是史的一部分。《乐经》虽是失去，想是记载乐谱和制度的典籍，也含史的性状。只有《易经》一书，看起来像是和史没关，但实际上却也是史。”接下来，太炎先生按照今古文之分、南北学之分、汉宋学之分、今古文的复归与衰亡的顺序扼要梳理了经学发展脉络。

在“哲学的派别”中，太炎先生指出：“讨论哲学的，在国学以子部为最多；经部中虽有极少部分与哲学有关，但大部分是为别种目的而作的。”接下来对先秦诸子学说、汉至唐的代表性学说、宋明理学进行了梳理，最后认为：“以哲学论，我们可分宋以来之哲学、古代的九流、印度的佛法和欧西的哲学四种。欧西的哲学，都是纸片上的文章，全是思想，并未实验……宋、明诸儒，口头讲的原有，但能实地体认出来，却也很多，比欧西哲学专讲空论是不同了。再就宋以来的理学和九流比较看来，却又相去一间了……‘九流’实远出宋、明诸儒之上，和佛法不相出入的。”实际上排出了欧西哲学—宋以来之哲学—古代九流与印度佛法这样一个由低到高的哲学位次。

在“文学之派别”中，太炎先生首先指出：“有文字著于竹帛叫作‘文’，论彼的法式叫作‘文学’。文学可分有韵无韵二种：有韵的今人称为‘诗’，无韵的称为‘文’。”接下来依次讨论无韵之文的分类，两汉以降的文学流派和著名文人，《诗经》《楚辞》、汉赋及各朝诗歌等内容，最后直言不讳地批评白话诗：“诗至清末，穷极矣。穷则变，变则通；我们在此若不向上努力，便要向下堕落。所谓向上努力就是直追汉、晋，所谓向下堕落就是近代的白话诗。”太炎先生对白话诗的批评引起了强烈反弹，当时曹聚仁、邵力子等人都曾撰文批评太炎先生此论。值得注意的是，太炎先生论文，一反学界对六朝之文的轻忽，指出六朝亦有佳作，但并非世代传诵的任、沈或徐、庾之作，而是当时不以文名的范缜、裴頠等人之作，其云：“至当时不以文名而文极佳的，如著《崇有论》的裴頠，著《神灭论》的范缜等，更如孔琳（宋）、萧子良（齐）、袁翻（北魏）的奏疏，干宝、袁宏、孙盛、习凿齿、范晔的史论，我们实在景仰得很。”太炎此论，值得文学史家关注。

在“国学之进步”中，太炎先生主张“经学，以比类知原求进步”，意即“把经看作古代的历史，用以参考后世种种的变迁，于其中看明古今变迁的中心。那么，经学家最忌的武断、琐屑二病，都可免除了”。同时主张“哲学，以直观自得求进步”，意即“要知哲理非但求之训诂为无用，即一理为人人所共明而未证之于心，也还没有用处的，必须直观自得，才是真正的功夫”。还主张“文学，以发情止义求进步”，其所谓“情”就是“心所欲言，不得不言”的意思，其所谓“义”就是“作文的法度”。

总之，《国学概论》的内容非常丰富，基本上将中国传统经部、子部、集部之学的整体轮廓和基本面貌勾勒出来了，且有真知灼见，论述深入浅出，语言通俗易懂，确实是一本适合于初学者的国学读本。美中不足的是，该书没有论及史部之学，从而在四部之学的呈现上留下缺环。另外，该书在某些论断上不够周延，如“文学之派别”中对白话诗的恶评，又如概论中“唐太宗不能齐家却能治国”的论断，都颇具争议，引来学界批评。

五、精微朗畅，新见迭出——《国学略说》的言近旨远

再谈《国学略说》。太炎先生晚年寓居江苏时，正值“九一八事变”后日寇加紧侵华步伐，民族危机深重。太炎先生以传承民族文化为己任，一意讲学。关于讲学的具体情形，弟子诸祖耿先生有详细记载：

> 一九三一年九月十八日，日本侵略军占领了我们的沈阳，妄想吞食中国。一九三二年……秋，苏州耆老张一麐、李根源、金天翮等，邀请先生在苏州讲学。先生不愿终老租界，特买宅苏州侍其巷，作长居苏州之计。在苏州讲学时，标举先忧后乐之范仲淹，以天下为己任之顾炎武以为倡；又举《孝经》之继承民族传统、《大学》之研究政学标的、《儒行》之鼓励强毅坚贞、《丧服》之巩固民族宗

> 亲以为教；而主要目的，则在继承保有文化，反抗敌人侵略，所谓“范以四经，标以二贤”者也。[1]

1935年，太炎先生还特地在苏州创设“章氏国学讲习会”，更加系统地讲授国学。关于具体情形，弟子诸祖耿先生云：

> 晚岁来吴，吴中旧有国学会，先生冠以章氏之号而别之，名曰“章氏国学讲习会”，一时章氏国学讲习会之名大著。先生分门讲演，每日过午开始，往往延及申酉。一茶一烟，端坐讲坛，清言娓娓，听者忘倦，历二三小时不辍。每次讲演，余必与王謇、王乘六诸子从旁绎记，汇集成章，然后由余缮定呈阅。凡经学、史学、诸子、小学，旁及诗文杂艺，悉有论述，刊布同仁。此册所刊，未越当时之旧也。先生尝言：“中年学生，基础已定，成就可待；晚岁小生，来日方长，不可不力加诱掖。”以故于年轻学生，更为重视，奖导特过恒常。易箦前夕，讲演未停。师母汤夫人言：“君体不舒，午餐未进，讲程暂缓可也。”先生毅然答曰：“吾饭可以不吃，吾学不可不讲！”卒依计划进行，一无异于平时。向患鼻痈，吐音重浊，此次忽现清亮，众皆为之察也。孰意鼻菌入腹，毒发成灾，卒以翌晨八时弃世，时一九三六年六月十四日也。先哲云徂，痛何可言。然循循善诱，启发后生，精神奕奕，当与日月齐光，历久而弥彰也。[2]

1 诸祖耿《关于“章氏国学讲习会”“制言半月刊”“太炎文学院”及其他》，载《章太炎国学讲演录》，北京：中华书局，2013年版，第304页。

2 诸祖耿《太炎先生国学讲演录序》，载《章太炎国学讲演录》，第1–2页。

从弟子的记载，可见太炎先生“继承保有文化，反抗敌人侵略”的讲学深意，循循善诱、精神奕奕的讲授风采以及“吾饭可以不吃，吾学不可不讲”的使命担当。

太炎先生晚年的国学讲演，最为人所关注的是在“章氏国学讲习会”的讲习内容。当时“章氏国学讲习会”创办了《制言》半月刊，陆续刊行弟子诸祖耿等整理的《章氏国学讲习会讲演记录》，前后共出九期，刊载《小学略说上》《小学略说下》《经学略说上》《经学略说下》《史学略说上》《史学略说下》《诸子略说上》《诸子略说下》《文学略说》等内容。这些内容曾被单独汇集成书出版，取名《国学略说》。

《国学略说》是太炎先生晚年最后一次系统讲授国学的讲义，具有举足轻重的地位。在《小学略说》中，太炎先生依次讲授小学定义、文字学、音韵学、训诂学，溯流穷源，旁征博引，论断精审。

在《经学略说》中，依次讲授六经大概、《周易》《尚书》《诗经》、“三礼”、《春秋》，将学术源流剖析得异常清晰，并提出了许多颇有新意的论断，如谓“今人皆谓汉代经学最盛，三国已衰，然魏文廓清谶纬之功，岂可少哉！文帝虽好为文，似词章家一流，所作《典论》《隋志》归入儒家。纬书非儒家言，乃阴阳家言，故文帝诏书未引一语。岂可仅以词章家目之”，高度评价魏文帝曹丕廓清谶纬之功。又如驳斥陈抟（号希夷先生）等创设的先天八卦图为无知妄作：

> 陈希夷辈意欲超过孔子，创先天八卦之说，不知八卦成列由观象于天、观法于地而来，其方位见于《说卦》传（即陈希夷辈所谓后天八卦）。当时所观之天，为全世界

共见之天；所观之地，则中国之地也。今以全地球言之，中国位东半球之东部，八卦方位，就中国所见而定。乾在西北者，中国之西北也；坤在西南者，中国之西南也。古人以北极标天，以昆仑标地。就中国之地而观之，北极在中国西北，故乾位西北。昆仑在中国西南，故坤位西南。正南之离为火，即赤道；正北之坎为水，即翰海。观象、观法，以中国之地为本，故八卦方位如此。后之先天八卦，乾在南而坤在北，与天文、地理全不相应。作先天八卦者，但知乾为高明之象，以之标阳；坤为沉潜之象，以之标阴。遂谓坤应在北，乾应在南。不知仰观俯察，非言阴阳，乃言方位耳。《周礼》："圜丘祭天，方泽祭地。"郑玄注：祭天谓祭北极，祭地谓祭昆仑。古人以北极、昆仑，分标天地，于此可见先天八卦为无知妄作矣。

该论结合天文、地理学知识谈论八卦方位，非常有说服力，值得易学研究者充分重视。另外，在《经学略说》部分，太炎先生秉持古文经学立场，对今文经学颇有訾议，并对康有为《新学伪经考》痛加呵斥，虽言之在理，但也难免有过头的意气话。

在《史学略说》中，依次讲授史学部类、正史、编年史、政书、治史明辨等内容，条分缕析，洞若观火。在此部分，亦有许多真知灼见，如对《四库全书》于史部去"谱系"一门的隐衷，太炎先生阐发得非常精当：

以余观之，《世本》《元和姓纂》《千家谱》《英贤传》《姓氏博考》五书，应立一谱系门，如云书少，不足别为门类，则时令何以可别立一门耶？求其所以不立之故，殆以讲求谱系，即犯清室之忌。《广韵》每姓之下，注明汉姓、虏姓，如立谱系一门，必有汉姓、虏姓之辨，故不如径删去耳。清修四库，于史部特注意；经部不甚犯忌，然皇侃《论语义疏》犹须窜改；子部宋、元、明作者，亦有犯忌处；集部则更多——然皆不如史部之分明，故史部焚毁尤多。不立谱系，即其隐衷可见者也。

此论可谓一语中的。又如谓“尊《纲目》为圣书者，村学究之见耳。编年之史，较正史为扼要，后有作者，只可效法《通鉴》，不可效法《纲目》，此不易之理也”，亦是恰中肯綮。太炎先生立论非常通达，如关于经史实录的可信度，有云：

余于星期讲习会中，曾言经史实录不应无故怀疑。所谓无故怀疑者，矜奇炫异，拾人余唾，以哗众取宠也。若核其同异，审其是非，僚然有得于心，此正学者所有事也。《太史公》记六国事，两《汉书》记王莽事，史有阙文，语鲜确证。《唐书》记太宗阋墙之变及开国功业，虽据实录，不无自定之嫌。明初靖难之祸，建文帝无实录可据。举此四者，可见治史者宜冥心独往，比勘群书而明辨之也。

既反对“无故怀疑”，也反对照单全收，主张“治史者宜冥心独往，比勘群书而明辨之”，显得中正通达。

在《诸子略说》中，依次讲授诸子流别、儒家、道家、墨家、法家、名家等内容，精微朗畅，新见迭出。值得注意的是，太炎先生常常“以佛解子”，如对先秦性善、性恶论的分疏，有云：

> 扬子云迂腐，不如孟、荀甚远，然论性谓善恶混，则有独到处。于此亦须采佛法解之，若纯依儒家，不能判也。佛法阿赖耶识，本无善恶。意根执著阿赖耶为我，乃生根本四烦恼：我见、我痴、我爱、我慢是也。我见与我痴相长，我爱与我慢相制。由我爱而生恻隐之心，由我慢而生好胜之心。孟子有见于我爱，故云性善；荀子有见于我慢，故云性恶；扬子有见于我爱、我慢交至为用，故云善恶混也。

此论非常精当，非深于佛学、诸子学并融会贯通者不能道。值得注意的是，太炎先生在儒、释对比参照中给予儒家以正面评价，如对《中庸》的解读：

> 余谓《中庸》“诚者物之终始，不诚无物”二语甚确。盖诚即迷信之谓。迷信自己为有，迷信世界万物为有，均迷信也。诚之为言，无异佛法所称无明。信我至于极端，则执一切为实有。无无明则无物，故曰“不诚无物”。《中庸》此言，实与释氏之旨符合。唯下文足一句曰“是故，君子诚之为贵”，即与释氏大相径庭。盖《中庸》之言，比于婆罗门教，所谓“参天地、赞化育”者，是其极致，乃入摩醯首罗天王一流也。儒、释不同之处在此，儒家虽采佛法，而不肯放弃政治社会者亦在此……昔欧阳永叔谓“孔子罕言性，性非圣人所重”，此言甚是。儒者若但求修己治人，不务谈天说性，则譬之食肉不食马肝，亦未为不知味也。

肯定了儒家“修己治人”的治学理路。

在《文学略说》中，依次讲授著作与独行之文、骈散之分、历代文章盛衰、文章分类等内容，高屋建瓴，要言不烦，通达之论比比皆是。如谓骈散之分，云：“骈散二者本难偏废。头绪纷繁者，当用骈；叙事者，止宜用散；议论者，骈散各有所宜……今以口说衡之，历举数事，不得不骈；单述一理，非散不可。二者并用，乃达神旨。以故，骈散之争，实属无谓。若立意为骈，或有心作散，比于削趾适屦，可无须尔。”太炎先生又提出唐宋散文十七家的说法，值得文学史家关注，其云：

> 今人率称八家，以余论之，唐宋不止八家。唐有萧颖士、独孤及、韩愈、柳宗元、李翱六家（皇甫湜、孙樵不足数），宋则尹洙、苏舜钦、刘敞、宋祁、司马光、欧阳修、曾巩、王安石、苏洵父子，合十一家（柳、穆、王不必取，苏门如秦观之《淮海集》、苏过之《斜川集》，文非不佳，唯不出东坡之窠臼，故不取。元结瑰怪，杜牧粗豪，亦不取）。合之可称唐宋十七家。

值得注意的是，太炎先生做上述演讲时，正是1935年、1936年日军加速侵华步伐、民族危机日益深重之际，故而在演讲中常常借古喻今，表达抗日救亡之意。如在“小学略说”中解释“武”字本义，云：“止戈为武，解之者率本楚庄王禁暴戢兵之意，谓止人之戈……余意‘止’者‘步’省，‘戈’者‘伐’省，取‘步伐’之义，似较优长。但楚庄之说，亦不可废。若解止戈为不用干戈，则未免为不抵抗主义之信徒矣。”其借说“武”表达对“不抵抗主义”

的反对。又如在《史学略说》中论及王朝正统，云："乾隆时更发特谕，谓元人北去，在漠北称汗，其裔至清初始尽，设国灭统存，则元祚不当尽于至正；武王灭纣，武庚亦将仍为正统……由今观之，爱新觉罗氏既作此国亡统绝之论，则辽东之溥仪，自不得再有统绪之说可以借口也。"以子之矛攻子之盾，用爱新觉罗氏"国亡统绝"之论，驳斥被日军操纵的溥仪伪满洲国的正统性。

另外，太炎先生在演讲中，常常会不由自主地借古鉴今，表达政见。如在《经学略说》中，论及历朝依《周礼》施政之例证，云："夫变法之道，乱世用之则治，治世用之则乱，况《周礼》不尽可为后世法乎？陈止斋、叶水心尊信《周礼》，当南宋残破之时而行《周礼》，或有可致治之理，然不可行之今日。何者？今外患虽烈，犹未成南宋之局，若再变法，正恐治丝而益棼耳。"表达艰危时局下应慎于变法的主张。又如《诸子略说》中，论及法家重法、术、势，云："试观民国以来，选举大总统，无非借兵力贿赂以得之。古人深知其弊，故或主执术以防奸，或主仁义以弭乱。要使势位尊于上，觊觎绝于下，天下国家何为而不治哉！"表达出对民国以来政坛乱象的反思。

总之，《国学概论》和《国学略说》作为太炎先生最为知名的国学讲义，前者深入浅出，言简义丰，后者精微朗畅，言近旨远，前者适合于初学者，后者则适合于有一定基础的乐学者。值得注意的是，两书作为国学经典，也并非白璧无瑕，太炎先生基于古文经学立场对今文经学的批评，基于民族主义立场对夷夏之防的解读，基于国粹主义立场对白话诗文的轻忽，今天看来都不无偏颇之处。但"小疵"掩不住"大醇"，两书的光芒直到今天依然灼灼，我们应该顺着光芒照耀的方向继续前行……

国学概论

第一章　概　论

我在东京曾讲演过一次国学，在北京也讲演过一次，今天是第三次了。国学很不容易讲，有的也实在不能讲，必须自己用心去读去看。即如历史，本是不能讲的；古人已说"一部十七史从何处说起"，现在更有二十四史，不止十七史了。即《通鉴》等书似乎稍简要一点，但还是不能讲；如果只像说大书那般铺排些事实，或讲些事实夹些论断，也没甚意义。所以这些书都靠自己用心去看。我讲国学，只能指示些门径和矫正些近人易犯的毛病。今天先把"国学概论"分作两部研究：

一、国学之本体

（一）经史非神话

（二）经典诸子非宗教

（三）历史非小说传奇

二、治国学之方法

（一）辨书籍的真伪

（二）通小学

（三）明地理

（四）知古今人情的变迁

（五）辨文学应用

一、国学之本体

（一）经史非神话

在古代书籍中，原有些记载是神话，若《山海经》《淮南子》中所载，我们看了，觉得是怪诞极了。但此类神话，在王充《论衡》里已有不少被他看破，没有存在的余地了。而且正经正史中本没有那些话。如盘古开天辟地，天皇、地皇、人皇等，正史都不载。又如“女娲炼石补天”“后羿射日”那种神话，正史里也都没有。经史所载，虽在极小部分中还含神秘的意味，大体并没神奇怪离的论调。并且，这极小部分的神秘记载，也许使我们得有理的解释。

《诗经》记后稷的诞生，颇似可怪。因据《尔雅》所释“履帝武敏”，说是他的母亲，足蹈了上帝的拇指得孕的。但经毛公注释，训帝为皇帝，就等于平常的事实了。

《史记·高帝本纪》说高祖之父太公，雷雨中至大泽，见神龙附高祖母之身，遂生高祖。这不知是太公捏造这话来骗人，还是高祖自造。即使太公真正看见如此，我想其中也可假托。记得湖北曾有一件奸杀案：“一个奸夫和奸妇密议，得一巧法，在雷雨当中，奸夫装成雷公怪形，从屋脊而下，活活地把本夫打杀。”高祖的事，也许是如此。他母亲和人私通，奸夫饰作龙怪的样儿，太公自然不敢进去了。

从前有人常疑古代圣帝贤王都属假托；即如《尧典》所说“钦明文思安安，克明俊德……”等的话，有人很怀疑，以为那个时候的社会，哪得有像这样的完人。我想，古代史家叙太古的事，不能详叙事实，往往只用几句极混统的话做考语，这种考语原最容易言过其实。譬如今人做行述，遇着没有事迹可记的人，每只用几句极好的考语；《尧典》中所载，也不过是一种考语，事实虽不全如此，也未必全不如此。

《禹贡》记大禹治水，八年告成。日本有一博士，他说：“后世凿小小的运河，尚须数十年或数百年才告成功，他治这么大的水，哪得如此快？”因此，也疑禹贡只是一种奇迹。我却以为大禹治水，他不过督其成，自有各部分工去做；如果要亲身去，就游历一周也不能，何况凿成！在那时人民同受水患，都有切身的苦痛，免不得合力去做，所以“经之营之，不日成之”了。《禹贡》记各地土地腴瘠情形，也不过依报告录出，并不必由大禹亲自调查的。

太史公作《五帝本纪》，择其言尤雅驯者，可见他述的确实；我们翻看经史中，却也没载盘古、三皇的事；所以经史并非神话。

其他经史以外的书，若《竹书纪年》《穆天子传》，确有可疑者在。但《竹书纪年》今存者为明代伪托本，可存而不论。《穆天子传》也不在正经正史之列，不能以此混彼。后世人往往以古书稍有疑点，遂全目以为伪，这是错了！

（二）经典诸子非宗教

经典诸子中有说及道德的，有说及哲学的，却没曾说及宗教。近代人因为佛经及耶教的《圣经》都是宗教，就把国学里的“经”，也混为一解，实是大误。“佛经”“圣经”的那个“经”字，是后人翻译时随意引用，并不和“经”字原意相符。经字原意只是一经一纬的经，即是一根线，所谓经书只是一种线装书罢了。明代有线装书的名目，即别于那种一页一页散着的八股文墨卷，因为墨卷没有保存的价值，别的就称作线装书了。古代记事书于简。不及百名者书于方，事多一简不能尽，遂连数简以记之。这连各简的线，就是“经”。可见“经”不过是当代记述较多而常要翻阅的几部书罢了。非但没含宗教的意味，就是汉时训“经”为“常道”，也非本意。后世疑“经”是经天纬地之经，其实只言经而不言天，便已不是经天的意义了。

中国自古即薄于宗教思想，此因中国人都重视政治。周时诸学者已好谈政治，差不多在任何书上都见他们政治的主张。这也是环境的关系：中国土地辽广，统治的方法亟待研究，比不得欧西地小国多，没感着困难。印度土地也大，但内部实分着许多小邦，所以他们的宗教易于发达。中国人多以全力着眼政治，所以对宗教很冷淡。

老子很反对宗教，他说：“以道莅天下，其鬼不神。”孔子对于宗教，也反对；他虽于祭祀等事很注意，但我们味“祭神如神在”的“如”字的意思，他已明白告诉我们是没有神的。《礼记》一书很考究祭祀，这书却又出自汉代，未必是可靠。

祀天地社稷，古代人君确是遵行；然自天子以下，就没有与祭的身份。须知宗教是须普及于一般人的，耶稣教的上帝，是给一般人膜拜的；中国古时所谓天，所谓上帝，非人君不能拜，根本上已非宗教了。

九流十家中，墨家讲天、鬼，阴阳家说阴阳生克，确含宗教的臭味；但墨子所谓“天”，阴阳家所谓“龙”“虎”，却也和宗教相去很远。

就上讨论，我们可以断定经典诸子非宗教。

（三）历史非小说传奇

后世的历史，因为辞采不丰美，描写不入神，大家以为是记实的；对于古史，若《史记》《汉书》，以其叙述和描写的关系，引起许多人的怀疑：

《刺客列传》记荆轲刺秦王事，《项羽本纪》记项羽垓下之败，真是活龙活现。大家看了，以为事实上未必如此，太史公并未眼见，也不过如《水浒传》里说武松、宋江，信手写去罢了。实则太史公作史择雅去疑，慎之又慎。像伯夷、叔齐的事，曾经孔子讲及，所以他替二人作传。那许由、务光之流，就缺而不录了。项羽、荆轲的事迹，昭昭在人耳目，太史公虽没亲见，但传说很多，他就可凭着那传说写出了。《史记》中详记武略，原不止项羽一人；但若夏侯婴、周勃、灌婴等传，对于他们的战功，只书得某城，斩首若干级，升什么官，竟像记一笔账似的；这也因没有特别的传说，只将报告记了一番就算了。如果太史公有意伪述，那么《刺客列传》除荆轲外，行刺的情形，只曹沫、专诸还有些叙述，豫让、聂政等竟完全略过，这是什么道理呢？《水浒传》有百零八个好汉，所以施耐庵不能个个描摹，《刺客列传》只五个人，难道太史公不能逐人描写吗？这都因荆轲行刺的情形有传说可凭，别人没有，所以如此的。

“商山四皓”一事，有人以为四个老人哪里能够使高祖这样听从，《史记》所载未必是实。但须知一件事情的成功，往往为多数人所合力做成，而史家常在甲传中归功于甲，在乙传中又归功于乙。汉惠免废，商山四皓也是有功之一，所以在《留侯世家》中如此说，并无可疑。

史书原多可疑的地方，但并非像小说那样的虚构。如刘知几《史通》曾疑更始刮席事为不确；因为更始起自草泽时，已有英雄气概，何至为众所拥立时，竟羞惧不敢仰视而以指刮席呢？这大概是光武一方面诬蔑更始的话。又如史书写王莽竟写得同騃子一般，这样愚騃的人怎能篡汉？这也是因汉室中兴，对于王莽当然特别贬斥。这种以成败论人的习气，史家在所不免，但并非像小说的虚构。

考《汉书·艺文志》已列小说于各家之一，但那只是县志之类，如所谓《周考》《周纪》者。最早是见于《庄子》，有“饰小说以干县令”一语。这所谓“小说”，却又指那时的小政客不能游说六国侯王，只能在地方官前说几句本地方的话。这都和后世小说不同。刘宋时有《世说新语》一书，所记多为有风趣的魏晋人的言行；但和正史不同的地方，只时日多颠倒处，事实并非虚构。唐人始多笔记小说，且有因爱憎而特加揄扬或贬抑者，去事实稍远。《新唐书》因《旧唐书》所记事实不详备，多采取此等笔记。但司马温公作《通鉴》对于此等事实必由各方面搜罗证据，见有可疑者即删去，可见作史是极慎重将事的。和现在小说最相近的是宋代的《宣和遗事》，彼记宋徽宗游李师师家，写得非常生动，又有宋江等三十六人，大约《水浒传》即脱胎于此书。古书中全属虚构者也非没有，但多专记神仙鬼怪，如宋人所辑《太平广记》之类，这与《聊斋志异》相当，非《水浒传》可比，而且正史中也向不采取。所以正史中虽有些叙事很生动的地方，但绝与小说、传奇不同。

二、治国学之方法

（一）辨书籍的真伪

对于古书没有明白哪一部是真，哪一部是伪，容易使我们走入迷途，所以研究国学第一步要辨书籍的真伪。

四部的中间，除了集部很少假的，其余经、史、子三部都包含着很多的伪书，而以子部为尤多。清代姚际恒《古今伪书考》，很指示我们一些途径。

先就经部讲：《尚书》现代通行本共有五十八篇，其中只有三十三篇是汉代时的“今文”所有，另二十五篇都是晋代梅赜所假造。这假造的《尚书》，宋代朱熹已经怀疑他，但没曾寻出确证，直到清代，才明白地考出，却已雾迷了一千多年。经中尚有为明代人所伪托，如“汉魏丛书”中的《子贡诗传》系出自明丰坊手。诠释经典之书，也有后人伪托，如孔安国《尚书传》、郑氏《孝经注》、孙奭《孟子疏》之类，都是晋代的产品。不过“伪古文尚书”和“伪孔传”，比较的有些价值，所以还引起一部分人一时间的信仰。

以史而论：正史没人敢假造，别史中就有伪书。《越绝书》，汉代袁康所造，而托名子贡。宋人假造《飞燕外传》《汉武内传》，而列入“汉魏丛书”。《竹书纪年》本是晋人所得，原已难辨真伪，而近代通行本，更非晋人原本，乃是明人伪造的了。

子部中伪书很多，现在举其最著者六种，前三种尚有价值，后三种则全不足信。

（一）《吴子》 此书中所载器具，多非当时所有，想是六朝产品。但从前科举时代把它当作“武经”，可见受骗已久。

（二）《文子》 《淮南子》为西汉时作品，而《文子》里面大部分抄自《淮南子》，可见本书系属伪托，已有人证明它是两晋六朝人作的。

（三）《列子》 信《列子》的人很多，这也因本书做得不坏，很可动人的原故。须知列子这个人虽见于《史记·老庄列传》中，但书中所讲，多取材于佛经，佛教在东汉时始入中国，哪能在前说到？我们用时代证他，已可水落石出。并且《列子》这书，汉人从未有引用一句，这也是一个明证。造《列子》的也是晋人。

（四）《关尹子》 这书无足论。

（五）《孔丛子》 这部书是三国时王肃所造。《孔子家语》一书也是他所造。

（六）《黄石公三略》 唐人所造。又《太公阴符经》一书，出现在《黄石公三略》之后，系唐人李筌所造。

经、史、子三部中的伪书很多，以上不过举个大略。此外，更有原书是真而后人掺加一部分进去的，这却不能疑他是假。《四子书》中有已被掺入的；《史记》中也有，如《史记》中曾说及扬雄，扬在太史公以后，显系后人加入，但不能因此便疑《史记》是伪书。

总之，以假为真，我们就要陷入迷途，所以不可不辨别清楚。但反过来看，因为极少部分的假，就怀疑全部分，也是要使我们彷徨无所归宿的。如康有为以为汉以前的书都是伪的，都被王莽、刘歆改窜过，这话也只有他一个人这样说。我们如果相信他，便没有可读的古书了。

（二）通小学

韩昌黎说："凡作文章宜略识字。"所谓"识字"，就是通小学的意思。作文章尚须略通小学，可见在现在研究古书，非通小学是无从下手的了。小学在古时，原不过是小学生识字的书，但到了现代，虽研究到六七十岁，还有不能尽通的。何以古易今难至于如此呢？这全是因古从今语言变迁的缘故。现在的小学，是可以专门研究的，但我所说的"通小学"，却和专门研究不同，因为一方面要研究国学，所以只能略通大概了。

《尚书》中《盘庚》《洛诰》，在当时不过一种告示，现在我们读了，觉得"佶屈聱牙"，这也是因我们没懂当时的白话，所以如此。《汉书·艺文志》说："《尚书》直言也。"直言就是白话。古书原都用当时的白话，但我们读《尚书》，觉得格外难懂，这或因《盘庚》《洛诰》等都是一方的土话，如殷朝建都在黄河以北，周朝建都在陕西，用的都是河北的土话，所以比较的不能明白。《汉书·艺文志》又说，"读《尚书》应用《尔雅》"，这因《尔雅》是诠释当时土话的书，所以《尚书》中于难解的地方，看了《尔雅》就可明白。

总之，读唐以前的书，都非研究些小学，不能完全明白。宋以后的文章和现在差不多，我们就能完全了解了。

研究小学有三法：

一、通音韵 古人用字，常同音相通，这大概和现在的人写别字一样。凡写别字都是同音的，不过古人写惯了的别字，现在不叫他写别字罢了。但古时同音的字，现在多不相同，所以更难明白。我们研究古书，要知道某字即某字之转讹，先要明白古时代的音韵。

二、明训诂 古时训某字为某义，后人更引伸某义转为他义。可见古义较狭而少，后义较广而繁。我们如不明白古时的训诂，误以后义附会古义，就要弄错了。

三、辨形体 近体字中相像的，在篆文未必相像，所以我们要明古书某字的本形，以求古书某字的某义。

历来讲形体的书，是《说文》；讲训诂的书，是《尔雅》；讲音韵的书，是《音韵学》。如能把《说文》《尔雅》《音韵学》都有明确的观念，那么，研究国学就不至犯那“意误”“音误”“形误”等弊病了。

宋朱熹一生研究“五经”“四子”诸书，连寝食都不离，可是纠缠一世，仍弄不明白；实在，他在小学没有下功夫，所以如此。清代毛西河（奇龄）事事和朱子反对，但他也不从小学下手，所以反对的论调，也都错了。可见通小学对于研究国学是极重要的一件事了。清代小学一门，大放异彩，他们所发见的新境域，着实不少！

三国以下的文章，十之八九我们能明了，其不能明了的部分，就须借助于小学。唐代文家如韩昌黎、柳子厚的文章，虽是明白晓畅，却也有不能了解的地方。所以我说，看唐以前的文章，都要先研究一些小学。

桐城派也懂得小学，但比较的少用工夫，所以他们对于古书中不能明白的字，便不引用，这是消极的免除笑柄的办法，事实上总行不去的。

哲学一科，似乎可以不通小学，但必专凭自我的观察，由观察而发表自我的意思，和古人完全绝缘，那才可以不必研究小学。倘仍要凭借古人，或引用古书，那么，不明白小学就要闹笑话了。比如朱文公研究理学（宋之理学即哲学），释“格物”为“穷至事物之理”，便召非议。在朱文公原以“格”可训为“来”，“来”可训为“至”，“至”可训为“极”，“极”可训为“穷”，就把“格物”训为“穷物”；可是训“格”为“来”是有理，辗转训“格”为“穷”，就是笑话了。又释“敬”为“主一无适”之谓（这原是程子说的），他的意思是把“适”训作“至”，不知古时“适”与“敌”通，《淮南子》中的主“无适”，所谓“无适”实是“无敌”之谓，“无适”乃“无敌对”的意义，所以说是“主一”。

所以研究国学，无论读古书或治文学、哲学，通小学都是一件紧要的事。

（三）明地理

近顷所谓“地理”，包含地质、地文、地志三项，原须专门研究的。中国本来的地理，算不得独立的科学，只不过做别几种（史、经）的助手，也没曾研究到地质、地文的。我们现在要研究国学，所需要的也只是地志，且把地志讲一讲。

地志可分两项：天然的和人为的。天然的就是山川脉络之类；山自古至今，没曾变更；大川若黄河，虽有多次变更，我们在历史上可以明白考出；所以，关于天然的，比较地容易研究。人为的就是郡县建置之类。古来封建制度至秦改为郡县制度，已是变迁极大，数千年来，一变再变，也不知经过多少更张。那秦汉时代所置的郡，现在还能大略考出，所置的县就有些模糊了；战国时各国的地界，也还可以大致考出，而各国战争的地点和后来楚汉战争的地点，却也很不明白了。所以，人为的比较的难以研究。

历来研究天然的，在乾隆时有《水道提纲》一书。书中讲山的地方甚少，关于水道，到现在也变更了许多，不过大致是对的。在《水道提纲》以前，原有《水经注》一书，这书是北魏人所著，事实上已用不着，只文采丰富，可当古董看罢了。研究人为的，有《读史方舆纪要》和《乾隆府厅州县志》。民国代兴，废府留县，新置的县也不少，因此更大有出入。在《方舆纪要》和《府厅州县志》以前，唐人有《元和郡县志》，也是研究人为的，只是欠分明。另外还有《大清一统志》《李申耆五种》，其中却有直截明了的记载，我们应该看的。

我们研究国学，所以要研究地理者，原是因为对于地理没有明白的观念，看古书就有许多不能懂。譬如看到春秋战国的战争和楚汉战争，史书上已载明谁胜谁败，但所以胜所以败的原因，关于形势的很多，就和地理有关了。

二十四史中，古史倒还可以明白，最难研究的，要推《南北史》和《元史》。东晋以后，五胡闯入内地，北方的人士多数南迁。他们数千人所住的地，就侨置一州。侨置的地方，大都在现在镇江左近，因此有南通州、南青州、南冀州的地名产生。我们研究《南史》，对于侨置的地名，实在容易混错。元人灭宋，统一中国，在二十四史就有《元史》的位置。元帝成吉思汗拓展地域很广，关于西伯利亚和欧洲东部的地志，《元史》也有阑入，因此使我们读者发生困难。关于《元史》地志有《元史译文证补》一书，因著者博证海外，故大致不错。

不明白地理而研究国学，普通要发生三种谬误。南北朝时南北很隔绝。北魏人著《水经注》，对于北方地势，还能正确；记述南方的地志，就错误很多。南宋时对于北方大都模糊，所以福建人郑樵所著《通志》，也错得很多。——这是臆测的谬误。中国土地辽阔，地名相同的很多，有人就因此纠缠不清。——这是纠缠的错误。古书中称某地和某地相近，往往考诸实际，相距却是甚远。例如：诸葛亮五月渡泸一事，是大家普遍知道的，泸水就是现今金沙江，诸葛亮所渡的地，就是现在四川宁远。后人因为唐代曾在四川置泸州，大家就以为诸葛亮五月渡泸，是在此地，其实相去千里，岂非大错吗？——这是意会的错误。至于河阴、河阳当在黄河南北，但水道已改，地名还是仍旧，也容易舛错的。

我在上节曾讲过“通小学”，现在又讲到“明地理”，本来还有“典章制度”也是应该提出的，所以不提出者，是因各朝的典章制度，史书上多已载明，无以今证古的必要。我们看那一朝史知道那一朝的典章制度就够了。

（四）知古今人情的变迁

社会更迭地变换，物质方面继续地进步，那人情风俗也随着变迁，不能拘泥在一种情形的。如若不明白这变迁的理，要产生两种谬误的观念。

一、道学先生看作道德是永久不变，把古人的道德，比作日月经天、江河行地，墨守而不敢违背。

二、近代矫枉过正的青年，以为古代的道德是野蛮道德。

原来道德可分二部分：普通伦理和社会道德。前者是不变的，后者是随着环境变更的。当政治制度变迁的时候，风俗就因此改易，那社会道德是要适应了这制度、这风俗才行。古今人情的变迁，有许多是我们应该注意的！

第一，封建时代的道德，是近于贵族的；郡县时代的道德，是近于平民的——这是比较而说的。《大学》有“欲治其国者，先齐其家”一语，《传》第九章里有“其家不可教而能教人者，无之”一语，这明是封建时代的道德。我们且看唐太宗的历史，他的治国，成绩却不坏，世称“贞观之治”；但他的家庭，却糟极了，杀兄，纳弟媳。这岂不是把《大学》的话根本打破吗？要知古代的家和后世的家大不相同。古代的家，并不只包含父子夫妻兄弟这等人，差不多和小国一样，所以孟子说“千乘之家”“百乘之家”。在那种制度之下，《大学》里的话自然不错；那不能治理一县的人，自然不能治理一省了。

第二，古代对于保家的人，不管他是否尸位素餐，都很恭维。史家论事，对于那人因为犯事而灭家，不问他所做的是否正当，都没有一句褒奖。《左传》里已是如此；后来《史》《汉》也是如此。晁错创议灭七国，对于汉确是尽忠；但因此夷三族，就使史家对他生怪了。大概古代爱家和现代爱国的概念一样，那亡家也和亡国一样，所以保家是大家同情的。这种观念，到汉末已稍稍衰落，六朝又复盛了。

第三，贵族制度和现在土司差不多，只比较的文明一些。凡在王家的人，和王的本身一样看待；他的兄弟在王去位的时候都有承袭的权利。我们看《尚书》到周公代成王摄政，觉得很可怪。他在摄政时代，也俨然称王。在《康诰》里有“王若曰孟侯朕其弟小子封”的话，这王明是指周公。后来成王年长亲政，他又可以把王号取消。《春秋》记隐公、桓公的事，也是如此。这种摄政可称王，退位可取消的情形，到后世便不行。后世原也有兄代弟位的，如明英宗被掳，景泰帝代行政事等。但代权几年，却不许称王；既称王，却不许取消的。宋人解释《尚书》，对于这些没有注意到，所以强为解释，反而愈释愈使人不能解了。

第四，古代大夫的家臣，和天子的诸侯一样，凡是家臣对于主人有绝对服从的义务。这种制度，西汉已是衰落一些，东汉又复兴盛起来；功曹、别驾都是州郡的属官。这种属官，既要奔丧，还要服丧三年，俨有君臣之分。三国时代的曹操、刘备、孙权，他们虽未称王，但他属下的官对于他都是皇帝一般看待的。

第五，丁忧去官一件事在汉末很通行，非但是父母三年之丧要丁忧，就是兄弟姊妹期功服之丧也要丁忧。陶渊明诗有说及奔妹丧的，潘安仁《悼亡诗》也有说及奔丧的，可见丁忧的风在那时很盛。唐时此风渐息，到明代把他定在律令，除了父母丧不必去官。

总之，道德本无所谓是非，在那种环境里产生适应的道德，在那时如此便够了。我们既不可以古论今，也不可以今论古。

（五）辨文学应用

文学的派别很多，梁刘勰所著《文心雕龙》一书，已明白罗列，关于这项，将来再仔细讨论，现在只把不能更改的文体讲一讲。

文学可分二项：有韵的谓之诗，无韵的谓之文。文有骈体、散体的区别，历来两派的争执很激烈：自从韩退之崛起，推翻骈体，后来散体的声势很大，宋人就把古代经典都是散体，何必用骈体，做宣扬的旗帜。清代阮芸台（阮元）起而推倒散体，抬出孔老夫子来，说孔子在《易经》里所著的《文言》《系辞》，都是骈体的。实在这种争执，都是无谓的。

依我看来，凡简单叙一事不能不用散文，如兼叙多人多事，就非骈体不能提纲。以《礼记》而论，同是周公所著，但《周礼》用骈体，《仪礼》却用散体，这因事实上非如此不可的。《仪礼》中说的是起居跪拜之节，要想用骈也无从下手。更如孔子著《易经》用骈，著《春秋》就用散，也是一理。实在，散、骈各有专用，可并存而不能偏废。凡列举纲目的以用骈为醒目，譬如我讲演“国学”，列举各项子目，也便是骈体。秦汉以后，若司马相如、邹阳、枚乘等的骈文，了然可明白。他们用以序叙繁杂的事，的确是不错。后来诏诰都用四六，判案亦有用四六的——唐宋之间，有《龙筋凤髓判》——这真是太无谓了。

凡称之为诗，都要有韵，有韵方能传达情感。现在白话诗不用韵，即使也有美感，只应归入散文，不必算诗。日本和尚娶妻食肉，我曾说他们可称居士等等，何必称作和尚呢？诗何以要有韵呢？这是自然的趋势。诗歌本来脱口而出，自有天然的风韵，这种韵，可达那神妙的意思。你看，动物中不能言语，他们专以幽美的声调传达彼等的感情，可见诗是必要有韵的。“诗言志，歌永言，声依永，律和声”，这几句话，是大家知道的。我们仔细讲起来，也证明诗是必要韵的。我们更看现今戏子所唱的二黄西皮，文理上很不通，但彼等也因有韵的缘故。

白话记述，古时素来有的，《尚书》的诏诰全是当时的白话，汉代的手诏，差不多亦是当时的白话，经史所载更多照实写出的。《尚书·顾命篇》有“奠丽陈教，则肄肄不违”一语，从前都没能解这两个“肄”字的用意，到清代江艮庭（江声）始说明多一肄字，乃直写当时病人垂危舌本强大的口吻。《汉书》记周昌“臣期期不奉诏”“臣期期知其不可”等语，两“期期”字也是直写周昌口吃。但现在的白话文只是使人易解，能曲传真相却也未必。“语录”皆白话体，原始自佛家，宋代名儒如二程、朱、陆亦皆有语录，但二程为河南人，朱子福建人，陆象山（九渊）江西人，如果各传真相，应所纪各异，何以语录皆同一体例呢？我尝说，假如李石曾、蔡孑民、吴稚晖三先生会谈，而令人笔录，则李讲官话，蔡讲绍兴话，吴讲无锡话，便应大不相同，但记成白话文却又一样。所以说白话文能尽传口语的真相，亦未必是确实的。

第二章　国学之派别（一）

——经学之派别

讲“国学”而不明派别，将有望洋兴叹、无所适从之感。但“国学”中也有无须讲派别的，如历史学之类；也有不够讲派别的，则为零碎的学问。现在只把古今学者呶呶争辩不已的，分三类讨论：一，经学之派别；二，哲学之派别；三，文学之派别。依顺序先研究经学之派别。

“六经皆史也”，这句话详细考察起来，实在很不错。在“六经”里面，《尚书》《春秋》都是记事的典籍，我们当然可以说它是史。《诗经》大半部是为国事而作——《国风》是歌咏各国的事，《雅》《颂》是讽咏王室的——像歌谣一般的，夹入很少，也可以说是史。《礼经》是记载古代典章制度的——《周礼》载官制，《仪礼》载仪注——在后世本是史的一部分。《乐经》虽是失去，想是记载乐谱和制度的典籍，也含史的性状。只有《易经》一书，看起来像是和史没关，但实际上却也是史。太史公说：“《易》本隐以之显，《春秋》推见以至隐。”引申他的意思，可以说《春秋》是胪列事实中寓褒贬之意；《易经》却和近代“社会学”一般，一方面考察古来的事迹，得着些原则，拿这些原则，可以推测现在和将来。简单说起来，《春秋》是显明的史，《易经》是蕴着史的精华的。因此可见“六经”无一非史，后人于史以外，别立为经，推尊过甚，更有些近于宗教。实在周末还不如此，此风乃起于汉时。

一、今经文与古经文

秦始皇焚书坑儒，“六经”也遭一炬，其后治经者遂有今文家、古文家之分。今文家乃据汉初传经之士所记述的。

现在要讲今文家，先把今文家的派别，立一简单的表：

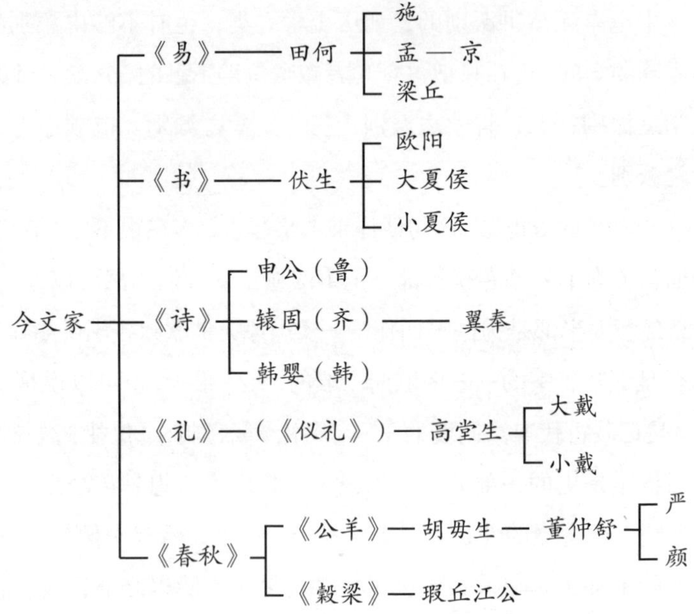

汉初，田何传《易经》，伏生口授《尚书》，齐、鲁、韩三家治《诗经》，高堂生传《礼经》，胡毋生治《公羊》，瑕丘江公治《榖梁》，那时除了《乐经》以外，“五经”都已完备。后来《易》分四家，《诗》《书》各分三家，《礼》分二家，《公羊》分二家，汉室设学官，立十四博士——《榖梁》不在内——即以上十四家。十四博士在汉初还没十分确定，在西汉末年才确定下来。

今文家所讲的，虽非完全类乎宗教，但大部分是倾向在这一面的。《易》四家中，施和梁丘二家，我们已不能见，且莫论他。京氏治《易》，专重卜筮，传至汉末虞翻，则更多阴阳卜筮之说。《尚书》三家中欧阳也不可考，大、小夏侯则欢喜讲《洪范》五行之说，近于宗教。汉人治《尚书》，似乎最欢喜《洪范篇》。《诗经》三家中，申公所说，没甚可怪。《韩诗外传》——《内传》已失——也没甚可怪的地方，唯翼奉治诗，却拿十干十二支比附《诗经》了。高堂生的《仪礼》，已不可知；大、小戴中——现在所谓二戴，非汉时的大、小戴——也有不少离奇的话。《公羊》的记载，虽和事实相差很远，还没什么可怪，但治《公羊》的今文家，却奇怪极了。胡毋生的学说，我们已不能见；即颜、严二家的主张也无从考出；但董仲舒的《春秋繁露》，却多怪话。汉末何休注《公羊》，不从颜、严二家之说，自以为是胡毋生嫡派，他的怪话最多，照他说来，直是孔子预知汉室将兴而作《春秋》，简直是为汉预制宪法，所以那时有“《春秋》为汉制法”的话。孔子无论是否为预言家，孔子何至和汉家有这么深厚的感情呢？

汉代学者以为古代既有“经”必有“纬”，于是托古作制，造出许多“纬”来，同时更造“谶”。当时“纬书”种类繁多，现在可查考的只有《易纬》八种。明孙瑴《古微书》中辑有纬书很多。《易纬》所讲的是时令节气，仅如《月令》之类；《春秋纬》载孔子著《春秋》《孝经》告成，跪告天，天生彩云，下赐一玉等话，便和耶稣《创世记》相类了。“谶”是“河图”一类的书，专讲神怪，说能先知未来，更近于宗教了。纬书西汉末年才出现，大概今文学家弟子迎合当时嗜好推衍出来的。

“经”有兼今古文的，也有无今文而有古文的，也有无古文而有今文的。汉代古文学家，可以列如下表：

《仪礼》——当时称为《士礼》——在古文今文，只为文字上的差别。《周礼》在汉初不以为经典，东汉始有杜子春和二郑替彼注释。此外，今古文便各自为别了。

今古文的区别，本来只在文字版本上。因为“六经”遭秦火，秦代遗老就所能记忆的，用当代语言记出，称为今文；后来从山崖屋壁发现古时原本，称为古文，也不过像近代今版、古版的分别罢了。但今文所记忆，和古文所发现的篇幅的多少，已有不同；今文家所主张和古文家所说，根本上又有不同；因此分道扬镳。古文家异于今文家之点，在下文细说：

（一）《易》以费氏为古文家，是刘向定的。因为刘向校书时，就各家《易经》文字上看，只有费氏相同，所以推为古文家。以《易》

而论，今古文也还只文字上的不同。

（二）鲁恭王发孔壁得《尚书》，《尚书》的篇数就发生问题。据《书传》——太史公曰“《书传》《礼记》自孔氏”，可见孔安国家藏《书传》，确自孔壁得来——称《书序》有百篇，而据伏生所传只有二十九篇（可分为三十四篇），壁中所得却有四十六篇（可分为五十八篇），相差已十七篇。并且《书传》所载和今文更有许多不同的地方。孟子是当时善治《诗》《书》的学者，他所引的“葛伯求饷”“象日以杀舜为事”等等，在今文确是没有的，可见事实上又不同了。

（三）《诗》因叶韵易于记忆，当时并未失传，本无今古文之分。毛氏所传《诗》三百十一篇，比三家所传多“笙诗”六篇；而所谓“笙诗”也只有名没有内容的。《毛诗》所以列于古文，是立说不同。他的立说，关于事实和《左传》相同；关于典章制度和《周礼》相同；关于训诂，又和《尔雅》相同。

（四）郑康成注《仪礼》，并存古今文。大概高堂生传十七篇和古文无大出入。孔壁得《礼》五十六篇，比高堂生多三十九篇。这三十九篇和今文中有大不同之点：今文治《礼》，是“推士礼致于天子”，全属臆测的；此三十九篇却载士以上的礼很多。二戴的主张，原不可考；但晋人贺循引《礼》，是我们可据以为张本的。

（五）“《左氏》多古文古言。”《汉书·艺文志》说：《左氏传》是张苍所献。贾谊事张苍，习《左氏传》，所以《贾谊新书》引《左氏传》的地方很多。《左氏传》的事实，和《公羊》多不相同。《穀梁》中事实较《公羊》确实一些，也和《左氏》有出入。至经文本无不同，但《公羊》《穀梁》是十一篇，《左氏》有十二篇，因《公》《穀》

是附闵于庄的。闵公只有三年，附于庄公，原无大异；但何休解《公羊》，却说出一番理由来，以为“孝子三年无改于父道”，故此附闵于庄了。

（六）《周礼》，汉时河间献王向民间抄来，马融说是“出自山崖屋壁”的。这书在战国时已和诸侯王的政策不对，差不多被毁弃掉，所以孟子说：“其详不可得闻也；诸侯恶其害己也，而皆去其籍。”《荀子》中和《周礼》相合的地方很多，或者他曾见过。孟子实未见过《周礼》，西汉人亦未见过；《礼记·王制篇》也和《周礼》不同。孟子答北宫锜说，“公侯皆方百里，伯七十里，子男五十里”，《周礼》却说是“公五百里，侯四百里，伯三百里，子二百里，男一百里”。《王制》讲官制是“三公，九卿，二十七大夫，八十一元士”。但古代王畿千里，几和现在江苏一般大小，这一百二十个官员，恐怕不够吧！《周礼》称有三百六十官，此三百六十官亦为官名而非官缺，一官实不止一人，如就府吏胥徒合计，当时固有五万余员。

又有在汉时称为传记的，就是《论语》和《孝经》二书。《论语》有《古论》《齐论》《鲁论》之分，《古论》是出自孔氏壁中的。何晏治《论语》参取三家，不能分为古今文。不过王充《论衡》称《论语》之《古论》有百多篇，文字也难解，删繁节要也有三十篇，而何晏说：“《鲁论语》二十篇；《齐论语》别有《问王》《知道》等，凡二十二篇；《古论》出孔氏壁中，分《尧曰》下章《子张问》以为一篇，凡二十一篇。”篇数上又有出入。《汉书·艺文志》，有《孔子家语》及《孔子徒人图法》二书，太史公述仲尼弟子，曾提及《弟子籍》一书，三十篇中或者有以上三书在内。《孝经》，在《汉书·艺文志》也说出自孔壁，汉代治《孝经》的已无可考，我们所见的是唐玄宗的注释。又有《论语谶》《孝经谶》二书，怪语很多，可存而不论。

宋代所称“十三经”，是合《易》《尚书》《周礼》《仪礼》《礼记》《诗》《左传》《公羊》《穀梁》《论语》《孝经》《孟子》《尔雅》而说的；这只是将诸书汇刻，本无什么深义，后人遂称为“十三经”了。《汉书·艺文志》扩充“六艺”为九种，除《易》《诗》《书》《礼》《乐》《春秋》为“六艺”外，是并《论语》《孝经》、“小学”在内的。

汉代治经学，崇尚今文家的风气，到了汉末三国之间，渐趋销熄；汉末郑康成治经，已兼重古文和今文；王肃出，极端的相信古文。在汉代没曾立学官的，三国也都列入学官；因此今文家衰，古文家代兴。

三国时古文家的色彩很鲜明，和汉代有不可混的鸿沟：

《诗》　　汉用三家，三国时尚毛。

《春秋》　汉用《公羊》，三国时尚《左氏》。

《易》　　汉有施、孟、梁丘、京四家；三国只崇尚郑康成和王弼的学说。

《仪礼》　没有大变更。

《周礼》　汉不列学官，三国列入学官。

学者习尚既变，在三国魏晋之间，所有古文家学说都有人研究；就是从前用今文家的，到此时也改用古文家了。

二、南学与北学

古文家盛行以后，自己又分派别。以《易》而论：王弼主费氏，郑康成也主费氏，各以己意注释，主张大有不同；因为费氏只是文字古体，并无他的学说的。治《毛诗》的，有郑康成、王肃，意见有许多相反。治《左传》的，汉末有服虔——只解传不解经的，晋有杜预，两家虽非大不同，其中却也有抵触之处。原来汉人治《左氏》，多引《公羊》，并由《公羊》以释经，自己违背的地方很多。杜预《春秋释例》将汉人学说一一驳倒，在立论当中，又有和服虔的主张相反的。《尚书》郑康成有注，郑本称为古文的，但孔安国古本已失，郑本也未必是可靠。我们就和马融、郑康成师生间的立说不同，文字不同，也可明白了。东晋时梅赜的伪《古文尚书》出，托名孔安国，将《汉书·艺文志》所称正十八篇推衍出来，凡今文有的，文字稍有变更，今文所无的，就自己臆造，这书当时很有人信他。

南北朝时南北学者的倾向颇有不同：

《易》　北尊王弼，南尊郑康成。

《毛诗》　南北无十分异同。

《左传》　北尊服虔，南尊杜预。

《尚书》　北尊郑康成，南用伪《古文尚书》。

唐初，孔颖达、贾公彦出而作注疏，产生“五经”“七经”的名称。“五经”是孔颖达所主张的，贾公彦益以《周礼》《仪礼》就称“七经”，后更附以《公羊》《穀梁》（《公羊》用何休，《穀梁》用范宁），就是唐人通称的“九经”。孔颖达，曲阜人，当时北方人多以为北不如南，所以他作注疏多采用南方；因此《易》不用王而用郑，《左》

不用服而用杜了。唐人本有“南学”“北学”之分，后来北并于南，所有王弼、服虔的学说，因此散失无遗。

唐代轻学校而重科举，取士用“明经”“进士”二科（明经科讨论经典，进士科策论应试），学者对于孔氏的学说不许违背，因此拘束的弊病，和汉代立十四博士不相上下，并且思想不能自由，成就很少，孔、贾而外，竟没有卓异的经学家了。

《仪礼·丧服》是当时所实用的，从汉末至唐，研究的人很多并且很精，立说也非贾《疏》所能包；这是特例。

三、宋学与汉学

宋代典章制度，多仍唐时之旧。宋人拘守唐人的注疏，更甚于唐人，就是诗赋以经命名的，也不许抵触孔、贾的主张。当时有人作“当仁不让于师赋”，将“师”训作“众”，就落第了。邢昺作《论语》《孝经》疏，拘守孔、贾所已引用的，已是简陋，那些追随他们的后尘的，更是陋极。宋代改“明经科”为“学究科”，这“学究”两字是他们无上的诨号。

在思想不能自由发展的环境之下，时势所趋，不能不有大变动，因此宋代学者的主张就和以前趋于相反的方向了。揭反向旗帜的人，首推孙复。他山居读书，治《春秋》以为三传都不可靠。这种主张，在唐人已有赵匡、啖助创议于先，孙不过推衍成之。继孙复而起，是欧阳修，他改窜《诗经》的地方很多，并疑《易》的《系辞》非出自孔氏；立说之中很多荒谬，因为他本是文人，非能说经的。同时有刘敞（字原甫）说经颇多，著有《七经小记》，原本今虽不存，但从别书考见他的主张，虽和注疏背驰，却不是妄想臆测。神宗时王安石治经，著有《三经新义》，当时以为狂妄；原书已难考见，但从集中所引用的看来，也不见得比欧阳修更荒谬；想是宋人对于王安石行为上生怨恶，因此嫌弃他的学说。王的学说，传至弟子吕惠卿辈，真是荒谬绝伦，后来黄氏（宋人黄朝英）有《缃素杂记》，把《诗经》看作男女引诱的谈论，和《诗经》的本旨就相去千里了。

宋儒治经以意推测的很多。南宋朱文公（朱熹）凭他的臆测酿成很多谬误。朱氏治经，有些地方原有功于经，但是功不能掩过；现且分别指明：

（一）《易经》本为十二篇，郑、王合《彖辞》于经，已非本来面目，朱氏分而出之，是他的功；他取陈抟的《河图》《洛书》并入《易经》——《河图》《洛书》由陈抟传至邵康节（邵雍），再传至朱文公，他就列入《易经》。有清王懋竑为朱文公强辩，谓《河图》《洛书》非朱文公所列，那就太无谓了。因为朱文公对于道士炼丹之术，很有些相信。他曾替《参同契》（汉时道家书）作注释，在书上署名“空同道士邹炘”，“邹”“朱”双声，“炘”“熹”通训，他的本名已隐在里面了——这是他的过。分《易》是还原，为功很小；增《河图》《洛书》是益迷信，过很大。可以说是功不掩过。

（二）朱文公从文章上，怀疑伪《古文尚书》，开后人考据的端绪，是他的功；他怀疑《书序》（今文所无、古文所有）也是伪托，他的弟子蔡沈作《集传》，就不信《书序》，是他的过；这可说是功过相当。

（三）古人作诗托男女以寓君臣，《离骚》以美人香草比拟，也同此意。朱文公对于《诗序》（唐时《本事诗》相类）解诗指为国事而作，很不满意；他迳以为是男女酬答之诗，这是不可掩的过。当时陈傅良反对朱文公，有“城阙为偷期之所，彤管为行淫之具”等语。（不见于今《诗传》，想已删去）清人亦有指斥朱文公释《丘中有麻》诗为女人含妒意为不通者。

与朱文公同时有吕东莱（吕祖谦）治《毛诗》很精当，却不为时人所重。元代，朱子学说大行，明代更甚。在这二代中，经学一无足观，士子受拘束也达极点，就激成清代的大反动。

清初，毛奇龄（号西河）首出反对朱子的主张。毛为文人，于经没彻底的研究，学说颇近王阳明。他驳斥朱子的地方固精当，他自己的主张和朱子一般荒谬。朱子注“四子书”，也有援引原注的，毛也一并指斥无余了。继起为胡渭（朏明），他精研地理，讲《禹贡》甚精当，对于《河图》《洛书》有重大的抨击。在那时双方各无所根据，凭主观立论，都不能立在不败之地，汉学便应运而起。

阎若璩力攻古代书籍，已和汉学接近，不过对于朱子，不十分叛离，有许多地方仍援用朱说的。后江慎修（江永）出，对于音韵有研究，也倾向到汉学，但未揭明汉学的旗帜。

揭汉学旗帜的首推惠栋（定宇）（苏州学派），他的父亲惠士奇著《礼说》《春秋说》已开其端，定宇更推扬之，汉学以定。他所谓汉学，是摈斥汉以下诸说而言。惠偏取北学，著有《九经古义》《周易述》《明堂大道录》等书，以《周易述》得名。后惠而起有戴震（东原），他本是江永的弟子，和惠氏的学说不十分相同，他著有《诗经小传》等书，不甚卓异。

就惠、戴本身学问论，戴不如惠，但惠氏不再传而奄息，戴的弟子在清代放极大异彩，这也有二种原因：

甲，惠氏墨守汉人学说，不能让学者自由探求，留发展余地。戴氏从音韵上辟出新途径，发明“以声音合文字，以文字考训诂”的法则。手段已有高下。

乙，惠氏揭汉学的旗帜，所探求的只是汉学，戴氏并非自命为汉学，叫人从汉学上去求新的发见，态度上也大有不同。

戴氏的四弟子，成就都很多，戴氏不过形似汉学，实际尚含朱子的臭味，他的弟子已是摈除净尽了。今将其四弟子分别说明如下：

（一）孔广森讲音韵极精，著有《诗声类》一书。

（二）任大椿著有《弁服释例》一书，很确实的。

（三）段玉裁以《六书音韵表》《说文解字注》闻名。

（四）王念孙本非戴的传经学生，戴在王家教授时，只不过教授些时文八股。王后来自有研究，所发明的比上列三家较多，《广雅疏证》一书，很为学者所重。

上列四家，孔、任尚近汉学，段已和汉学不同，王才高学精，用汉学以推翻汉学，诚如孟子所谓“逢蒙学射于羿，尽羿之道，于是杀羿”了。

王念孙及其子引之著《经义述闻》，引用汉代训诂，善于调换，于诸说中采其可通者，于是佶屈聱牙的古书，一变而为普通人所能懂得了。历来研究经学的，对于名词、动词有人研究；关于助词，都不知讨论。王氏父子著《经传释词》，于古书助词之用法列举无遗，实于我们研究上有莫大的便利，如《孟子》中“然而无有乎尔，则亦无有乎尔”二句，本不易解，王氏训“乎尔”为“于此”“于彼”，便豁然可悟了。我以我们不看《经传释词》，也算是虚词不通。

上列二派，在清代称为“汉学”，和“宋学”对立，厥后崛起的为“常州派”，是今文学家。

四、今文、古文复兴与衰落

“常州派”自庄存与崛起，他的外甥刘逢禄、宋翔凤承继他的学说。庄氏治《公羊》，却信东晋《古文尚书》，并习《周礼》；刘氏亦讲《公羊》，却有意弄奇；康有为的离奇主张，是从他的主张演绎出来的；但他一方面又信《书序》。这两人不能说纯粹的今文学家。朱氏以《公羊》治《论语》，极为离奇，“孔教”的促成，是由他们这一班人的。今文学家的后起，王闿运、廖平、康有为辈一无足取，今文学家因此大衰了。

今文学家既衰，古文学家又起。孙诒让是一代大宗，《周礼正义》一书，颇为学者所重。在他以外，考典章制度原有江永、惠士奇（作《礼说》）、金榜（著《礼笺》）、金鹗（作《求古录》）、黄以周（著《礼书通故》）等人，但和他终有上下床之别。自孙诒让以后，经典大衰。像他这样大有成就的古文学家，因为没有卓异的今文学家和他对抗，竟因此经典一落千丈，这是可叹的。我们更可知学术的进步，是靠着争辩，双方反对愈激烈，收效方愈增大。我在日本主《民报》笔政，梁启超主《新民丛报》笔政，双方为国体问题辩论得很激烈，很有色彩，后来《新民丛报》停版，我们也就搁笔，这是事同一例的。

自汉分古、今文，一变而为南、北学之分，再变而为汉、宋学之分，最后复为今、古文，差不多已是反原，经典的派别，也不过如此罢。

第三章 国学之派别（二）

——哲学之派别

“哲学”一名词，已为一般人所通用，其实不甚精当。“哲”训作“知”，“哲学”是求知的学问，未免太浅狭了。不过习惯相承，也难一时改换，并且也很难得一比此更精当的。南北朝号“哲学”为“玄学”，但当时“玄”“儒”“史”“文”四者并称，“玄学”别“儒”而独立，也未可用以代“哲学”。至宋人所谓“道学”和“理学”是当时专门名词，也不十分适用。今姑且用“哲学”二字罢。

一、先秦儒道及其他

讨论哲学的，在国学以子部为最多；经部中虽有极少部分与哲学有关，但大部分是为别种目的而作的。以《易》而论，看起来像是讨论哲学的书，其实是古代社会学；只《系辞》中谈些哲理罢了。《论语》，后人称之为“经”，在当时也只算是子书；此书半是“伦理道德学”，半是论哲理的。“九流”的成立，也不过适应当时需求；其中若“纵横家”是政客的技术，“阴阳家”是荒谬的迷信，“农家”是种植的技艺，“杂家”是杂乱的主张，都和哲学无关。至和哲学最有关系的，要算儒、道二家；其他要算“法家”“墨家”“名家”了。“道家”出于史官，和《易》相同。老、庄二子的主张，都和哲学有牵涉的。管子也是道家，也有小部分是和哲学有关的。儒家除《论语》一书外，还有《孟子》《荀子》都曾谈谈哲理。名家是治“正名定分之学”，就是现代的“伦理学”，可算是哲学的一部分。尹文子、公孙龙子，和庄子所称述的惠子，都是治这种学问的。惠子和公孙龙子主用奇怪的论调，务使人为我所驳倒，就是希腊所谓“诡辩学派”。《荀子·正名篇》研究“名学”也很精当。墨子本为宗教家，但《经上》《经下》二篇，是极好的名学。法家本为应用的；而韩非子治法家之学，自谓出于老子，他有《解老》《喻老》二篇，太史公也把他和老、庄合传，其中有一部分也有关哲理的。儒家、道家和法家的不同，就在出发点上；儒、道二家是以哲理为基本而推衍到政治和道德的，法家是旁及哲理罢了。他如宋牼(宋钘)，《汉书·艺文志》把他归在小说家，其实却有哲理的见解。庄子推宋牼为一家，《荀子·解蔽篇》驳宋牼的话很多，想宋牼的主张，在当时很流行，他是主张非兵的。宋牼所以算作小说家，因为他和别家不同；别家是用高深的学理，和门人研究，他是逢人便说，陈义很浅的。

周秦诸子，道、儒两家所见独到；这两家本是同源，后来才分离的。《史记》载孔子受业于征藏史，已可见孔子学说的渊源。老子道德的根本主张，是“上德不德”，就是无道德可见，才可谓之为真道德；孔子的道德主张，也和这种差不多。就是孟子所谓“由仁义行，非行仁义也”，也和老子主张一样的。道、儒两家的政治主张，略有异同：道家范围大，对于一切破除净尽；儒家范围狭小，对于现行制度，尚是虚与委蛇；也可以说是“其殊在量，非在质也”。老子为久远计，并且他没有一些名利观念，所以敢放胆说出；孔子亟亟要想做官，竟是“三月无君，则皇皇如也”，如何敢放胆说话呢！

儒家之学，在《韩非子·显学篇》说是“儒分为八”，有所谓颜氏之儒。颜回是孔子极得意门生，曾承孔子许多赞美，当然有特别造就。但孟子和荀子是儒家，记载颜子的话很少，并且很浅薄；《庄子》载孔子和颜回的谈论却很多。可见颜氏的学问，儒家没曾传，反传于道家了。《庄子》有极赞孔子处，也有极诽谤孔子处；对于颜回，只有赞无议，可见庄子对于颜回是极佩服的。庄子所以连孔子也要加抨击，也因战国时学者托于孔子的很多，不如把孔子也驳斥，免得他们借孔子做护符。照这样看来，道家传于孔子为儒家；孔子传颜回，再传至庄子，又入道家了。至韩退之以庄子为子夏门人，因此说庄子也是儒家；这是“率尔之论，未尝订入实录”。他因为庄子曾称田子方，遂谓子方是庄子的先生；那么，《让王篇》也曾举曾原、则阳、无鬼、庚桑诸子，也都列名在篇目，都可算作庄子的先生吗？

孟子，《史记》说他是“受业子思之门”；宋人说子思是出于曾子之门，这是臆测之词，古无此说。《中庸》中虽曾引曾子的话，也不能断定子思是出于曾子的。至谓《大学》是曾子所作，也是宋人杜撰，不可信的。子思在《中庸》所主张，确含神道设教的意味，颇近宗教；《孟子》却一些也没有。《荀子·非十二子篇》，对于子思、孟子均有诽议，说他们是信仰五行的。孟子信五行之说，今已无证据可考，或者外篇已失，内篇原是没有这种论调的。子思在《礼记》中确已讲过五行的话。

荀子的学问，究源出何人，古无定论。他尝称仲尼、子弓；子弓是谁，我们无从考出。有人说：子弓就是子张；子张在孔子门人中不算卓异的人才，如何会是他呢？今人考出子弓就是仲弓，这也有理。仲弓的学问，也为孔子所赞许，造就当有可观。郑康成《六艺论》，说仲弓是编辑《论语》的。而《荀子》一书，体裁也是仿效《论语》的，《论语》以《学而》始，以《尧曰》终；荀子也以《劝学》始，以《尧问》终。其中岂非有蛛丝马迹可寻吗？荀子和孟子虽是都称儒家，而两人学问的来源大不同。荀子是精于制度典章之学，所以“隆礼仪而杀《诗》《书》”，他书中的《王制》《礼论》《乐论》等篇，可推独步。孟子通古今，长于《诗》《书》，而于《礼》甚疏；他讲王政，讲来讲去，只有“五亩之宅，树之以桑；鸡豚狗彘之畜，无失其时；百亩之田，勿夺其时”等话，简陋不堪，哪能及荀子的博大！但孟子讲《诗》《书》，的确好极，他的小学也很精，他所说：“庠者，养也；洚水者，洪水也；畜君者，好君也”等，真可冠绝当代！由他们两人根本学问的不同，所以产生“性善”“性恶”两大反对的主张；在荀子主礼仪，礼仪多由人为的，因此说人性本恶，经了人为，乃走上善的路。在孟子是主《诗》《书》；《诗》是陶淑性情的，《书》是养成才气的，感情和才气都自天然，所以认定人性本善的。两家的高下，原难以判定。韩退之以大醇小疵定之，可谓鄙陋之见。实在汉代治儒家之学，没有能及荀、孟两家了。

告子，庄子说他是兼学儒、墨，孟子和他有辩驳，墨子也排斥他的“仁内义外”的主张。墨、孟去近百年，告子如何能并见？或者当时学问是世代相传的。告子的“生之为性，无善无不善”的主张，看起来比荀、孟都高一着。荀、孟是以所学定其主张，告子是超乎所学而出主张的。告子口才不及孟子，因此被孟子立刻驳倒。其实，孟子把“犬之性犹牛之性，牛之性犹人之性与？”一语难告子，告子也何妨说“生之为性，犬之生犹牛之生，牛之生犹人之生”呢？考“性”亦可训作“生”，古人所谓“毁不灭性”的“性”字，就是“生”的意义。并且我们也常说“性命”一语呢！

道家的庄子以时代论，比荀子早些，和孟子同时，终没曾见过一面。庄子是宋人，宋和梁接近；庄子和惠子往来，惠子又为梁相，孟子在梁颇久，本有会面的机会；但孟子本性不欢喜和人家往来，彼此学问又不同，就不会见了。

庄子自以为和老子不同，《天下篇》是偏于孔子的。但庄子的根本学说，和老子相去不远。不过老子的主张，使人不容易捉摸，庄子的主张比较的容易明白些。

庄子的根本主张，就是“自由”“平等”。“自由平等”的愿望，是人类所共同的，无论哪一种宗教，也都标出这四个字。“自由平等”见于佛经；“自由”，在佛经称为“自在”。庄子发明自由平等之义，在《逍遥游》《齐物论》二篇。“逍遥游”者，自由也，“齐物论”者，平等也。但庄子的自由平等，和近人所称的，又有些不同。近人所谓“自由”，是在人和人的当中发生的，我不应侵犯人的自由，人亦不应侵犯我的自由。《逍遥游》所谓“自由”，是归根结底到“无待”两字。他以为人与人之间的自由，不能算数；在饥来想吃、寒来想衣的时候，就不自由了。就是列子御风而行，大鹏自北冥徙南冥，皆有待于风，也不能算“自由”。真自由唯有“无待”才可以做到。近人所谓平等，是指人和人的平等，那人和禽兽草木之间，还是不平等的。佛法中所谓平等，已把人和禽兽平等。庄子却更进一步，与物都平等了。仅是平等，他还以为未足；他以为“是非之心存焉”，尚是不平等，必要去是非之心，才是平等。庄子临死有“以不平平，其平也不平”一语，是他平等的注脚。

庄子要求平等自由，既如上述。如何而能达到平等自由，他的话很多，差不多和佛法相近。《庄子·庚桑楚篇》，朱文公说他全是“禅”（宋人凡关于佛法，皆称为“禅”），实在《庚桑楚篇》和“禅”尚有别，和“佛法”真很近了。庄子说“灵台者有持”，就是佛法的“阿陀那识”，“阿陀那”意即“持”；我们申而言之，可以说，眼目口鼻所以能运动自由，都有“持之者”，即谓“持生之本也”。《庄子》又有《德充符篇》，其中有王骀者，并由仲尼称述他的主张；是否有此人，原不可知，或是庄子所假托的。我们就常季所称述“彼为己，以其知得其心；以其心得其常心”等语，是和佛法又相同的。“知”就是“意识”；“心”就是“阿陀那识”，或称“阿赖耶识”，简单说起来就是“我”；“常心”就是“庵摩罗识”，或称“真如心”，就是“不生不灭之心”。佛家主张打破“阿赖耶识”，以求“庵摩罗识”。因为“阿赖耶识”存在，人总有妄想苦恼；唯能打破生命之现象，那“不生不灭之心”才出现。庄子求常心，也是此理。他也以为常心是非寻常所能知道的。庄子“无我”的主张，也和佛法相同。庄子的“无我”和孔子的“毋我”、颜子的“克己复礼”

也相同，即一己与万物同化，今人所谓融“小我”于“大我”之中。这种高深主张，孟、荀见不到此；原来孔子也只推许颜回是悟此道的。所以庄子面目上是道家，也可说是儒家。

自孔子至战国，其间学说纷起，都有精辟的见解，真是可以使我们景仰的。

二、汉唐经学、佛教及其他

战国处士横议，秦始皇所最愤恨，就下焚书坑儒等凶辣手段。汉初虽有人治经学，对于“九流”，依旧怀恨，差不多和现在一般人切齿政客一般。汉武帝时，学校只许读经学，排斥诸子百家了。

汉初经学，一无可取，像董仲舒、公孙弘辈，在当时要算通博之儒，其他更何足论！西汉一代，对于哲理有精深研究的，只有扬雄一人。韩退之把荀、扬并称，推尊他已达极点。实在扬雄的学说，和荀、孟相差已多；秦汉以后的儒家，原没有及荀、孟的。不过扬雄在当时自有相当的地位和价值。西汉学者迷信极重，扬雄能够不染积习，已是高人一着。他的《法言》，全仿《论语》，连句调都有些模拟；但终究不及《荀子》。宋人说“荀子才高，扬子才短”，可称定评。

东汉学者迷信渐除，而哲理方面的发现仍是很少。儒家在此时渐出，王符《潜夫论》、王充《论衡》，可称为卓异的著述。王符专讲政治，和哲理无关。王充（也有归入杂家的）在《论衡》中几于无迷不破，《龙虚》《雷虚》《福虚》等篇，真是独具只眼。他的思想锐敏已极，但未免过分，《问孔》《刺孟》等篇，有些过当之处。他又因才高不遇，命运一端，总看不破，也是遗恨。王充破迷信高出扬雄之上，扬雄新见解也出王充之上，这两人在两汉是前后辉映的。

汉人通经致用，最为曹操所不欢喜；他用移风易俗的方法，把学者都赶到吟咏一途；因此三国的诗歌，很有声色。这是曹操手段高出秦始皇处。

魏晋两朝，变乱很多，大家都感着痛苦，厌世主义因此产生。当时儒家迂腐为人所厌，魏文帝辈又欢喜援引尧舜，竟要说“舜禹之事，吾知之矣”。所以，“竹林七贤”便“非汤武，薄周孔”了。七贤中嵇康、阮籍辈的主张和哲学没有关系，只何晏、王弼的主张含些哲学。何晏说“圣人无情”，王弼说“圣人茂于人者神明，同于人者五情”，这是两个重要的见解。郭象承何晏之说以解《庄子》，他说：“子哭之恸，在孔子也不过人哭亦哭，并非有情的。”据他的见解，圣人竟是木头一般了。佛法中有“大乘”“小乘”，习“小乘”成功，人也就麻木，习“大乘”未达到成佛的地位，依旧有七情的。

自魏晋至六朝，其间佛法入中国，当时治经者极少，远公（晋释慧远）是治经的大师。他非但有功佛法，并且讲《毛诗》、讲《仪礼》极精；后来治经者差不多都是他的弟子。佛法入中国，所以为一般人所信仰，是有极大原因：学者对于儒家觉得太浅薄，因此弃儒习老、庄，而老、庄之学，又太无礼法规则，彼此都感受不安；佛法合乎老、庄，又不猖狂，适合脾胃，大家认为非此无可求了。当时《弘明集》治佛法，多取佛法和老、庄相引证；才高的人，都归入此道，猖狂之风渐熄。

历观中国古代，在太平安宁之时，治哲学的极少，等到乱世，才有人研究。隋唐统一天下，讲哲理的只有和尚，并且门户之见很深，和儒家更不相容。唐代读书人极不愿意研究，才高的都出家做和尚去。我们在这一代中，只能在文人中指出三人：一、韩昌黎，二、柳子厚，三、李翱。韩昌黎见道不明，《原道》一篇，对于释、老只有武断的驳斥。柳子厚较韩稍高，他以为天是无知的。李翱（韩昌黎的侄倩）是最有学识的文人，他著《复性篇》说，“斋戒其心，未离乎情；知本无所思，则动静皆离”，和禅宗（禅宗为中国佛教宗派，以专修“禅定”而得名）很近了。李后来事药山（唐代名僧），韩后来事大颠（佛教禅宗南派惠能三传弟子，自号大颠和尚）；李和药山是意气相投，韩贬潮州以后，意气颓唐，不得已而习佛法的。韩习佛法，外面还不肯直认；和朋友通信，还说佛法外形骸是他所同意的。儒家为自己的体面计，往往讳言韩事大颠，岂不可笑！实在韩自贬潮州以后，人格就堕落，上表请封禅，就是献媚之举，和扬雄献符命有什么区别呢？大颠对于韩请封禅一事，曾说：“疮痍未起，安请封禅！”韩的内幕又被揭穿，所以韩对于大颠从而不敢违。韩对于死生利禄之念，刻刻不忘：登华山大哭，作《送穷文》，是真正的证据。韩、柳、李而外，王维、白居易也信佛，但主张难以考见，因为他们不说出的。

三、程朱理学及其他

七国、六朝之乱，是上流社会的争夺；五代之乱，是下流社会崛起，所以五代学术衰微极了。宋初，赵普、李沆辈也称知理之人，赵普并且自夸“半部《论语》治天下”，那时说不到哲理。后来周敦颐出，才辟出哲理的新境域。在周以前有僧契嵩，著有《镡津文集》，劝人读《中庸》《文中子》《扬子法言》等书，是宋学的渊源。周从僧寿崖，寿崖劝周只要改头换面，所以周所著《太极图说》《周子通书》，只皮相是儒家罢了。周的学说很圆滑，不易捉摸，和《老子》一般，他对二程只说：“寻孔、颜乐处。”他终身寡言，自己不曾标榜，也可以说是道学以外的人。

二程都是周的弟子，对于“寻孔、颜乐处”一话，恐怕只有程明道（程颢）能做到。明道对人和颜悦色，无事如泥木人，他所著《定性篇》《识仁篇》，和李翱相近。他说“不要方检穷索”，又说，“与其是外而非内，不如内外两忘”，见解是很精辟的。伊川（程颐）陈义虽高，但他自尊自大，很多自以为是之处，恐怕不见得能得孔、颜乐处。邵康节（邵雍）以“生姜树头生”一语讥伊川，就是说他自信过甚。

邵康节本为阴阳家，不能说是儒家，他的学问自陈抟传来，有几分近墨子。张横渠（张载）外守礼仪颇近儒，学问却同于回教。佛家有“见病”一义，就是说一切所见都是眼病；张对此极力推翻，他是主张一切都是实有的。考回纥自唐代入中国，奉摩尼教，教义和回教相近；景教在唐也已入中国，如清虚一大为天，也和回教相同；张子或许是从回教求得的。

北宋诸学者，周子浑然元气，邵子迷于五行，张子偏于执拗，二程以明道为精深，伊川殊欠涵养，这是我的判断。

南宋永嘉派承二程之学，专讲政治；金华派吕东莱辈，专讲掌故，和哲理无关。朱文公师事延平（李侗），承“默坐证心，体认天理”

八字的师训。我们在此先把“天理”下一定义。“天”就是“自然”，“天理”就是“自然之理”，朱文公终身对于“天理”，总没曾体认出来；生平的主张，晚年又悔悟了。陆象山和朱相反对，朱是揭“道学问”一义，陆是揭“尊德性”一义。比较起来，陆高于朱，陆“先立乎其大者”，谓“六经注我，我不注六经”，是主张一切皆出自心的。朱主张“无极太极”，陆则以为只有“太极”，并无“无极”的。两人通信辩论很多，虽未至诋毁的地步，但悻悻之气，已现于词句间。可见两人的修养都没有功夫。陆象山评二程，谓“明道尚疏通，伊川锢蔽生”；实在朱、陆的锢蔽，比伊川更深咧。朱时守时变，陆是一生不变的。王荆公（王安石）为宋人所最嫉恶，唯陆以与王同为江西人，所以极力称颂，也可见他的意气了。明王阳明之学，本高出陆象山之上，因为不敢自我作古，要攻讦朱文公，不得不攀附于陆象山了。

陆象山的学生杨慈湖（简），见解也比陆高，他所著的《绝四记》《己易》二书，原无甚精彩，《己易》中仍是陆氏的主张；但杨氏驳《孟子》“求放心”和《大学》“正心”的主张说：“心本不邪，安用正？心不放，安用求？”确是朱、陆所见不到的。黄佐（广东人）指杨氏的学说，是剽窃六祖惠能的主张，六祖的“菩提本非树，明镜亦非台，本来无一物，何处染尘埃”一偈，确是和杨氏的主张一样的。

宋代的哲学，总括说起来：北宋不露锋芒，南宋锋芒太露了。这或者和南北地方的性格有关。

南宋，朱、陆两派，可称是旗鼓相当。陆后传至杨慈湖，学说是更高一步；在江西，陆的学说很流行，浙西也有信仰他的。朱的学说，在福建很流行，后来金华学派归附于他，浙东士子对朱很有信仰。

元朝，陆派的名儒，要推吴澄（草庐），但其见解不甚高。朱派仅有金华派传他的学说，金履祥（仁山）、王柏（会之）、许谦（白云）是这一派的巨擘。金履祥偶亦说经，立论却也平庸；许谦也不过如此；王柏和朱很接近，荒谬之处也很多，他竟自删《诗》了。

四、阳明心学及其他

金华派传至明初，宋濂承其学，也只能说他是博览，于“经”于“理”，都没有什么表见。宋之弟子方孝孺（正学）对于理学很少说，灭族以后，金华派也就式微。明初，陆派很不流行，已散漫不能成派，这也因明太祖尊朱太过之故。

明自永乐后，学者自有研究，和朱、陆都不相同，学说也各有建树。且列表以明之（表见下页）。

永乐时，薛、吴二人，颇有研究，立明代哲学之基。薛瑄（敬轩），陕西人，立论很平正，和朱文公颇相近；明人因为于谦被杀时，他居宰辅地位，不能匡救，很有微词，并且因此轻视他。吴与弼（康斋），家居躬耕，读书虽少，能主苦学力行，很为人所推重；后来他由石亨推荐出仕，对石亨称门下士，士流又引以为耻。

薛的学问很少流传，吴的学问流传较广，胡居仁、娄谅和陈献章三人，是他的学生。胡自己没有什么新的发明，明人对他也没有反对。娄的著作后来烧毁净尽，已无可考；不过王阳明是他的学生。陈在胡死后才著名，时人称为白沙先生。

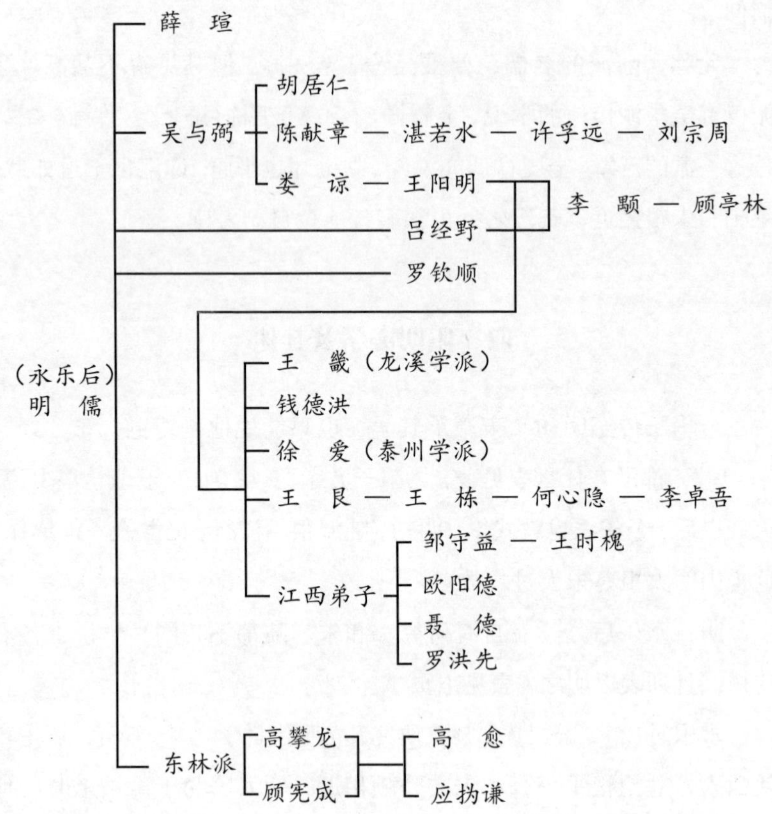

明代学者和宋儒厘然独立，自成系统，自陈白沙始。宋人欢喜著书，并且有“语录”之类。陈白沙认著书为无谓，生平只有诗和序跋之类。他的性质，也和别人不同；初时在阳春坛静坐三年，后来只是游山赋诗，弟子从学也只有跟他游山。陈生平所最佩服的，只是“浴乎沂，风乎舞雩，咏而归，……吾与点也”这些话；对于宋儒都不看重，就是明道也不甚推重；他自以为濂溪（周敦颐）嫡派，终日无一时不乐的。白沙弟子湛若水，广东人，本“体认天理”一语，他以为无论何事，皆自然之规则。王阳明成进士时，和他交游，那时他学问高出王之上。后来，王别有研究，和他意见不甚相合；他自己讲学，流传颇广，知名的却很少。

王守仁（阳明）本是欢喜研究道教的，曾延道士至家，再四拜求。后来从娄谅游，成进士后又和湛往来，见解遂有变更；贬龙场驿丞（王早年因反对宦官刘瑾被贬官）以后，阳明的学问大进。他看得世间别无可怕，只有死是可怕的，所以造石棺以尝死的况味；所主张的“致良知”，就在卧石棺时悟出。在贵州时有些苗民很崇拜他，从他讲求学问，阳明把“知行合一”和他们说。阳明的“知行合一”，和明道有些相同。明道以为曾经试行过，才算得“知”，没曾试行过，不能称为“知”，譬如不知道虎之凶猛的人，见虎不怕，受了虎的损害的，就要谈虎色变了。这类主张，渐变而为阳明的主张。阳明以为知即是行，也可说“知的恳切处即行，行的精粹处即知”。不过阳明的“知行合一”主张，是在贵州时讲的；后来到南京，专讲静坐；归江西后又讲“致良知”了。《传习录》是他在贵州时的作品，和后来有些不合。

阳明自悟得“致良知”以后，和朱文公不能不处于反对地位；并非专和朱反对，才有这些主张的。有人谓“致良知”的主张，宋胡宏在《胡子知言》已有讲起；阳明是否本之于胡，抑自己悟出，这是不能臆断的。阳明讲“良知”，曾攀附到孟子；实在孟子的“良知”，和他的殊不相同。孟子说：“人之所不学而能者，其良能也；所不虑而知者，其良知也。孩提之童，无不知爱其亲者，及其长也，无不知敬其兄也。”可见他专就感情立论。阳明以为一念之生，是善是恶，自己便能知道，是溢出感情以外，范围较广了。孟子和阳明的不同，可用佛法来证明，《唯识论》里说：一念的发生，便夹着“相分”“见分”“自证分”“证自证分”四项。且把这四个名词下一解释：

一、相分　“相分”就是“物色”，就是我们所念的。

二、见分　“见分”就是“物色此物色”，也就是我们所能念的。

三、自证分　一念时有别一念同时起来，便是“自证分”。譬如我讲了后一句话，自己决不至忘了前一句话，便是“自证分”在那里主之。

四、证自证分　“自证分”的结果，便是“证自证分”。

再用例来说明：譬如，想到几年前的友朋，想到“他姓张或姓李”，后来忽然断定他是姓张，当时并不曾证诸记录或书籍的；这便是“相分、见分、自证分、证自证分”的连合了。依此来判良知，孟子所说是指“见分”，阳明是指“自证分、证自证分”的。可见阳明和孟子是不相关联的，阳明所以要攀附孟子，是儒家的积习：宋人最喜欢的是“喜怒哀乐之未发谓之中”，苏氏兄弟也尝说这话；实在《中庸》所说是专指感情的，宋人以为一切未发都算是中，相去很远了。还有“鸢飞鱼跃，活泼泼地”一语，也为宋人所最爱用，陈白沙更用得多。在《诗经》原意，不过是写景（《诗经·大雅·旱麓》第三章：鸢飞戾天，鱼跃于渊。岂弟君子，遐不作人）。《中庸》中“鸢飞戾天，鱼跃于渊，言其上下察也”一节也不过引用诗文来表明“明”的意思。“察，明也”；鸢在上见鱼，很明白地想要攫取；鱼在下见鸢也很明白，立刻潜避了。就是照郑康成的注解，训“察”为“至”，也只说道之流行，虽愚夫愚妇都能明白，用鸢鱼来表示上下罢了，其中并没含快活的意思。宋人在“鸢飞鱼跃”下面，一定要加“活泼泼地”四字，和原意也不同了。——这些和阳明攀附孟子是一样的。

阳明“致良知”的主张，以为人心中于是非善恶自能明白，不必靠什么典籍，也不必靠旁的话来证明；但是第二念不应念，有了第二念自己便不明了。人以为阳明的学说，很宜于用兵，如此便不至有什么疑虑和悔恨。

晚年阳明讲“天泉证道”，王畿（龙溪）和钱德洪（绪山）是从游的。钱以为“无善无恶心之体，有善有恶心之动，知善知恶为致知，存善去恶为格物”。王和他不同，以为一切都是无善无恶的。阳明对于这两种主张，也不加轩轾于其间。

阳明的弟子，徐爱早死，钱德洪的学问，人很少佩服他。继承阳明的学问，要推王艮和王畿。王艮，泰州人，本是烧银的灶丁，名“银”，“艮”是阳明替他改的。他见阳明时，学问已博，初见时阳明和他所讲论，他尚不满意，以为阳明不足为之师，后来阳明再讲一段，他才佩服。他的学问，和程明道、陈白沙颇相近，有《学乐歌》：“学是乐之学，乐是学之乐。”从他游的颇多寻常人，间有上流人，自己真足自命不凡的。王畿是狂放的举人，很诽议阳明的，后来忽又师事阳明了。黄梨洲（黄宗羲）《明儒学案》对于二王都有微词；他佩服的是阳明的江西弟子。

阳明的江西弟子，以邹守益、欧阳德、聂德、罗洪先为最有造就。罗自有师承，非阳明弟子，心里很想从阳明游，不能如愿，后来阳明也死了。阳明弟子强罗附王，他也就承认。罗的学问比他弟子高深得多；自己静坐有得，也曾访了许多僧道。他说：“极静之时，但觉此心本体如长空云气，大海鱼龙；天地古今，打成一片。”黄佐对于罗的论调，最不赞同；以为是参野狐禅，否则既谓无物，哪有鱼龙。实在，心虽无物而心常动；以佛经讲，“阿赖耶识”是恒转如瀑流，就是此意。罗所说“云气”和“鱼龙”是表示动的意思。罗洪先自己确是证到这个地步，前人没有及他的了。

王时槐的学问自邹守益传来，见解颇精深。他说：“纯无念时，是为一念，非无念也，时之至微者也。”譬如吾人入睡，一无所梦，这时真可算无念，但和死却有分别的。就佛法讲“意根恒审思量”，意根念念所想的什么？就是“我”，“我”就是“阿赖耶识”。我所以不忘这“我”，便因有了“意根”之故。“我”，寻常人多不疑，譬如自己说了一句话，绝不会疑“这是谁说的”，至于其余对象，我们总要生一种疑虑的。念念想着，和无念竟是差不多；我们从早晨起来感到热，继续热下去，也就感不到了。所以纯无念时，仍有一念。

王艮弟子王栋主张意与心有分，以为“意非心之所发，意为心之主者”。这种主张，和佛法说有些相同。佛法以“阿赖耶识”自己无作用，有了意根，才能起作用，也就是禅宗所谓“识得主人翁”的意思。刘宗周对于王栋的主张很多采取；王栋自己看书不多，这种见解，的确是证出的。

阳明、若水两派以外，有许多士子信仰吕泾野的主张。吕，陕西人，笃守礼教，和朱文公最相近；立言很平正，无过人处。当时所以能和湛、王并驾，这也因王的弟子太不守礼法，猖狂使人生厌；那些自检的子弟，就倾向吕泾野了。原来何心隐习泰州之学，差不多和政客一般，张居正恨而杀之；李卓吾师事何心隐，荒谬益甚，当时人所疾首痛心的。这守礼教和不守礼教，便是宋、明学者的大别。

宋儒若陆象山见解之超妙，也仍对于礼教拘守不敢离，既禁止故人子的挟妓，又责备吕东莱的丧中见客。明儒若陈白沙已看轻礼教，只对于名节还重视，他曾说：“名节乃士人之藩篱。”王阳明弟子猖狂已甚，二王为更甚，顾亭林（顾炎武）痛骂“王学”（即王阳明所创学派）也是为此。

湛、王学问，晚年已不相同，但湛弟子许孚远，却合湛、王为一。再传至刘宗周（蕺山），自己又别开生面，和湛、王都有些不同。刘主张“意非心之所发”，颇似王栋；“常惺惺”，也是他的主张；这主张虽是宋人已讲过，但他的功夫是很深的。

阳明附会朱文公《晚年定论》，很引起一般人的攻讦；同时有罗钦顺（整庵）和他是对抗的。罗的学问，有人说他是朱派，实在明代已无所谓纯粹朱派。罗的见解，又在朱之上，就说是朱派，也是朱派之杰出者。罗本参禅，后来归入理学，纠正宋儒之处很多。朱文公所谓“气质之性，义理之性”，罗表示反对，他说：“义理乃在气质之中。”宋人于天理人欲纠缠不清；罗说：“欲当即理。”这种见解，和王不同，较朱又高一着，所以能与阳明相抗衡。清戴东原（戴震）的主张，是师承罗的学说的。

明末，东林派高攀龙、顾宪成等也讲宋人学问，较阳明弟子能守规矩；他们有移风易俗的本意，所以借重礼法。不过党派的臭味太重，致召魏忠贤杀害的惨劫。清初，东林派还有流传，高愈、应扮谦辈也只步武前人吧！

此外尚有李颙（二曲）也是名儒。李，陕西人，出身微贱，原是一个差役。他自己承认是吕派，实际是近王派的，所发现很不少。

他每天坐三炷香，“初则以心观心，久之心亦无所观”，这是他的功夫。他尝说“一念万念”一句话。这话很像佛法，但是究竟的意思，他没有说出。我们也不知道他是说“一念可以抵万念呢”？抑或是“万念就是一念呢”？在佛法中谓：念念相接则生时间；转念速，时间长，转念慢，时间短；一刹那可以经历劫。李的本意，或许是如此。李取佛法很多，但要保持礼教面目，终不肯说出。“体用”二字，本出于佛法；顾亭林以此问他，他也只可说“宝物出于异国，亦可采取”了。

清代，理学可以不论，治朱之学远不如朱。陆陇其（稼书）、汤斌等隶事两朝，也为士林所不齿，和吴澄事元有什么分别呢？江藩作《宋学渊源记》，凡能躬自力行的都采入，那在清廷做官的，都在摈弃之列。

颜元（习斋）、戴震（东原），是清代大儒。颜力主“不骛虚声”，劝学子事礼、乐、射、御、书、数，和小学很相宜。戴别开学派，打倒宋学；他是主张“功利主义”，以为欲人之利于己，必先有利于人，并且反对宋人的遏情欲。

罗有高（台山）、彭绍升（尺木）研究王学的。罗有江湖游侠之气，很佩服李卓吾（李贽）；彭信佛法，但好扶乩；两人都无足取。

哲学的派别，既如上述，我们在此且总括地比较一下：以哲学论，我们可分宋以来之哲学、古代的九流、印度的佛法和欧西的哲学四种。欧西的哲学，都是纸片上的文章，全是思想，并来实验。他们讲唯心论，看着的确很精，却只有比量，没有现量，不能如各科学用实地证明出来。这种只能说是精美的文章，并不是学问。禅宗说“猢猕离树，全无伎俩”，是欧西哲学绝佳比喻；他们离了名相，心便无可用了。宋、明诸儒，口头讲的原有，但能实地体认出来，却也很多；比欧西哲学专讲空论是不同了。

再就宋以来的理学和九流比较看来，却又相去一间了。黄梨洲说：“自阳明出，儒释疆界，邈若山河。”实在儒、释之界，宋已分明；不过儒、释有疆界，便是宋以后未达一间之遗憾。宋以后的理学，有所执着，专讲“生生不灭之机”，只能达到“阿赖耶恒动如瀑流”，和孔子“逝者如斯夫，不舍昼夜”的地步；那“真如心”便非理学家所能见。孔子本身并非未尝执着，理学强以为道体如此，真太粗心了！

至于佛法所有奥妙之处，在九流却都有说及，可以并驾齐驱。佛法说“前后际断”，庄子的“无终无始，无几无时；见独而后，能无古今”，可说是同具一义的。佛法讲“无我”，和孔子的“毋我”“克己复礼”，庄子的“无已恶乎得有有”，又相同了。佛家的“唯识唯心说”：“心之外无一物；心有境无；山河大地，皆心所造”，九流中也曾说过；战国儒家公孙尼子说“物皆本乎心”，孟子说“万物皆备于我”，便是佛家的立意。佛家大乘断“所知障”，断“理障”；小乘断“烦恼障”，断“事障”。孔子说“我有知乎哉？无知也”；老子说“玄之又玄，众妙之门”，又说“涤除玄览”；便是断“所知”和“理”障的了。佛法说“不生不灭”；庄子说“无古今而后入于不死不生”；“不死不生”就是“不生不灭”。佛法说“无修无证，心不见心，无相可得”；孟子说“望道而未之见”（道原是不可见，见道即非道）；庄子说：“斯身非吾有也，胡得有乎道？”又相同了。照这么看来，“九流”实远出宋、明诸儒之上，和佛法不相出入的。

我们研究哲学，从宋人入手，却也很好，因为晋人空谈之病，宋人所无，不过不要拘守宋学，才有高深的希望。至于直接研究佛法，容易流入猖狂。古来专讲佛而不讲儒学的，多不足取；如王维降安禄山，张商英和蔡京辈往来，都是可耻的。因为研究佛法的居士，只有五戒，在印度社会情形简单，或可维持；中国社会情形复杂，便不能维持了。历来研究儒家兼讲佛法的，如李习之（李翱）、赵大州口不讳佛，言行都有可观。可见研究佛法，非有儒学为之助不可。

第四章 国学之派别（三）

——文学之派别

什么是文学？据我看来，有文字著于竹帛叫作“文”，论彼的法式叫作“文学”。文学可分有韵、无韵二种：有韵的今人称为“诗”，无韵的称为“文”。古人却和这种不同。《文心雕龙》说：“今之常言，有文有笔，有韵者文也，无韵者笔也。”范晔自述《后汉书》说：“文患其事尽于形，情急于藻，义牵其旨，韵移其意”，“政可类工巧图缋，竟无得也”，“手笔差易，文不拘韵故也”。可见有韵在古谓之“文”，无韵在古谓之“笔”了。不过做无韵的固是用笔，做有韵的也何尝不用笔，这种分别，觉得很勉强，还不如后人分为“诗”“文”二项的好。

古时所谓文章，并非专指文学；孔子称“尧、舜焕乎其有文章”，是把“君臣朝廷尊卑贵贱之序，车舆衣服宫室饮食嫁娶丧祭之分”叫作“文”，“八风从律，百度得数”叫作“章”；换句话说：文章就是“礼”“乐”。后来范围缩小，文章专指文学而言。

一、无韵之文——文之分类

文学中有韵、无韵二项，后者比前者多。我们现在先讨论无韵的文。在讨论文的派别之先，把文的分类讲一讲，并列表以清眉目：

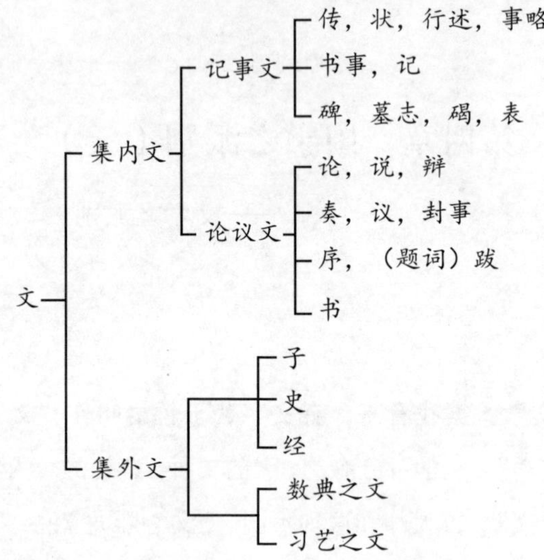

我们普通讲文，大概指集部而言，那经、史、子，文非不佳，而不以文称。但上表所列文的分类中，以“传”而论，“四史”（《史记》《汉书》《后汉书》《三国志》）中“列传”已在集部以外，“本纪”“世家”和“列传”是同性质的，也非集部所有；集部只有“家传”。以“论”而论，除了文人单篇的论文，也有在集部以外的；譬如：庄子《齐物论》，荀子《礼论》《乐论》，贾谊《过秦论》都是子部所有的。以“序”而论，也只单篇的，集中所已备；那连合的序，若《四库提要》，就非集部所有。至如“编年史”中《左传》《资治通鉴》之类和“名人年谱”，都是记事文，也非集部所能包了。

“传”是记述某人的一生或一事，我们所普通见到的。明人以为没曾做过史官，不应替人作“传”；我以为太拘了。史官所作，是卿相名人的“传”。那普通人的“传”，文人当然可以作的。“行述”“状”和“传”各不相同。“状”在古时只有几句考语，用以呈诸考功之官，凭之以定谥法。自唐李翱以为“状”仅凭考语不能定谥法，乃定“状”亦须叙事，就与“传”相同。“行述”须叙事，形式与“传”虽相同而用处不同。

“碑”原非为个人而作，若秦《峄山碑》是记始皇的功绩，汉裴岑“纪功碑”是记破西域的事迹，差不多都是关于国家大事的。就以“庙碑”而论，虽为纪事，也不是纯为纪事的。只有墓上之碑，才是为个人而作。“碑”“碣”实质是一样的，只大小长短不同。唐五品以上可用“碑”，六品以下都用“碣”的。“表”和“碑”“碣”都不同，没有大小长短的区别。说到彼等的内质，“传”是纪事的；“状”是考语兼纪事的；“碑”是考语多，后附有韵的铭，间有纪事，也略而不详；宋以后“碑”和“传”只有首尾的不同了。“表”，宋后就没有“铭”；在汉时有“表记”“表颂”的不同，“表颂”是有“铭”的。汉以前没有“墓志”，西晋也很少，东晋以后才多起来。这也因汉人立碑过多，东晋下令禁碑；“墓志”藏在墓内，比较便当一些。北朝和唐并不禁碑，而墓志很流行：一、官品不及的；二、官品虽大，曾经犯罪的；三、节省经费的；都以此为便。“墓志”的文章，大都敷衍交情，没有什么精彩。至很小的事，记述大都用“书事”或“记”等。

单篇论文，在西汉很少，就是《过秦论》也见贾子《新书》中的。东汉渐有短论，延笃《仁孝先后论》可算是首创。晋人好谈名理，“论说”乃出。这种论文，须含陆士衡《文赋》所说“精微流畅”那四字的精神。

“奏”，秦时所无，有之自汉始。汉时奏外尚有“封事”，是奏密事用的。“奏”，有的为国家大事，有的为个人的事，没有定规的。“议”，若西汉《石渠议》《盐铁论》《白虎通》，都是合集许多人而成的；后来，凡议典礼，大都用“议”的。

“书”，在古时已有，差不多用在私人的往还，但古人有“上书”，则和“奏记”差不多，也就是现今的“说帖”和“禀”。至如刘歆《移让太常博士书》，却又和“移文”一样了。

“序”，也是古所已有，如《序卦》《书序》《诗序》都是的；刘向《别录》和《四库提要》也是这一类。后人大概自著自作，或注释古书附加一“序”的。古人的“题词”和“序”相同，赵歧注《孟子》，一“序”一“题词”，都用在前面。“跋”，大都在书后，体裁和“序”无不同之处。

纪事论议而外，尚有集部所无的，如：

（一）数典之文：

甲、官制　　如《周礼》《唐六典》《明清会典》之类。

乙、仪注　　《仪礼》《唐开元礼》等皆是。

丙、刑法　　如《汉律》《唐律》《明律》《清律》之类。

丁、乐律　　如宋《律吕正义》、清《燕乐考原》等。

戊、书目　　如刘向《别录》，刘歆《七略》，王俭、阮孝绪《七志》《七录》，宋《崇文书目》，清《四库提要》之类。

（二）习艺之文：

甲、算术　　如《九章算法》《圆法》之类。

乙、工程　　如《周礼·考工记》，徐光启的《龙骨车》《玉衡车》

之类。

丙、农事　　如北魏《齐民要术》、元王桢《农书》、明徐光启《农政全书》之类。

丁、医书　　如《素问》《灵枢》《伤寒论》《千金要方》之类。

戊、地志　　如《禹贡》《周礼·职方志》《水经》《水道提纲》《乾隆府厅州县志》《方舆志略》之类。

以上各种，文都佳绝，也非集部所具的，所以我们目光不可专注在集部。

二、西汉至清之文学派别

文学的分类既如上述，我们再进一步讨论文学的派别：

经典之作，原非为文；诸子皆不以文称。《汉书·贾谊传》称贾谊“善属文”，文乃出。西汉一代，贾谊、董仲舒、太史公、枚乘、邹阳、司马相如、扬雄、刘向，称为“文人”；但考《汉书》所载赵充国的奏疏，都卓绝千古，却又不以“文人”称，这是什么缘故呢？想是西汉所称为“文人”，并非专指行文而言，必其人学问渊博，为人所推重，才可算文人的。东汉班彪著《王命论》，班固著《两都赋》，以及蔡邕、傅毅之流，是当时著称的文人。但东汉讲政治若崔实《政论》，仲长统《昌言》，说经若郑康成之流，行文高出诸文人上，又不以文名了。在西汉推尊文人，大概注目在淹博有学问一点，东汉推尊的文人，有些不能明白了。东、西汉文人在当时并无派别，后人也没曾有人替他们分成派别的。

三国时曹家父子三人（操、丕、植）文名甚高。操以《诏令》名，丕以《典论》名，植以《求自试表》等称。人们所以推尊他们，还不以其文，大都是以诗推及其文的。徐幹诗不十分好，《中论》一书也不如仲长统所著而为当时所称。吴中以张昭文名为最高，我们读他所著，也无可取，或者以道德而推及其文的。陆家父子（逊、抗、凯、云、机）都以文名，而以陆机为尤，他是开晋代文学之先的。晋代潘、陆虽并称，但人之尊潘终不如陆，《抱朴子》中有赞陆语，《文中子》也极力推尊他，唐太宗御笔赞也只有陆机、王羲之二人，可见人们对他的景仰了。自陆出，文体大变：两汉壮美的风气，到了他变成优美了；他的文，平易有风致，使人生快感的。晋代文学和汉代文学，有大不同之点。汉代厚重典雅，晋代华妙清妍，差不多可以说一是刚的、一是柔的。东晋好谈论而无以文名者，骈文也自此产生了。南北朝时傅季友（宋人）骈体殊佳，但不能如陆机一般舒卷自如，后此任昉、沈约辈每况斯下了。到了徐、庾之流，去前人更远，对仗也日求精工，典故也堆叠起来，气象更是不雅淡了。至当时不以文名而文极佳的，如著《崇有论》的裴頠，著《神灭论》的范缜等；更如孔琳（宋）、萧子良（齐）、袁翻（北魏）的奏疏，干宝、袁宏、孙盛、习凿齿、范晔的史论，我们实在景仰得很。在南北朝，文家亦无派别，只北朝人好模仿南朝，因此有推尊任昉的有推尊沈约的等不同。北朝至周，文化大衰，到了隋代，更是文不成文了。

唐初文也没有可取，但轻清之气尚存，若杨炯辈是以骈兼散的。中唐以后，文体大变，变化推张燕公（张说，玄宗时封燕国公）、苏许公（苏颋，袭封许国公）为最先，他们行文不同于庾，也不同于陆，大有仿司马相如的气象。在他们以前，周时有苏绰，曾拟《大诰》，也可说是他们的滥觞。韩、柳的文，虽是别开生面，却也从燕、许出来，这是桐城派不肯说的。中唐萧颖士、李华的文，已渐趋于奇；德宗以后，独孤及的行文，和韩文公更相近了。后此韩文公、柳宗元、刘禹锡、吕温，都以文名。四人中以韩、柳二人最喜造词，他们是主张词必己出的。刘、吕也爱造词，不过不如韩、柳之甚。韩才气大，我们没见他的雕琢气；柳才小，就不能掩饰。韩之学生皇甫湜、张籍，也很欢喜造词。晚唐李翱别具气度，孙樵佶屈聱牙，和韩也有不同。骈体文，唐代推李义山（李商隐），渐变为后代的“四六体”，我们把他和陆机一比，真有天壤之分。唐人常称孟子、荀卿，也推尊贾谊、太史公，把晋人柔曼气度扫除净尽，返于汉代的“刚”了。

宋苏轼称韩文公“文起八代之衰”，人们很不佩服。他所说八代，也费端详。有的自隋上推，合南朝四代及晋、汉为八代，这当然不合的；有的自隋上推，合北朝三代及晋、汉、秦为八代，那是更不合了。因为司马迁、贾谊是唐人所极尊的，东坡何至如此糊涂？有的自隋上推，合南朝四代、北朝三代为八代，这恰是情理上所有的。

宋初承五代之乱，已无文可称；当时大都推重李义山，“四六体”渐盛，我们正可以说李义山是承前启后的人，以前是骈体，以后变成“四六”了。北宋初年，柳开得《韩昌黎集》读之，行文自以为学韩，考之实际，和韩全无关系；但宋代文学，他实开其源。以后穆修、尹洙辈也和“四六”离异，习当时的平文（古文一名，当时所无），尹洙比较前人高一着。北宋文人以欧阳修、三苏、曾、王为最著。欧阳本习“四六”，后来才走入此途。同时和他敌对，首推宋祁。祁习韩文，著有《新唐书》，但才气不如韩。他和欧阳交情最深，而论文极不合。他的长兄宋郊，习燕、许之文，和他也不同。

明人称“唐宋八大家”，因此使一般人以为唐宋文体相同。实在唐文主刚，宋文主柔，极不相同；欧阳和韩，更格格不相入。韩喜造词，所以对于李观、樊宗师的文很同情；欧阳极反对造词，所以“天地轨，万物茁，圣人发”等句，要受他的“红勒帛”。并且“黈纩塞耳，前旒蔽明”二语，见于《大戴礼》，欧阳未曾读过，就不以为然，它无论矣。“三苏”以东坡为最博，洵、辙不过尔尔。王介甫（王安石）才高，读书多，造就也较多。曾子固（曾巩）读书亦多；但所作《乐记》，只以大话笼罩，比《原道》还要空泛。有人把他比刘原甫，一浮一实，拟于无伦了。宋人更称曾有经术气，更堪一笑！

南宋文调甚俗，开科举文之端。这项文东坡已有雏形，只未十分显露，后来相沿而下，为明初宋濂辈的“台阁体”；中间在元代虽有姚燧、虞集辈尚有可观，但较诸北宋已是一落千丈。

宋代不以文名而文佳者，如刘敞、司马光辈谨严厚重，比欧阳高一等，但时人终未加以青目，这也是可惜的。

明有“前七子”“后七子”之分。“前七子”（李梦阳等）恨“台阁体”；“后七子”（王世贞等）自谓学秦、汉，也很庸俗。他们学问都差于韩、苏，摹拟不像，后人因此讥他们为伪体。归有光出，和“后七子”中王世贞相抗敌，王到底不能不拜他的下风。归所学的是欧、曾二家，确能入其门庭，因此居伪体之上；正如孟子所说“五谷不熟，不如荑稗”的了！

桐城派，是以归有光为鼻祖，归本为昆山人，后来因为方、姚（方苞、姚鼐）兴自桐城，乃自为一派，称文章正宗。归讲格律、气度甚精工，传到顾亭林有《救文》一篇，讲公式禁忌甚确，规模已定。清初汪琬学归氏甚精，可算是归氏的嫡传，但桐城派不引而入之，是纯为地域上的关系了。

方苞出，步趋归有光，声势甚大，桐城之名以出。方行文甚谨严，姚姬传承他的后，才气甚高，也可与方并驾。但桐城派所称刘大櫆，殊无足取；他们竟以他是姚的先生，并且是桐城人，就凭意气收容了，因此引起“阳湖”和他对抗。阳湖派以恽敬、张惠言为巨子；惠言本师事王灼，也是桐城派的弟子；他们嫉恶桐城派独建旗帜，所以分裂的；可惜这派传流不能如桐城派的远而多。姚姬传弟子甚多，以管同、梅曾亮为最。梅精工过于方、姚，体态也好，惜不甚大方，只可当作词曲看。曾国藩本非桐城人，因为声名煊赫，桐城派强引而入之。他的著作，比前人都高一着；归、汪、方、姚都只能学欧、曾（曾巩）；曾（曾国藩）才有些和韩相仿佛，所以他自己也不肯说是桐城的。桐城派后裔吴汝纶的文，并非自桐城习来，乃自曾国藩处授得的。清代除桐城而外，汪中的文也卓异出众，他的叙事文与姚相同，骈体文又直追陆机了。

我们平心论之，文实在不可分派；言其形式，原有不同，以言性情才力，各各都不相同，派别从何分起呢？我们所以推重桐城派，也因为学习他们的气度格律，明白他们的公式禁忌，或者免除那“台阁派”和“七子派”的习气罢了。

他们所告诉我们的方式和禁忌，就是：

（一）官名、地名应用现制。

（二）亲属名称应仍《仪礼·丧服》《尔雅·丧服》之旧。

（三）不俗——忌用科举滥调。

（四）不古。

（五）不枝。

三、有韵之文——诗

我们在此可以讨论有韵文了。有韵文是什么？就是“诗”。有韵文虽不全是诗，却可以归在这一类。在古代文学中，诗而外，若“箴”，全是有韵的；若“铭”，虽杂些无韵，大部分是有韵的；若“诔”，若“像赞”，若“史述赞”，若“祭文”，也有有韵的，也有无韵的。那无韵的，我们可归之于文；那有韵的可归之于诗了。至于《急就章》《千字文》《百家姓》、医方歌诀之类，也是有韵的，我们也不能不称之为诗。——前次曾有人把《百家姓》可否算诗来问我，我可以这么答道：“诗只可论体裁，不可论工拙。《百家姓》既是有韵，当然是诗。”——总之，我们要先确定有韵为诗、无韵为文的界限，才可以判断什么是诗。像《百家姓》之流，以工拙论，原不成诗；以形式论，我们不能不承认他是诗。

诗以广义论，凡有韵是诗；以狭义论，则唯有诗可称诗。什么可称诗？《周礼·春官》称六诗，就是风、赋、比、兴、雅、颂。但是后来赋与诗离，所谓比、兴也不见于《诗经》。究竟当日的赋、比、兴是怎样的？已不可考。后世有人以为赋、比、兴就在风、雅、颂之中，《郑志》张逸问：“何诗近于比、赋、兴？”答曰：“比、赋、兴，吴札观诗时，已不歌也。孔子录诗，已合风、雅、颂中，难复摘别，篇中义多兴，此谓比、赋、兴，各有篇什。自孔子淆杂第次而毛公独旌表兴，其比、赋俄空焉。圣者颠倒而乱形名，大师偏syn而失邻类。”郑康成《六艺论》也说：风、雅、颂中有赋、比、兴。《毛传》在《诗》的第一节偶有“兴也”二字。朱文公也就自我作古，把“比也”“赋也”均添起来了。我以为《诗》中只有风、雅、颂，没有赋、比、兴。左氏说："《彤弓》《角弓》，其实《小雅》也；吉甫作诵，其风肆好，其实《大雅》也。"考毛公所附"兴也"的本义，也和赋、比、兴中的"兴"不同，只不过像《乐府》中的"引""艳"一样。

"六诗"本义何在？我们除比、兴不可考而外，其余都可溯源而得之：

一、风　《诗·小序》："风者，上以风化下，下以风刺上。"我以为"风"的本义，还不是如此。风是空气的激荡，气出自口就是风，当时所谓"风"，只是口中所讴唱罢了。

二、颂　"颂"在《说文》就是"容"字，《说文》中"容"只有纳受的意义，这"颂"字才有形容的意义。《诗·小序》谓："颂者，美盛德之形容。"我们于此可想见古人的"颂"是要"式歌式舞"的。

三、赋　古代的"赋"，原不可见，但就战国以后诸赋看来都是排列铺张的。古代凡兵事所需，由民间供给的谓之"赋"，在收纳民赋时候，必须按件点过。赋体也和按件点过一样，因此得名了。

四、雅　这项的本义，比较地难以明白。《诗·小序》说："雅者，正也。""雅"何以训作"正"？历来学者都没有明白说出，不免引起我们的疑惑。据我看来，"雅"在《说文》就是"鸦"，"鸦"和"乌"音本相近，古人读这两字也相同的，所以我们也可以说"雅"即"乌"。《史记·李斯传·谏逐客书》《汉书·杨恽传·报孙会宗书》均有"击缶而歌乌乌"之句，人们又都说"乌乌"秦音也。秦本周地，乌乌为秦声，也可以说乌乌为周声。又商有"颂"无"雅"，可见"雅"始于周。从这两方面看来，"雅"就是"乌乌"的秦声，后人因为他所歌咏的都是庙堂大事，因此说"雅"者正也。《说文》又训"雅"

为“疋”，这两字音也相近。“疋”的本义，也无可解，《说文》训“疋”为“足”，又说：“疋，记也。”大概“疋”就是后人的“疏”，后世的“奏疏”，也就是记。《大雅》所以可说是“疋”，也就因为《大雅》是记事之诗。

四、先秦至清诗歌之演变

我们明白这些本义，再去推求《诗经》，可以明白了许多。太史公在《孔子世家》说：“古者诗三千余篇，及至孔子，去其重，取可施于礼义；上采契、后稷，中述殷、周之盛，至幽、厉之缺，始于衽席。故曰《关雎》之乱以为《风》始，《鹿鸣》为《小雅》始，《文王》为《大雅》始，《清庙》为《颂》始，三百五篇，孔子皆弦歌之以求合韶、武、雅、颂之音。”可见古诗有三千余篇。有人对于三千余篇，有些怀疑，以为这是虚言。据我看来，这并非是虚言。《风》《雅》《颂》已有三百余篇，考他书所见逸诗，可得六百余篇；若赋、比、兴也有此数，就可得千二百篇了。《周礼》称九德六诗之歌，可见六诗以外，还有所谓九德之歌。在古代盛时，“官箴、占繇皆为诗，所以序《庭燎》称‘箴’，《沔水》称‘规’，《鹤鸣》称‘诲’，《祈父》称‘刺’，诗外更无所谓官箴，辛甲诸篇，也在三千之数”。我们以六诗为例，则九德也可得千八百篇：合之已有三千篇之数，更毋庸怀疑。至于这三千篇删而为三百篇，是孔子所删，还是孔子以前已有人删过呢？我们无从查考。不过孔子开口就说诵诗三百，恐怕在他以前，已有人把诗删过了！大概三千篇诗太复杂，其中也有诵世系以劝诫人君，若《急就章》之流，使学者厌于讽诵；至若比、赋、兴，虽依情志，又复广博多华，不宜声乐；因此十五流中删取其三，到了孔子不过整齐彼的篇第不使凌乱罢了。

《诗经》只有《风》《雅》《颂》，赋不为当时所称，但是到了战国，赋就出来了。屈原、孙卿（荀子）都以赋名：孙卿以《赋》《成相》分二篇题号已别；屈原《离骚》诸篇，更可称为卓立千古的赋。《七略》次赋为四家：一曰屈原赋，二曰陆贾赋，三曰孙卿赋，四曰杂赋。屈原的赋是道情的，孙卿的赋是咏物的，陆贾赋不可见，大概是“纵横”之变。后世言赋者，大都本诸屈原。汉代自从贾生《惜誓》上接《楚辞》，《鵩鸟》仿佛《卜居》，司马相如自《远游》流变而为《大人赋》，枚乘自《大招》《招魂》散而为《七发》，其后汉武帝《悼李夫人》、班婕妤《自悼》，以及淮南、东方朔、刘向辈大都自屈、宋脱胎来的。至摹拟孙卿的，也有之，如《鹦鹉》《焦鹩》诸赋都能时见一端的。

三百篇（《诗经》）以后直至秦代，无诗可见。一到汉初，诗便出来了。汉高祖《大风歌》，项羽《虞兮歌》，可说是独创的诗。此后五言诗的始祖，当然要推《古诗十九首》；这十九首中据《玉台新咏》指定九首是枚乘作的，可见这诗是西汉的产品。至苏武、李陵赠答之诗，有人疑是东汉时托拟的。这种五言诗多言情，是继四言诗而起的，因为四言诗至三百篇而至矣尽矣，以后继作，都不能比美，汉时虽有四言诗，若韦、孟之流，才气都不及，我们总觉得很淡泊。至碑铭之类——《峄山碑》等——又是和颂一般，非言情之作，其势非变不可，而五言代出。

汉代雅已不可见，《郊祀歌》之流，和颂实相类似，四言而外，也有三言的，也有七言的。此后颂为用甚滥，碑铭称“颂”，也是很多的。

汉代文人能为赋未必能以诗名，枚乘以诗长，他的赋却也不甚著称。东汉一代，也没有卓异的诗家，若班固等，我们只能说是平凡的诗家。

继《十九首》而振诗风，当然要推曹孟德（曹操）父子；孟德的四言，上不摹拟《诗经》，独具气魄，其他五言、七言诸诗，虽不能如《十九首》的冲淡，但色味深厚，读之令人生快。魏文帝和陈思王的诗，也各有所长，同时刘桢、王粲辈毕竟不能和他们并驾。钟嵘《诗品》评《古诗十九首》说是“一字千金”，我们对于曹氏父子的诗，也可以这样说他；真所谓：“其气可以抗浮云，其诚可以比金石。”

语曰：“在心为志，发言为诗。”可见诗是发于性情。三国以前的诗，都从真性情流出，我们不能指出某句某字是佳；他们的好处，是无句不佳、无字不佳的。曹氏父子而后，就不能如此了。

曹氏父子而后，阮籍以《咏怀诗》闻于世。他本好清谈，但所作的诗，一些也没有这种气味。《诗品》称阮诗出于《离骚》，真是探源之论，不过陈思王的诗，也出自《离骚》，阮的诗还不能如他一般痛快。

晋初左思《咏史诗》《招隐诗》风格特高，与曹不同，可说是独开一派。在当时他的诗名不著，反而陆机、潘岳（安仁）辈以诗称。我们平心考察：陆诗散漫，潘诗较整饬，毕竟不能及左思；他们也只可以说是作赋的能手罢了。当时所以不看重左思，也因他出身微贱，不能像潘、陆辈身居贵胄的缘故。《诗品》评诗，也不免于徇俗，把左思置在陆、潘之下，可为浩叹！其他若张华的诗，《诗品》中称他是“儿女情多，风云气少”；我们读他的诗意，只觉得是薄弱无力量；所谓儿女情多，也不知其何所见而云然，或者我们没曾看见他所著的全豹，那就未可臆断了！

东晋清谈过甚，他们的“清谈诗”，和宋时“理学诗”一般可厌。他们所作的诗，有时讲讲庄、老，有时谈谈佛理，像孙绰、许询辈都是如此。孙绰《游天台山赋》有“太虚辽廓而无阂，运自然之妙有”等句，是前人所不肯用的。《诗品》说他们的诗，已是“风骚体尽”，确是不错。在东晋一代中无诗家可称；但刘琨《扶风歌》等篇，又是诗中佳品，以武人而能此，却也可喜！

陶渊明出，诗风一振；但他的诗终不能及古人，《诗品》评为“隐逸之诗”。他讲“田舍风味”，极自然有风致，也是独树一帜。在他以前，描写风景的诗很少；至他专以描写风景见长，如“采菊东篱下，悠然见南山”之句，真古人所不能道。渊明以后，谢灵运和颜延之二家继他而起。谢描摹风景的诗很多，句调精练，《诗品》说他是“初出芙蓉”。颜诗不仅描风景，作品中也有雕刻气，所以推为诗家，或以颜学问淹博之故。《诗品》评颜谓为“镂金错彩”。陶诗脱口自然而出，并非揉作而成，虽有率尔之词，我们总觉得可爱。如谢诗就有十分聱牙之处，我们总可以觉得他是矫作的。小谢（谢朓）写风景很自然，和渊明不相上下；而当时学者终以小谢不及大谢（谢灵运），或者描写风景之诗，大家都爱工巧，所以这般评论。梁代诗家推沈约——“永明体”自他出——律诗已有雏形了。古诗所以变为律诗，也因谢、颜诗不可讽诵，他因此故而定句调。沈约的律诗，和唐后律诗又不相同。《隋书·经籍志》载他的《四声谱》有一卷，可见谱中所载调是很多的，并不像唐后律诗这么简单。他的《四声谱》，我们虽不能见，但读他的诗，比谢、颜是调和些，和陶、小谢却没有什么分别呢!

宋鲍照、齐江淹，也以诗名。鲍有汉人气味，以出身微贱，在当时不甚著称。江善于拟古，自己的创作却不十分高明。

南北朝中，我们只能知道南朝的作品，北朝究竟有无诗家，久已无从考得，但《木兰诗》传自北朝，何等高超，恐怕有些被淹没了呢!

梁末，诗又大变，如何逊、阴铿的作品，只有一二句佳绝了。在此时，古今诗辟下一大界限，全篇好是古诗的特色，一二句好是此后的定评。隋杨素诗绝佳，和刘琨可仿佛。此时文人习于南北朝的诗风，爱用典故，并喜雕琢；杨素武人不爱雕琢，亦不能雕琢，所以诗独能过人。当时文人专着眼在一二句好处，对于杨素不甚看重。所以隋炀帝为了忌嫉"空梁落燕泥""庭草无人随意绿"二佳句，就杀两诗人了。

唐初，律诗未出，唐太宗和魏徵的诗，和南北朝相去不远。自四杰（骆宾王、王勃、杨炯、卢照邻）出，作品渐含律诗的气味，不过当时只有五言律，并未有七言律。四杰之文很卑微，他们的诗，却有气魄。成就五言的是沈佺期、宋之问，他们的诗，气魄也大，虽有对仗，但不甚拘束。五言古诗到此时也已穷极，五律、七古不能不产生了。——唐以前七古虽有，但不完备，至唐始备全。七古初出，若李太白、崔颢的诗，都苍苍茫茫，信笔写去，无所拘忌。李诗更含复古的气味，和同时陈子昂同一步骤。

盛唐诗家以王维、孟浩然、张九龄为最。张多古诗，和李、陈同有复古的倾向。王、孟诗与陶相近，作品中有古诗、有律诗，以描写风景为最多，都平淡有意趣。

李、陈、张三家都是复古诗家，三人中自然推李为才最高。他生平目空古人，自以为在古人之上，在我们看来，他的气自然盛于前人，说他是高于前人恐怕未必。王、孟两家是在古今之间，到了杜甫，才开今派的诗。

杜甫的诗，元稹说他高于李，因为杜立排律之体，为李所不及的。据我看来，李诗是成线的，杜诗是成面的；杜诗可说是和“赋”有些相像，必要说杜胜于李，却仍不敢赞同。并且自杜诗开今，流于典故的堆叠，自然的气度也渐渐遗失，为功为罪，未可定论！至于杜的古诗，和古人也相去不远；只排律一体，是由他首创，“子美别开新世界”，就是这么一个世界罢！在杜以前诸诗家，除颜延之而外，没有一个以多用书为贵的；自杜以后，才非用典故，不能夸示于人。或者后人才不如古，以典故文饰，可掩了自己的短处！正如天然体态很美的女子，不要借力于脂粉；那些体态不甚美的，非借此不可了。昌黎的诗，习杜之遗风，更爱用典故，并爱用难识的字，每况愈下了，但自然之风尚存，所以得列于诗林。

韦应物、柳宗元两家，和昌黎虽同时，而作品大不相同。他们有王、孟气味，很自然平淡的。我们竟可以说柳的文和诗截不相同。同时有元微之、白居易二家，又和别家不同；他们随便下笔，说几句民情，有《小雅》的风趣，他们所以见称也以此。

晚唐，温庭筠、李义山两家爱讲对仗，和杜甫爱典故是一样的，结合便成宋代的诗风。“西昆体”染此风甚深，所以宋代诗话，专在这些地方留意。

宋初，欧阳修、梅圣俞对于“西昆体”很反对；但欧阳修爱奇异的诗句，如“水泥行郭索（这句是咏蟹；“郭索”两字见扬子《太玄经》），云木叫钩辀（这句是咏鸠；“钩辀”两字见陆机《毛诗草木鸟兽虫鱼疏》）”二句，已不可解，他却大加赞赏；和他的论文大相抵触的。梅圣俞的诗，开考古之源；和古人咏古的诗，又大不相同了。总之，宋人的诗，是合“好对仗、引奇字、考据”三点而成，以此病入膏肓。苏轼的诗，更打破唐诗的规模，有时用些佛典之法理，太随便了。王荆公爱讲诗律，但他的诗律，忽其大者而注重小者，竟说：“上句用《汉书》，下句也要用《汉书》的。”自此大方气象全失；我们读宋祁“何言汉朴学（见《汉书》），反似楚技官（见《史记·吴起传》）”之句，再看王维“正法调狂象（见佛法），玄言问老龙（见《庄子》）”之句，真有天壤之判呢！有宋一代，诗话很多，无一不深中此病。唯《沧浪诗话》和众不同，他说“诗有别才，不关学也；诗有别趣，不关理也”。此种卓见，可扫宋人的习气了。

南宋，陆放翁含北宋习气也很深，唯有范石湖（范成大）、刘复村自有气度，与众不同。黄山谷（黄庭坚）出，开江西诗派之源。黄上学老杜，开场两句必对仗，是他们的规律，这一派诗无足取。

元、明、清三代诗甚衰，一无足取。高青邱（明诗人高启，号青邱子）的诗失之靡靡，七子的诗失之空门面，王渔洋、朱彝尊的诗失之典泽过浓，到了翁方纲以考据入诗，洪亮吉爱对仗，更不成诗。其间稍可人意的，要推查初白（查慎行）的，但也不能望古人之项背。洪亮吉最赏识“足以乌孙涂上茧，头几黄祖座中枭”二句，我们读了只作三日呕！

诗至清末，穷极矣，穷则变，变则通；我们在此若不向上努力，便要向下堕落。所谓向上努力就是直追汉、晋，所谓向下堕落就是近代的白话诗，诸君将何取何从？提倡白话诗人自以为从西洋传来；

我以为中国古代也曾有过，他们如要访祖，我可请出来。唐代史思明——夷狄——的儿子史朝义，称怀王，有一天他高兴起来，也咏一首樱桃的诗：“樱桃一篮子，一半青，一半黄；一半与怀王，一半与周贽。”

那时有人劝他，把末两句上下对调，作为“一半与周贽，一半与怀王”，便与“一半青，一半黄”押韵；他佛然道：“周贽是我的臣，怎能在怀王之上呢？”如在今日，照白话诗的主张，他也何妨说“何必用韵呢”？这也可算白话诗的始祖罢。一笑！

第五章　结　论

——国学之进步

中国学术，除文学不能有绝对的完成外，其余的到了清代，已渐渐告成，告一结束。清末诸儒，若曾国藩、张之洞辈都以为一切学问已被前人说尽，到了清代，可说是登峰造极，后人只好追随其后，决不再能超过了。我以为后人仅欲得国学中的普通学识，则能够研究前人所已发明的，可算已足，假使要求真正学问，怕还不足罢！即以“考据”而论，清代成就虽多，我们依着他们的成规，引而伸之，也还可以求得许多的知识。在他们的成规以外，未始没有别的途径可寻；那蕴蓄着未开辟的精金正多呢！总之，我们若不故步自封，欲自成一家言；非但守着古人所发明的于我未足，即依律引伸，也非我愿，必须别创新律，高出古人才满足心愿——这便是进步之机。我对于国学求进步之点有三：

1. 经学　以比类知原求进步。

2. 哲学　以直观自得求进步。

3. 文学　以发情止义求进步。——毕竟讲来，文学要求进步，恐怕难能呢！

一、经学——比类知原

清代治经学较历代为尤精，我在讲经学之派别时已经讲过；我们就旧有成规再加讲讨，原也是个方法。不过“温故知新”仅“足以为师”，不足语于进步。我们治经必须比类知原，才有进步。因前人治经，若宋、明的讲大体，未免流于臆测妄断；若清代的订训诂，又仅求一字的妥当，一句的讲明，一制的考明，“擘绩补苴”，不甚得大体。我们生在清后，那经典上的疑难，已由前人剖析明白，可让我们融会贯通再讲大体了。

从根本上讲，经史是决不可以分的。经是古代的历史，也可以说是断代史。我们治史，当然要先看通史，再治断代的史，才有效果，若专治断代史，效果是很微细的。治经，不先治通史，治经不和通史融通，其弊与专治断代史等，如何能得利益？前人正犯此病。所以我主张比类求原，以求经史的融会，以谋经学的进步。如何是比类求原？待我说来！经典中的《尚书》《春秋》，是后代“编年”“纪传”两体之先源。刘知几曾说“纪传”是源于《尚书》，“编年”是源于《春秋》；章学诚也曾说后代诸史皆本于《春秋》。这二人主张虽不同，我们考诸事实，诸史也不尽同于《尚书》《春秋》，而诸史滥觞于彼，是毫无疑义的。所以治经：对于“制度”，下则求诸《六典》《会典》诸书，上以归之于《周礼》《仪礼》；对于地理，下则考诸史及地舆志，上以归之于《禹贡》及《周礼·职方志》；

即风俗道德，亦从后代记载上求源于经典。总之，把经看作古代的历史，用以参考后世种种的变迁，于其中看明古今变迁的中心。那么，经学家最忌的武断、琐屑二病，都可免除了。未来所新见的，也非今日所可限量呢！

二、哲学——直观自得

中国哲学在晋代为清谈，只有口说，讲来讲去，总无证据。在宋、明为理学，有道学问、尊德性之分，自己却渐有所证。在清代专在文字上求，以此无专长者，若戴东原著《孟子字义疏证》，阮芸台讲性命，陈兰甫（陈澧）著《汉儒通义》，也仅在文字上求、训诂上求，有何可取！要知哲理非但求之训诂为无用，即一理为人人所共明而未证之于心，也还没有用处的，必须直观自得，才是真正的功夫。王阳明辈内证于心，功夫深浅各有不同，所得见解，也彼此歧异，这也是事实上必有的。理，仿佛是目的地，各人所由的路，既不能尽同，所见的理，也必不能尽同；不尽同和根源上并无不合呢！佛家内证功夫最精深，那些堕落的就专在语言文字上讲了。西洋哲学，文字虽精，仍是想象如此，未能证之于心，一无根据，还不能到宋学的地步，所以彼此立论，竟可各走极端的。这有理论无事实的学问，讲习而外，一无可用了！近代法国哲学家柏格森渐注重直觉，和直观自得有些相近了。总之，讲哲理决不可像天文家讲日与地球的距离一样，测成某距离为已精确了。因为日的距离，是事实上决不能量，只能用理论推测的；那心像是在吾人的精神界，自己应该觉得的。所以，不能直观自得，并非真正的哲理；治哲学不能直观自得便不能进步。

三、文学——发情止义

文学如何能求进步？我以为要“发情止义”。何为发情止义？如下述：“发情止义”一语，出于《诗序》；彼所谓“情”是喜怒哀乐的“情”，所谓“义”是礼义的“义”。我引这语是把彼的意义再推广之：“情”是“心所欲言，不得不言”的意思，“义”就是“作文的法度”。桐城派的文章，并非没有法度；但我们细读一过，总觉得无味；这便因他们的文，虽止乎义，却非发乎情；他们所作游记、论文，也不过试试自己的笔墨罢了。王渔洋（王士祯）的诗，法度非不合，但不能引人兴趣；也因他偶到一处，即作一诗，仿佛日记一般，并非有所为而作的。清初侯方域、魏叔子（魏禧）以明代遗民，心有不平，发于文章，非无感情，但又绝无法度。明末大儒黄梨洲、王船山（王夫之），学问虽博，虽有兴亡感慨，但黄文既不类白话，又不类语录，又不类讲章，只可说是像批语；王船山非常生硬，又非故意如此；都可说是不上轨道的。所以文学非但要“止乎义”，还要“发乎情”。那初作文，仅有法度，并无情，用以练习则可，用以传世则不可；仿佛习字用九宫格临帖，是不可以留后的。韩昌黎自以为因文生道，顾亭林对于这话有所批评。实在昌黎之文，并非无情无义，若《书张中丞传后》，自是千古必传的，可惜他所作碑志太多，就多止于义、不发于情的了。苏东坡的史论，有故意翻案的、有不必作的，和场屋文一般，也非发于情之作。古文中非无此流，比较地少一些。诗关于情更深，因为诗专以写性情为主的。

若过一处风景，即写一诗，诗如何能佳？宋代苏、黄的诗，就犯此病。苏境遇不佳，诗中写抑郁不平的还多，而随便应酬的诗也很多，就损失他的价值了。唐代杜工部身遇乱世，又很穷困，诗中有情之作，可居半数，其他也不免到一处写一首的。杜以前诸诗家，很少无情之作，即王、孟也首首有情的。至古代诗若《大风歌》《扶风歌》全是真性情流出，一首便可传了！

诗文二项中：文有有法无情的，也有无法有情的；诗却有情无法少，有法无情多；近代诗虽浅鄙，但非出乎轨外。我们学文学诗，初步当然要从法上走，然后从情创出；那初步即欲文学太史公，诗学李太白的，可称狂妄之人呢！我们还要知文学作品忌多，太多必有无情之作，不足贵了。

二三十年前，讲文学，只怕无情，不怕无义。梁任公（梁启超）说我是正统派，这正统派便能不背规则的。在现在有情既少，益以无义，文学衰堕极了。我们若要求进步，在今日非从“发情止义”下手不可；能发情止义，虽不必有超过古人之望；但诗或可超过宋以下诸诗家，文或可超过清以下诸文家！努力！

国学略说

第一章　小学略说

“小学”二字，说解歧异。汉儒指文字之学为小学。《汉书·艺文志》：“古者八岁入小学。”《周官·保氏》：“掌养国子，教之六书、九数。六书者，象形、象事、象意、象声、转注、假借也。”而宋人往往以“洒扫、应对、进退”为小学。段玉裁深通音训，幼时读朱子《小学》，其文集中尝言：小学宜举全体，文字仅其一端。洒扫、应对、进退，未尝不可谓之小学。案《大戴礼·保傅篇》：“古者八岁出就外舍，学小艺焉，履小节焉；束发而就大学，学大艺焉，履大节焉。”“小艺”指文字而言，“小节”指洒扫、应对、进退而言；“大艺”即《诗》《书》《礼》《乐》，“大节”乃大学之道也。由是言之，小学固宜该“小艺”“小节”而称之。

一、文字学

保氏所教“六书”，即文字之学。“九数”则《汉书·律历志》所云“数者，一十百千万”是也。学习书数，宜于髫龀；至于射御，非体力稍强不能习。故《内则》言：十岁学书计，成童学射御。《汉书·食货志》言：八岁入小学，学六甲、五方、书计之事。《内则》亦言：六岁教之数与方名。郑注以“东西”释“方名”，盖即地理学与文字学矣。而苏林之注《汉书》，谓“方名”者四方之名，此殊不足为训。童蒙稚呆，岂有不教本国文字，而反先学外国文字哉？故师古以臣瓒之说为是也。

汉人所谓“六艺”，与《周礼·保氏》不同。汉儒以六经为六艺，《保氏》以礼、乐、射、御、书、数为六艺。六经者，大艺也。礼、乐、射、御、书、数者，小艺也。语似分歧，实无二致。古人先识文字，后究大学之道。后代则垂髫而讽六经；篆籀古文，反以当时罕习，致白首而不能通。盖字体递变，后人于真楷中认点画，自不暇再修旧文也。

是正文字之小学，括形、声、义三者而其义始全。古代撰次文字之书，于周为《史籀篇》，秦汉为《仓颉篇》，后复有《急就章》出。童蒙所课，弗外乎此。周兴嗣之《千字文》，《隋书·经籍志》入小学类。古人对于文字，形、声、义三者，同一重视。宋人读音尚正，义亦不敢妄谈。明以后则不然。清初讲小学者，止知形而不知声、义，偏而不全，不过为篆刻用耳。迨乾嘉诸儒，始究心音读训诂，但又误以《说文》《尔雅》为一类。段氏玉裁诋《汉志》入《尔雅》于“孝经”类，入《仓颉篇》于“小学”类，谓分类不当。殊不知字书有字必录，周秦之《史》《仓》，后来之《说文》，无一不然。至《尔雅》乃运用文字之学。《尔雅》功用在解释经典，经典所无之字，《尔雅》自亦不具。是故字书为体，《尔雅》为用。譬之算术，凡可计数，无一不包。测天步历，特运用之一途耳。清人混称“天算”，其误与混《尔雅》、字书为一者相同。《尔雅》之后，有《方言》，有《广雅》，皆为训诂之书，文字亦多不具。故求文字之义，乃当参《尔雅》《方言》；论音读，更须参韵书。如此，文字之学乃备。

乾嘉以后，人人知习小学，识字胜于明人。或谓讲《说文》即讲篆文，此实谬误。王壬秋主讲四川尊经书院，学生持《说文》指字叩音，王谓尔曹喻义已足，何必读音。王氏不明反语，故为是言。依是言之，《说文》一书，止可以教聋哑学生耳。

今人喜据钟鼎驳《说文》。此风起于同、光间，至今约六七十年。夫《说文》所录，古文三百余。古文原不止此，今洛阳出土之《三体石经》，古文多出《说文》之外。于是诡谲者流，以为求古文于《说文》，不如求之钟鼎。然钟鼎刻文，究为何体，始终不能确知。《积古斋钟鼎款识》释文，探究来历，不知所出，于是诿之曰“昔人”。自清递推而上，至宋之欧阳修《集古录》。欧得铜器，不识其文，询之杨南仲、章友直（杨工篆书，《嘉祐石经》为杨之手笔；章则当时书学博士也）。杨、章只识《说文》所载之古文，其他固不识也。欧强之使识，乃不得不妄称以应之。《集古录》成，宋人踵起者多，要皆以意测度，难逭妄断之讥。须知文字之学，口耳相受，不可间断。设数百年来，字无人识，后人断无能识之理。譬如“天地玄黄”，非经先生口授，何能明其音读？先生受之于师，师又受之于师，如此数千年，口耳相受，故能认识。或有难识之字，字书具在，但明反切，即知其音。若未注反切，如何能识之哉！今之学外国文者，必先认识字母，再求拼音，断无不教而识之理。宋人妄指某形为某字者，不几如不识字母而诵外国文乎？

宋人、清人，讲释钟鼎，病根相同，病态不同。宋人之病，在望气而知，如观油画，但求形似，不问笔画。清人知其不然，乃皮傅六书，曲为分剖。此则倒果为因，可谓巨谬。夫古人先识字形，继求字义，后乃据六书以分析之。非先以六书分析，再识字形也。未识字形，先以六书分析，则一字为甲为乙，何所施而不可？不但形声、会意之字，可以随意妄断，即象形之字，亦不妨指鹿为马。盖象形之字，并不纤悉工似，不过粗具轮廓，或举其一端而已。如**𠆢**字略象人形之侧，其他固不及也。若本不认识，强指为象别形，何不可哉？倒果为因，则甲以为乙，乙以为丙，聚讼纷纷，所得皆妄。如只摹其笔意，赏其姿态，而阙其所不知，一如欧人观华剧然，但赏音调，不问字句，此中亦自有乐地，何必为扣盘扪烛之举哉！

宋人持望气而知之态度以讲钟鼎，清人则强以六书分析之。然则以钟鼎而驳《说文》，其失不止偏闰夺正而已。尝谓钟鼎款识，不得阑入小学；若与法帖、图像，并列艺苑，斯为得耳。“四库书”列入“艺术”一类，甚见精卓。其可勉强归入“小学”类者，唯有研究汉碑之书，如洪氏《隶释》《隶续》之类而已。文字之学，宜该形、声、义三者。专讲《说文》，尚嫌取形遗声，又何况邈不可知之钟鼎款识哉！盖文字之赖以传者，全在于形。论其根本，实先有义，后有声，然后有形。缘吾人先有意想，后有语言，最后乃有笔画也（文字为语言之代表，语言为意想之代表）。故不求声、义而专讲字形，以资篆刻则可，谓通小学则不可。三者兼明，庶得谓之通小学耳。《说文》以形为主，《尔雅》《方言》以义为主，《广韵》之类，以声为主。今人与唐宋人读音不同，又不得不分别古今。治小学者，既知今音，又宜明了古音。大徐《说文》，常言某字非声，此不明五代音与古音不同故也。欲治小学，不可不知声音通转之理。段注《说文》，每字下有古音在第几部字样。此即示人以古今音读之不同。音理通，而义之转变乃明。大徐《说文》，每字下注明孙愐反切，此唐宋音，而非汉人声读。但由此以窥古音，亦初学之阶梯也。要之，形为字之官体，声、义为字之精神，必三者具而文字之学始具。

许君之言曰："唯初太极，道立于一。""一"之为字，属指事。盖人类思想，由简单以至繁复，苦结绳之不足致治，乃有点画以作识记。则六书次第，以"指事"居首为最合，指事之次为"象形"。《说文》之界说曰："指事者，视而可识，察而见意，二二是也。象形者，画成其物，随体诘屈，⊙D是也。"此皆独体之文。继后有形声、会意，则孳乳而为合体之字。故"形声"之界说曰："以事为名，取譬相成，江河是也。""会意"之界说曰："比类合谊，以见指㧑，武信是也。"指事、象形在前，形声、会意在后，四者具而犹恐不足，则益之以"转注"，广之以"假借"。如是，则书契之道毕，宪象之理彰。

指事之异于象形者，形象一物，事赅众物。以二二为例，二二所赅者多，而日月则仅表一物。二二二字，视之察之，可知其在上在下。此指事之最易明白者，故许君举以为例。

指事之字，除二二外，计数之字，自一至十，古人皆以为指事。

但六字从入从八，已属会意。四字象形，尚非指事。唯籀文作亖，确系指事。按：莽布六七八九作，或为最初之古文，极合于“察而见意”之例。若七九两篆，殊不能“察而见意”也。

六书中之指事，后人多不了然。段氏《说文注》，言指事者极少。王箓友《释例》《句读》，凡属指事之字，悉以为会意。要知两意相合，方得谓之会意。若一字而增损点画，于增损中见意义者，胥指事也。指事有独体、合体之别，一二，独体指事也。合体指事，例如下列诸字：

本，以木下一表根。末，以木上一表颠。不，象形兼指事，一以表天，下为鸟形，鸟飞上翔，不下来也。至，一以表地，上为鸟形，鸟飞从高下至地也。此皆无形可象，故以“一”表之。又有屈曲其形以见意者，如大象人形，侧其左曰夨，侧其右曰夭，交其两足则为交，曲其右足则为尣。夨夭交尣均从“大”而略变者也，均指事也。更如屈木之颠曰禾，木之曲头，止不能上也。木中加一曰朱，赤心木也。赤心不可象，以一识之也。牟，牛鸣也，从牛，象其声气从口出。芈，羊鸣也，从羊，象气上出。系豕足曰豖，绊马足曰馽。凡此皆不别造字，即于木、牛、羊、豕、马本字之上，加以标帜者也。

指事有减省笔画以见意者。如夕，暮也，从月半见。歺，伐骨之残也，从半冎；冎，义为剔肉置骨，冎而得半，其残可知。，木之余，断木之首以见意。非有相背之象。飛，上象鸟首，下为双翅，张其翅，以表飞翔之状，而迅疾之卂，从飞而羽不见，疾飞则羽毛不能详审，故略去羽毛。今山水家画远鸟多作“十”字形，意亦同也。以上皆损笔见意之指事。

又有以相反为指事者。如反正为乏，正乏即算术之正负，乏即负耳。反人为匕，相与比叙也。倒人为𠤎，变也，人死则化矣。反永为𠂢，永为水长，𠂢为分支，分支则水流长矣。之象草出于地，倒之为帀，周也。川楚间有阴沉木者，山崩木倒，枝叶入地而仍生，岭南榕树亦反倒入地而生，此皆可见蒙密周匝之意。推予谓之予；倒予谓之幻，以骗术诈惑人而取其财，斯为幻矣。止象人足，反止为𣥂，蹈也。此皆以相反见意也。故指事有三例：一增，一省，一相反。今粤人减“有”字二画为“冇”，音如毛，意为无有，此俗字之属于指事者也。

指事不兼会意，而会意有兼指事。盖虽为会意，仍有指事之意在。北从二人相背，臦从二臣相违，相背相违，亦有指事之意。两或颠倒而成𢧢，悖也；两止相背而成癶，足刺癶也：亦兼指事之意。指事之例甚广，而段氏乃以为指事甚少，此亦未之思耳。但段氏犹知指事、会意，不容厕杂；而王箓友则直以指事为会意矣。要知会意之会，乃“会合”之会，非“领会”之会也。

造字之朔，象形居先，而指事更在象形之前。盖指事亦象形之类，唯象空阔之形，不若象形之表示个体耳。许君举日月二文为象形例，日象日中有黑子，月象日形之半，此乃独体象形，犬马豕鸟木屮之类均是。至合体象形：果，田象果实，下从木；朵，几象跗萼，下从木；𠃬象阡陌之状，而小篆作畴；裘，古文作求，小篆加衣为裘，中象毛皮之形。皆合体象形也。母从女加--为两乳形；儿从儿，臼象小儿头囟未合：亦合体象形也。自独体象形衍而为合体象形，亦有不得不然之势。否则无女之--，无儿之臼，孰从而识其为母、为儿乎？

象形之字，《说文》所录甚多，然犹不止此数。如钟鼎之8，即为《说文》所未录者（钟鼎文字，原不可妄说。但连环之8，可由上下文义而知其决然为环，经昔人谨慎考定，当可置信）。

造字之初，不过指事、象形两例。指事尚有状词、动词之别，而象形多为名词。综《说文》所录，象形、指事，不过二三百字。虽先民言语简单，恐亦非此二三百字所能达意。于是有以声为训之法，如：马兼武义；火兼毁义；水有平准之义，而以水代准（古音水、准相近）；齐有集中之义，斋戒之斋，即假齐以行。夫书契之作，所以济结绳之穷。若一字数义，仍不能收分理别异之功，同一马也，或作马义，或作武义；同一水也，或作水义，或作准义：依是则饰伪萌生，治丝而益棼矣。于是形声、会意之作乃起。

形声之声，有与字义无关者，如江之工、河之可，不过取工、可二音，与江、河相近。此乃纯粹形声，与字义毫无关系者也。劦部之恊勰協，皆有同心合力之意，则声而兼义矣。盖形声之字，大都以形为主，声为客。而亦有以声为主者，《说文》中此类甚多，如某字从某，某亦声。此种字皆形声而兼会意者也。王荆公《字说》，凡形声悉认为会意，遂成古今之大谬。故理董文字，切不可迂曲诠释。一涉迂曲，未有不认形声为会意者。初造文字时，决不尔也。

许君举武、信为会意之例。夫人言为信，唯信乃得谓之人言，否则与鸡鸣犬吠何异？此易明者。止戈为武，解之者率本楚庄王禁暴戢兵之意，谓止人之戈。但《大雅》：“履帝武敏。”《传》曰：“武，迹也。”则足迹亦谓之武。按《牧誓》：“不愆于六步、七步，不愆于四伐、五伐。”步伐整齐，则军令森严，此则谓之武耳。余意止者步省，戈者伐省，取步伐之义，似较优长。但楚庄之说，亦不可废。若解止戈为不用干戈，则未免为不抵抗主义之信徒矣。

会意之字，《说文》所录甚少，五百四十部以形声字为最多。《说文》而后，字书所收，字日以多。自《玉篇》《类篇》以至《正字通》《康熙字典》，无不后来居上。《类篇》所收，有五万字。至《康熙字典》，则俗体浸多于前矣。

后人造形声之字，尚无大谬，造会意则不免贻笑，若造象形、指事，必为通人所嗤。如“丢”，去上加一，示一去不返，即觉伧俗可笑。今人造“牠”“她”二字，以“牠”为泛指一切，“她”则专指女人。实则自称曰“我”，称第三者曰“他”，区别已明，何必为此骈枝？依是而言，将书“俄”属男，写“娥”属女，而泛指之“我”，当别造一“牫”字以代之。若“我师败绩”“伐我北鄙”等语，“我”悉改书为“牫”，不将笑绝冠缨耶？

转注之说，解者纷繁。或谓同部之字，笔画增损，而互为训释，斯为转注。实则未见其然。《说文》所载各字，皆隶属部首。亦有从部首省者：牦（犛）部有氂、有斄，氂与斄，非纯从牦，从牦省也；爨部有䰞、有衅（釁），但取爨之头而不全从爨也；画（畫）部有昼（晝），㝱部有寐，有寤，有寱，昼为画省，寤、寐、寱，皆非全部从㝱。且氂，牦牛尾也；斄，强曲毛也：与牦牛非同意相受。䰞所以支鬲；衅，血祭：亦非同意。画，介也；昼，日之出入，与夜为介：意亦相歧。寐，卧也，虽与㝱义较近，而寤则寐觉而有言，适与相反。谓生关系则可，谓同意相受则不可。不特此也，《说文》之字，固以部首为统属，亦有特别之字虽同在一部而不从部首者。乌（烏）部有焉、有舄，与部首全不相关，意亦不复相近；牦、爨、画、㝱四部，尚可强谓与考、老同例，此则截然不相关矣。准此，应言建类一首，同意不相受。而江声、曾国藩辈，坚主同部之说，何耶？

或谓建类一首者，头必相同，如禽头与兕头同是也。余谓以此说“一首”犹可，顾同意相受之义犹未明。且《说文》所载，虎足与人足同，燕尾与鱼尾同。如言禽头与兕头同为建类一首，则此复应言建类一尾，或建类一足矣。况禽头与兕头同在《说文》象形中，字本无多，仅为象形之一种。故知此说琐屑，亦无当也。

戴东原谓《说文》“考，老也；老，考也”，转相训释，即所谓同意相受。建类一首者，谓义必同耳。《尔雅》：“初、哉、首、基、肇、祖、元、胎、俶、落、权、舆，始也。”此转注之例也。余谓此说太泛，亦未全合。《尔雅》十二字，虽均有始义，然造字之时，“初”为裁衣之始；“哉”（即才字）为草木之初。始义虽同，所指各异。“首”为生人之初，“基”为筑室之初。虽后世混用，造字时亦各有各义，决不可混用也。若《尔雅》所释，同一训者，皆可谓同意相受，无乃太广泛矣乎？

于是许瀚出而补戴之阙，谓：戴氏言同训即转注，固当；然就文字而论，必也二义相同，又复同部，方得谓之转注。此说较戴氏为精，然意犹未足。何以故？因五百四十部非必不可增损故，如乌、舄、焉三字，立乌部以统之。若归入鸟（鳥）部，说从鸟省，亦何不可？况《说文》有瓠部，瓠部有瓢字，瓢从瓠省，实则瓠从瓜，瓢亦从瓜，均可归入瓜部，不必更立一部也。且古籀篆字形不同，有篆可入此部，而古籀可入彼部者，是究应入何部乎？鸱，小篆从隹；雕，籀文从鸟：应入鸟部乎？隹部乎？未易决也。转注通古籀篆而为言，非专指小篆。六书之名，先于《说文》，贯通古籀篆三，如同部云云，但依《说文》而言，则与古籀违戾。故许氏之说，虽精于戴，亦未可从也。

刘台拱不以小学名，而文集中《论六书》一文，识见甚卓。谓所谓转注者，不但义同，音亦相近。此语较戴氏为有范围。转注云者，当兼声讲，不仅以形义言。所谓同意相受者，义相近也。所谓建类一首者，同一语原之谓也。同一语原，出生二字，考与老，二字同训，声复叠韵。古来语言不齐，因地转变，此方称老，彼处曰考；此方造老，彼处造考。故有考、老二文。造字之初，本各地同时并举，太史采集异文，各地兼收，欲通四方之语，故立转注一项。是可知转注之义，实与方言有关。《说文》同部之字，固有转注；异部之字，亦有转注：不得以同部为限也。

《说文》于义同、音同、部首同者，必联绵属缀，此许君之微意也。余著《国故论衡》，曾举四十余字作证。今略言之，艸部：蕾，葍也；葍，蕾也；蓨，苗也；苗，蓨也。交互为训，绵联相属，即示转注之意。所以分二字者，许君之书，非由己创，亦参考古书而成。蕾、葍、蓨、苗，《尔雅》已分，故《说文》依之也。又如袒、裼、裸、裎。袒，许书作“但”；裼，古音如鬄。但、裼古双声，皆在透母。裸，但也；裎，但也。裎，今舌上音，古人作舌头音，读如听，亦在透母。裸，在今来母，于古亦双声。此皆各地读音不同，故生异文。由今论之，古人之文，较今为简。亦有繁于今者。《孟子》：“虽袒裼裸裎于我侧，尔焉能浼我哉？”实则但言“袒于我侧”可矣。又古人自称曰我，曰吾，曰卬，曰言，我、吾、卬、言，初造字时，实不相关。语言转变，遂皆成我义。低卬之卬，言语之言，岂为自称而造？因各地读音转变而假用耳。又，古人对人称尔，称女，称戎，称若，称而，《说文》“尔”作“尒”，既造尒为对人之称，其余皆因读音转变而孳生之字。女即借用男女之女，戎即借用戎狄之戎，若即借用择菜之若，而即借用须髯之而。古无弹舌音，女戎若而，皆入泥母。以今音准之，你音未变，戎读为奴、为依，而读为奈，皆入泥母。今苏沪江浙一带，或称奈，或称你，或称奴，或称侬，则古今音无甚异也。又汪、潢、湖、污四字，音转义同。小池为污，《左传》：“周氏之汪。”汪训池，亦称为潢，今匣母，转而为污潢。《汉书》：“盗弄陛下之兵于潢池中耳。”《左传》亦称潢污行潦。汪今影母，音变为湖。污湖阴声，无鼻音；汪潢阳声，有鼻音。阴阳对转，乃言语转变之枢纽。言与我，吾与卬，亦阴阳对转也。语言不同，一字变成多字。古来列国分立，字由各地自造，音亦彼此互异，前已言之。今南方一县之隔，音声即异，况古代分裂时哉！然音虽不同，而有通转之理。《周礼·大行人》：“属瞽史谕书名，听声音。”瞽不能书，审音则准。史者史官，职主记载。“谕书名”者，污潢彼此不同，谕以通彼此之意也。“听声音”者，听其异而知其同也。汪污潢湖，声虽不同，而有转变之理，说明其理，在先解声音耳。如此，则四方之语可晓；否则，逾一地、越一国，非徒音不相同，字亦不能识矣。六书之有转注，义即在此。不然，“袒裼裸裎”“汪污潢湖”，彼此焉能通晓？下三字与上一字，音既相同，义亦不异。此所谓建类一首、同意相受也。古者方国不同，意犹相通。

造字之初，非一人一地所专，各地各造，仓颉采而为之总裁。后之史籀、李斯，亦汇集各处之字，成其《史籀篇》《仓颉篇》。秦以后字书亦然，非仓颉、史籀、李斯之外，别无造字之人也。庶事日繁，文字遂多。《说文》之后，《玉篇》收两万字，《类篇》收五万字，皆各人各造而编书者汇集之。后人如此，古人亦然。许书九千字，岂叔重一人所造？亦采前人已造者耳。《荀子》云：“好书者众矣，而仓颉独传者，一也。”斯明证矣。是故，转注在文字中乃重要之关键。使全国语言彼此相喻，不统一而自统一，转注之功也。今人称欧洲语同出罗马，而各国音亦小异。此亦有转注之理在。有转注尚有不相喻处，故孔子曰：“吾犹及史之阙文也……今亡矣夫！”盖当时列国赴告，均用己国通用之字，彼此未能全喻，史官或有不识之字，则阙以存疑。周全盛时，虽诸侯分立，中央政府犹有史官可以通喻；及衰，列国依然自造文字，而史官不能喻。其初不喻者阙之，其后则指不识以为识。“今亡矣夫”者，伤之也。华夏一统，中国语言，彼此犹有不同，幸有字书可以检查。是故，不但许君有功，即野王、温公辈，亦未始无功。又字有义有音，义为训诂，音为反切。韵书最古者推《广韵》，则陆法言辈亦何尝无功哉！古有谕书名、听音声之事，其书不传，后人采取其意而为音韵之书。为统一文字计，转注决不可少，音韵亦不得不讲也。

假借之与转注，正如算术中之正负数。有转注，文字乃多；有假借，文字乃少。一义可造多字，字即多，转注之谓也；本无其字，依声托事，如令、长是，假借之类也。令之本义为号令，发号令者谓之令，古之令尹，后之县令，皆称为令，此由本义而引申者。长本长短之长，引申而为长幼之长。成人较小孩为长，故可引申，再引申而为官长之长，以长者在幼者之上，亦犹官长在人民之上也。所谓假借，引申之谓耳。惑者不察，妄谓同声通用为假借。夫同声通用，别字之异名耳。例如前后之前，许书作歬，今乃作前。前，剪刀之剪也。汉以后，凡歬均作前。《三体石经》犹不作前。夫妄写别字，汉以后往往有之，则汉以前亦安见其必无？周公、孔子，偶或误书，后人尊而为之讳言，于是美其名曰假借。实则别字自别字，假借自假借，乌可混为一谈？六书中之假借，乃引申之义。如同声通用曰假借，则造拼音字足矣。夫中国语之特质为单音，外国语之特质为复音。如中土造拼音字，则此名与彼名同为一音，不易分辨，故拼音之字不适于华夏。仓颉为黄帝史官，黄帝恐亦如刘裕一流，难免不写别字耳。是故同声通用，非《说文》所谓假借。《说文》所谓假借，乃引申之义，非别字之谓也。否则，许君何不谓“本有其字，写成别字，假借是也”乎？“本无其字”者，有号令之令，无县令之令；有长短之长，无令长之长。故曰无也。造一令字，包命令、县令二义。造一长字，包长短、长幼、官长三义，此之谓假借。

外此，假借复有一例。唐、虞、夏、商、周五字，除夏与本义犹相近外，唐为大义，非地名；虞为驺虞义，非地名；商为商量义，周为周密义，均非地名。此亦本无其字，依声托事也。如别造一字，唐旁加邑为鄌，虞、商、周亦各加邑其旁，亦何不可？今则不然，但作唐、虞、商、周，非依声托事而何？此与令、长意别，无引申之义，仅借作符号而已。

外此，复有一例。如重言之联语，双声之联语，叠韵之联语。凡与本义不相关者，皆是也。《尔雅》：“懋懋、慔慔，勉也。”“仳仳、琐琐，小也。”“悠悠、洋洋，思也。”“烝烝、遂遂，作也。”此重言之联语有此义无此字，亦本无其字，依声托事之假借也。参差（双声之联语，参与不齐无关）、辗转（双声而兼叠韵。辗，《说文》作報。報与知恋反之转不相关）、诪张（双声，诪或作侜，与幻义不相关），皆以双声为形容也。消摇（消者消耗，摇者摇动，皆无自在义）、须臾（须，颊毛也；臾，曳也。皆无顷刻义），皆以叠韵为形容也。有看似有义，实则无义者。如抢攘，《说文》无抢，作枪；攘作㐮：二字合而形容“乱”义。要之，联词或一有义，或均无义，皆本无其字，依声托事也，皆假借也。是故不但令、长可为假借之例，唐、虞、商、周，懋懋、慔慔，参差、抢攘，均可作假借之例。由此可知假借之例有三：一引申；二符号；三重言双声叠韵之形容。皆本无其字，依声托事也，乌得以同声通用当之哉（同声通用，治小学者亦不得不讲。唯同声通用乃小学之用，非六书造字之旨耳）！

引申、符号、形容，有此三者，文字可不必尽造，此文字之所以简而其用普也。要之，《说文》只九千字，《仓颉篇》殆不过三千字，周秦间文化已启，何以三千字已足？盖虽字仅三千，其用则不仅三千。一字包多义，斯不啻增加三四倍矣。

以故，转注、假借，就字之关联而言；指事、象形、会意、形声，就字之个体而言。虽一讲个体，一讲关联，要皆与造字有关。如戴氏所言，则与造字无关，乌得厕六书之列哉？余作此说，则六书事事不可少；而于造字原则，件件皆当，似较前人为胜。

造字之始于仓颉，一见于《世本》，再见于《荀子》，三见于《韩非子》，而《说文序》推至伏羲画卦者，盖初文之作，不无与卦画有关，如☵坎卦是已。若汉人书坤作巛，《经典释文》亦然；宋人妄说坤为六断，实则坤与川古音相近，巛川相衍，义或近是。《尔雅·释水》：“水中可居者曰州。”大地抟抟，水绕其旁，胥谓之州。故邹衍有大九州之说。释典有海中可居者四大洲之言。州者川之重也。

气字作≋，与☰卦近似。天本积气，义亦相合。此三卦与初文皆有关系。言造字而推至画卦，义盖在是。

《序》又言："见鸟兽蹄迒之迹，知分理之可相别异，初造书契。"此义汉儒未有所阐。案《抱朴子》：八卦象鹰隼之翮。其言当有所受。《易·系》言："古者庖牺氏之王天下也，仰则观象于天，俯则观法于地，观鸟兽之文与地之宜。"所谓鸟兽之文者，鹰隼之翮当居其一。鹰翮左右各三，象其全则为☰，去其身则为☷，此推至八卦之又一说也。

造字之后，经五帝三王之世，改易殊体，则文以浸多，字乃渐备。初文局于象形、指事，不给于用。《尧典》一篇，即非初文所可写定。自仓颉至史籀作大篆时，历年二千。其间字体，必甚复杂。史籀所以作大籀者，欲收整齐画一之功也。故为之厘订结体，增益点画，以期不致淆乱。今观籀文，笔画繁重，结体方正：本作山旁者，重之而作屾旁；本作巛旁者，重之而作[illegible]旁。较钟鼎所作踦斜不整者，为有别矣。此史籀之苦心也。惜书成未尽颁行，即遇犬戎之祸，王畿之外，未收推行之效。故汉代发现之孔子壁中经，仍为古文。魏初邯郸淳亦以相传之古文书《三体石经》（北宋苏望得《三体石经》，刻之于洛阳，见洪氏《隶续》。民十一，洛阳出土《石经》存二千余字）。至周代所遗之钟鼎，无论属于西周或属于东周，亦大抵古文多而籀文少。此因周宣初元至幽王十一年，相去仅五十余年，史籀成书，仅行关中，未曾推行关外故也。秦兼天下，李斯奏同文字，罢其不与秦文合者，作《仓颉》等三篇。取史籀大篆，或颇省改，后世谓之小篆。今观《说文》所录重文，古文有三百余字，而籀文不及二百。此因小篆本合籀文。籀文繁重，李斯略为改省。大篆、小篆，犹世言大写、小写矣。

秦时发卒兴戍，官狱繁多。程邈作隶，以趣约易。施用日广，于是古文几绝。秦隶今不可见，顾蔼吉《隶辨》言秦隶之遗于今者，若秦量、秦权、秦诏版等，文虽无多，尚可见其大意。大概比篆书略加省改，而笔意仍为篆书。即西汉之吉金石刻，虽为隶体，亦多用篆笔书写，与后世之挑剔作势者不同。东汉时，相传有王次仲者，造作八分，于是隶法渐变，即今日所称之汉隶也。今所见之汉碑，多起于东汉中叶以后。东汉初年之《三公山碑》，尚带篆意；《石门颂》亦然；裴岑《纪功碑》虽隶而仍兼篆笔：盖为秦隶之遗。桓、灵时之碑刻，多作八分，蔡邕之《熹平石经》亦八分也。八分与隶书之别，在一有挑剔，一无挑剔。譬之颜、欧作楷，笔势稍异耳。《说文序》又言："汉兴有草书。"卫恒言："草书不知作者姓名。"今案：草书之传世者，以史游《急就篇》为最先，而赵壹亦谓起秦之末。但《论语》有"裨谌草创"之语；《屈原传》亦有"屈平属草稿未定"语。此所谓草，是否属稿之际，作字草率牵连，或未定之稿曰草稿，均不可知。东周乙亥鼎文，阮元以为草篆，后人颇以为非。余谓凡笔画本不相连，而忽牵连以书者，即可认为草书之起源。如二十并作廿，四十并作卌是矣。又古文[illegible]或作[illegible]，[illegible]从止从爪，可以六书解说。[illegible]为[illegible]之上半，应作[illegible]，而今作[illegible]，不能以六书解，或古人之所谓草乎？要之，此所谓草，与汉后从隶变者不同，必从大篆来也。

《说文序》言"秦烧灭经书，古文由此绝"。绝者，不通行之谓，非真绝也。秦石刻之乁字，即古文及字。又秦碑戎字，亦系古文（小篆作[illegible]）。而廿字秦碑中亦有之。盖秦时通行篆隶，古文易乱，不过施诸碑版，一如今世通行行楷，而篆盖墓碑，多镂刻篆文耳。

秦、汉之际，识古文者犹多。鲁恭王坏孔子宅，得《尚书》《礼记》《春秋》《论语》《孝经》数十篇。《史记·儒林传》：孔氏有古文《尚书》，孔安国以今文读之，因以起其家。汉初传《尚书》者有伏生二十九篇，而孔壁所得多十六篇。夫汉景末年，去焚书时已七十年，若非时人多识古文，何能籀读知其多十六篇哉！可见汉初犹多识古文也。《礼经》五十六篇，亦壁中经，中有十七篇与高堂生所传相应；余三十九篇，两汉尚未亡佚。观郑康成注，常引逸《礼》，康成当有所受。知汉时识古文者多矣。又，《论语》亦壁中经，本系古文，而《鲁论》《齐论》，均自古文出，虽文字略异，而大旨相同。试问当时何以能识？无非景、武之间，仍有识古文者，孔安国得问之耳。又，北平侯张苍献《春秋左氏传》。张之献书，当在高后、文帝时，张以之传贾谊，贾作训诂，以授赵人贯公。贾由大中大夫出为太傅，在都不过一年，斯时张为达官，传授之际，盖略诏大意而已。岂真以一十九万字，手指口授，字字课贾生哉！则贾之素识古文可知。又《封禅书》言："武帝有古铜器，李少君识之，谓齐桓公十年陈于柏寝。案之果然。"《太史公自序》："年十岁则诵古文。"凡此种种，均可见古文传授，秦以后未尝断绝。至汉景、武间，识古文者犹多也。且也，《老》《庄》《荀子》，无今古文之别。其书简帛者，为古文无疑（作《吕览》时，尚无小篆）。秦焚书时，当亦藏之屋壁。迨发壁后，人多能读。不识古文，焉能为此？河间献王得古文先秦旧书《孟子》《老子》之属。《孟子》亦以古文书之，余可知矣。今人多以汉高、项王为不识字。其实不读书则有之，不识字则未然。项籍少时，学书不成，项梁教之兵法；沛公壮试为吏：

皆非目不识丁者所能为。张良受《太公兵法》于黄石公；萧何引《逸周书》以对高祖；楚元王与申公受《诗》于浮丘伯；张耳、陈余雅好儒术；贾山之祖贾祛，故魏王时博士弟子，山受学于祛，涉猎书记：凡此皆能识古文之人。汉文时，得魏文侯乐人窦公，年百八十，其书即《周礼·大司乐》章。窦公目盲，其书盖未盲时所受，定系古文。然一献而人能识之，可证当时识者尚多。至东汉许君之时，识古文者渐少。盖汉以经术取士，经典一立学官，人人沿习时制，其书皆变古而为隶矣。若伏生之二十九篇，当初本为古文，其后辗转移写，遂成隶书。高堂生传《礼》，最初为篆为隶，盖不可知。《诗》则成诵于口，与焚书无关，故他书字形或有贻谬，而齐、鲁、毛、韩四家，并无因字体相近而致误者。《易》以卜筮独存，民间所传，自田何以至施、孟、梁丘，皆渐由古文而转变为隶。《左传》本系古文，当时学者鲜见，《公羊》初凭口受，至胡毋生始著竹帛，为隶书无疑。大抵当时利禄之途已开，士人识隶已足，无须进研古、籀。许君去汉武时已二百余年，历年既久，识古文者自渐寥落。而一二古文大师，得壁中经后，师弟相传，辗转录副以藏。以不立学官，故在民间自相传授，浸成专家。此《三体石经》之古文所由来也。夫认识文字，端在师弟相传。《说文》所录古文，不过三百余字，今《三体石经》尚有异体。缘壁经古文，结体凌乱，有不能以六书解者，许君不愿穿凿，因即屏去不录。如《穆天子传》"八骏"之名，今亦不能尽识也。

汉时通行载籍，沿用隶书，取其便于诵习，而授受弟子，则参用古文。《后汉书·贾逵传》："章帝令逵自选诸生高才者二十人，教以《左氏》，人与简纸经传各一通。"盖简载古文，而纸则隶写。

至郑康成犹然，康成《戒子书》云："所好群经，率多腐敝，不得于礼堂写定，传与其人。"所谓"腐敝"者，古文本也。

马、郑《尚书》，字遵汉隶；而《三体石经》之古文，则邯郸淳自有所受。若今世所行之伪《古文尚书》，《正义》言为郑冲所作，由魏至晋，正《三体石经》成立之时。郑冲即依《石经》增改数篇，以传弟子。东晋元帝时，梅赜献之于朝。人见马、郑本皆隶书而此多古字，遽信以为真古文《孔传》，遂开数千年聚讼之端。今日本所谓足利本隶古定《尚书》，宋薛季宣《书古文训》，字形瑰怪，大体与《石经》相应。敦煌石室所出《经典释文》残卷，亦与之相应。郭忠恕《汗简》，征引古文七十一家，中有古《尚书》，亦与足利本及《书古文训》相应。盖此二书乃东晋时之《尚书》，虽非孔壁之旧，而多存古字，亦足宝矣。

唐人不识古文，所作篆书，劣等字匠。唐高宗时之《碧落碑》，有真古文，亦有自造之字。北宋以还，钟鼎渐渐发现。宋人释钟鼎文者，大都如望气而知。清人则附会六书，强为解释。夫以钟鼎为古物，以资欣赏，无所不可；若欲以钟鼎刻镂，校订字书，则适得其反耳。至如今人哗传之龟甲文字，器无征信，语多矫诬，皇古占卜，蓍龟而外，不见其他。《淮南子》云："牛蹄彘颅，亦骨也，而世弗灼；必问吉凶于龟者，以其历岁久矣。"可见古人稽疑，灵龟而外，不事骨卜。今乃兽骨龟厌，纷然杂陈，稽之典籍，何足信赖？要知骨卜一事，古唯夷貊用之，中土无有也。《庄子》言宋元君得大龟，七十二钻而无遗策。唐李华有《废卜论》，可见龟卜之法，唐代犹存。开元时孟诜作《食疗本草》，宋苏颂《图经》及《日华本草》，皆言已卜之龟，必有钻孔，名之曰"漏天机"。虽绝小之龟，亦可以钻十孔。钻孔多则谓之“败龟板”也。夫灼龟之典，载于《周礼》。凿孔以灼，因以观兆。无孔则空气不通，不能施爇，无以观兆。今所得者，累然成贯，而为孔甚少，不可灼卜。或者方士之流，伪作欺人。一如《河图》《洛书》之傅合《周易》乎？其文字约略与金文相似。盖造之者亦抚摹钟鼎，而异其钩画耳。夫钟鼎文字，尚有半数可认，亦如二王之草书笺帖，十有六七可识。余则难以尽知，不妨阙疑存信。若彼龟甲文者，果可信耶，否耶？

贵州有《红崖碑》，摩崖巨刻，足壮观瞻。唯文字为苗为华，讫不可知。邹汉勋强为训释，真可谓器真而解之者妄。又如古人刀布，不可识者甚多，周景王大钱，上勒[illegible]、凵二文，解之者或谓“宝货”，或以为“燕货”。钱文类此者多，学者只可存而不论。大抵钟鼎文之可识者，十可七八，刀布则十得五六，至于龟甲，则矫诬之器、荒忽之文而已。

古昔器物，近代出土愈多，而作伪者则异其心理。大抵轻而易举者，为数必众。钟鼎重器，铸造非易，故伪者尚少。刀布之类，聚铜熔淬，亦非巨资不办。至于龟甲，则刚玉刻画，顷刻可成。出土日众，亦奚怪哉！

是故，居今而研文字，当以召陵正书为归；外此则求古文于《三体石经》，亦属信而有征。至于籀文，则有石鼓文在。如是而一轨于正，庶不至误入歧途矣。

二、音韵学

语言不凭虚而起，文字附语言而作。象形象声，神旨攸寄；表德表业，因喻兼综。是则研讨文字，莫先审音。字音有韵有纽：发声曰纽，收声曰韵。兹先述韵学大概。韵分古音、今音，可区别为五期，悉以经籍韵文为准。自《尧典》《皋陶谟》，以至周秦汉初为一期；汉武以后至三国为一期；两晋南北朝又为一期；隋唐至宋亦为一期；元后至清更成一期。泛论古音，大概六朝以前多为古音。今兹所谓古音，则指两汉以前。泛论今音，可举元明清三代，今则以隋为今音。此何以故？因今之韵书俱以《广韵》为准，而言古音则当以《诗经》用韵为准故。

《广韵》之先为《切韵》，隋开皇初，陆法言与刘臻等八人共论音韵，略记纲纪，后定为《切韵》五卷。唐孙愐为《唐韵》，至宋陈彭年等又增修为《广韵》。古今音之源流分合，悉具于是。

泛论古音，有吴才老之《韵补》，虽界限凌乱，而能由《广韵》以推《诗经》用韵分部，实由此起。至今音，则每杂有方音。《广韵》二百六韵，即以平声五十七韵加入声三十四韵，亦有九十一韵。以音理论，口齿中能发者不过二十余韵，何以《广韵》多至此数？此因《广韵》虽以长安音为主，亦兼各处方音，且又以古今沿革分韵故也。

汉人用韵甚简，而六朝渐繁。即汉前人用韵亦比汉朝为繁。如孔子赞《易》，老子著《道德经》，皆协韵成文。至汉人之诗，用韵尚谨严，赋已不甚谨严；若焦氏《易林》，用韵益复随意；他若《太史公自序》之叙目，及《汉书》之述赞，用韵更不严矣。宋郑庠分古音为六部，后人言郑之分部止合于汉人用韵，且亦仅合于《易林》、述赞之类，不合于赋，更不合于诗。

顾亭林之《唐韵正》《古音表》析为十部，律以汉诗用韵，未尽密合。江慎修改为十三部，虽较为繁密，仍嫌不足。戴东原《声类表》分平声十六韵，入声九韵。平声阴、阳各半，而闭口韵有阳无阴，入声仅系假设，所以实得十有六韵。古音至戴氏渐臻完密。段懋堂《音韵表》分十七部，孔巽轩《诗声类》分十八部，王怀祖分二十一部：与郑氏之说相较，相差甚远。然王氏之二十一部，尚有可增可减之处。

自唐以来，以今音读古之辞赋，一有不谐，便谓"叶韵"。陆德明见《诗》"燕燕于飞"以南与音、心为韵，以为古人韵缓，不烦改字。要知音、心属侵，南属覃，晋人尚不分部，陆氏生于陈时，已不甚明古音，自叶韵之说出，而古人正音渐晦。借"叶"之一字，以赅千百字之变，天下岂有此易简之理哉！清高宗作诗，至无韵可押，强以其字作他音协之。自古至今，他人断无敢如此妄作者。明陈第言，凡今所称协韵，皆即古之本音，非随意改读，辗转迁就，如母必读米，马必读姥，京必读疆，福必读偪之类，历考诸篇，悉截然不紊。且不独《诗经》为然，周秦人之韵文，无不皆然。且童谣及梦中歌谣，断不至有意为叶韵之事。若《左》昭二十五年传载《鸜鹆歌》，野读墅，马读姥；哀十七年传，卫侯梦浑良夫被发之呼，瓜音为姑是也。自此说出，而韵学大明。清人皆信古本音之说，唯张成孙不信之，谓古人与我相隔二千年，不能起而与之对语，吾人何由知其本音正读如此乎？然以反切定韵，最为有据。如"等"字一多肯切、一多改切，"莽"字一模朗切、一莫补切。"等"本与"待"相通借，多改切之"等"即出于"待"；莫补切之"莽"，古书中不乏其例，《离骚》莽与序、暮为韵，又莽何罗即马何罗（汉武帝时，马何罗与弟马通谋反伏诛。通之后为马援，援女为明德皇后，恶其先人叛逆，耻与同宗，改称之曰莽何罗），马，汉音读姥，莽、马同声，此古本音之极有凭证者也。

《集韵》所收古音，比《广韵》为多。《经典释文》所无之字音，《集韵》时有之。如天，一音他前切，一音铁因切。马，一音莫下切，一音满补切。下，一音胡雅切，一音后五切。在唐以前之韵书，都无此音。意者丁度等撰《集韵》时，已于《诗经》《楚辞》中悟得此理。故本音之说，虽发自陈第，而《广韵》《集韵》已做骅骡之开道。是故求古韵，须知其音读原本如此，非随意改读，牵强迁就。《易》《诗》《老子》《楚辞》如此，后汉六朝之韵文亦如此。

唐杜、韩之诗，有意摹古，未必悉合《唐韵》。杜诗于入声韵每随意用之。韩则有意用古。其用韵或别有所本，亦未可知。古代韵书今仅存一《广韵》矣。魏晋六朝之韵书，如李登《声类》、吕静《韵集》，悉不可见。意者唐人摹古拟古诸作，乃就古人所用之韵而仿为之，必非《唐韵》亦如此也。自天宝以后，声音略有变动。白乐天用当时方音入诗，如《琵琶行》以“住、部、妒、污、数、度、故、妇”为韵，上去不分，非古非今。此音晚唐长安之音，妇、亩、富等字，皆转入语、虞、姥、御、遇、暮诸韵。观慧琳《一切经音义》可知。

唐韵分合，晚唐人已不甚知，宋人更不知之。宋人作诗，入声随意混用，词则常以方音协之。北宋人词，侵、覃与真、寒不混，而南宋人词则混用不分矣。须知侵、覃闭口音，以半摩字收之，真、寒不闭口，以半那字收之。今交、广人尚能分别。此其故，当系金、元入据中原之后，胡人发音不准，华人渐与同化，而交、广僻在岭南，尚能保存古音。今江河之域，三、山二音不分，两广人闻之，必嗤为讹音，而在唐时或已有此等读法。是故唐人有嘲人语不正诗，以其因、阴混用，不分闭口、不闭口也。

日人读我国之音，有吴音、汉音之别。吴音指金陵音，汉音指长安音。听其所读汉音，实与山西西部、陕西东部略近。吾人今读江与阳通，江西人读江为龚，发声时口腔穹窿，与东音相近。阳韵，日本汉音读阳若遥，章读如宵，张读如敲，正与山、陕人方音相似，此盖唐人音读本如此也。

欲明音韵，今音当以《广韵》为主；古韵以《诗经》为主，其次则《易赞》、《楚辞》以及周秦人之韵文。顾亭林初欲明古音以读《诗经》，其结果反以《诗经》明古音。诗即歌曲，被之管弦，用韵自不能不正，故最为可据。陈第《毛诗考》未分部，顾氏分十部，仍以《广韵》之目为韵标。因《广韵》虽系一时之音，尚有酌古准今之功。有今韵合而古韵分者，《广韵》亦分之。有今韵分而古韵合者，《广韵》亦分之。如支、脂、之为一类，唐后不分，而六朝人分之。东、冬、钟、江为一类，江韵古音与东、冬、钟相同，所以归为一类。然冬韵古音，昔人皆认为与东相近。孔巽轩则以为冬古音与东、钟大殊，而与侵最近，严铁桥更谓冬即侵也，不应分为二类。要之，冬、侵相近，其说是也。至于取《广韵》部目以标古韵，本无不合。亦有人不喜用《广韵》部目者，如张成孙《说文谐声谱》，以《诗》中先出之字建首是也。要知用一字标韵，原不过取其声势大概如此，今不用《广韵》标目而用他字，其所以为愈者何在？阮芸台元不知韵学，以为张氏之书，一扫千古之障，其实韵目只取其收声耳。戴东原深知此理，故《声类表》取喉音字标目，如东以翁，阳以央，则颇合音理矣。是故废《广韵》之谱而自立韵标，只有戴法可取。

戴氏不但明韵学，且明于音理。欲明韵学，当以《诗经》之用韵仔细比勘，视其今古分合之理。欲明音理，当知分韵虽如此之多，而彼此有衔接关系。古人用韵，并非各部绝不相通，于相通处可悟其衔接。吾人若细以口齿辨之，识其衔接之故，则可悟阴阳对转之理，弇侈旁通之法矣。对转之理，戴氏发明之，孔氏完成之。

前之顾氏，后之段氏，皆长于韵学，短于音理。江氏颇知音理，戴氏最深，孔氏继之。段氏于《诗经》、楚《骚》、周秦汉魏韵文中，发现支、脂、之三韵，古人分别甚严，而仍不识其所以分别之理，晚年询之江有诰，有“得闻其故死而无憾”之言。江虽于音理较深，亦未能阐明其故。盖音理之微，本非仓促所能豁然贯通也。如不知音理而妄谈韵学，则必如苗仙麓之读《关雎》鸠、洲、仇入《广韵》萧、豪韵矣。顾亭林音理不深，但不肯矫揉造作，是以不如苗病之多。如歌、麻二字，古人读麻长音，读歌短音，当时争论甚多，顾不能决，此即不明音理故也。居今日而欲明音韵之学，已入门者，宜求音理；未入门者，先讲韵学。韵学之道，一从《诗经》入手，一从《广韵》入手。多识古韵，自能明其分合之故。至求音理，则非下痛切工夫不可。

今人字母之称，实不通之论也。西域文字以数十字辗转相拼，连读二音为一音，拼书二字为一字，故有字母之制。我国只有《说文》部首，可以称为字母，《唐韵》言纽以双声叠韵，此以二音譬况一音，与梵书之以十四字母贯一切音者大异。唐末五代时，神珙、守温辈依附《华严》《涅槃》作三十六字母。至宋沈括、郑樵诸人，始盛道之。然在唐宋以前，反语久已盛行。南北朝人好为体语，即以双声字相调侃。《洛阳伽蓝记》载李元谦过郭文远宅，见其门阀华美，乃曰："是谁第宅？"郭婢春风出曰："郭冠军家。"元谦曰："凡婢双声。"春风曰："伫奴慢骂。"元谦服婢之能。盖双声之理从古已具也。

今之三十六字母排次亦不整齐，如喉音、牙音均可归喉，半齿、弹舌应归舌头，故当改为：

喉音	（深）	影	晓	匣	喻
	（浅）	见	溪	群	疑
舌音	（舌头）	端 透	定	泥 来	日
	（舌上）	知	彻	澄	娘
齿音	（正齿）	照	穿 床	审	禅
	（齿头）	精	清 从	心	邪
唇音	（重）	帮	滂	并	明
	（轻）	非	敷	奉	微

疑应读如皑而齐齿呼之，泥应读你平声，从音广东呼之最清。非、敷二纽，今人不易分别。江慎修言：非，发声宜微开唇缝轻呼之；敷，送气重呼之。使敷音为奉之清，则二母辨矣。如芳字为敷纽，敷方切。方字为非纽，府良切。微音唯江浙人呼之最为分明，粤人读入明纽，北音读入喻纽。知、彻、澄，南音往往混入照、穿、床，闽人读知如低，则舌上归于舌头矣。钱竹汀言古音无舌头、舌上之分，知、彻、澄三纽，古音与端、透、定无异。则闽语尚得古音之遗。又轻

唇之字，古读重唇。非、敷、奉古读入帮、滂、明，直至唐人犹然。钱氏发明此理，引证甚多。《广韵》每卷后附类隔更音和切。类隔者，谓切语上字与所切之字非同母同位同等也；音和则皆同。钱氏谓类隔之说不可信，今音舌上，古音皆舌头；今音轻唇，古音皆重唇也。且不独知、彻、澄古读入端、透、定，即娘、日二纽，古并归泥。泥今音读你之平声，尼读入娘母，而古读则尼与泥无异。仲尼之母祷于尼丘，生而首上圩顶，因名曰丘，字曰仲尼。《尔雅·释丘》："水潦所止：泥丘。"《说文》："屔，反顶受水丘也。从泥省，泥亦声。"汉碑仲尼有作仲泥者，《颜氏家训》言"仲尼居"三字，《三苍》尼旁益丘。可见古音尼、泥同读。娘，金陵人读之似良，混入来纽。而娘、日古亦读入泥纽。如：戎今读日纽，古音如农。若，古读女六切。如，古读奴。尔，古读你。《诗·民劳》："戎虽小子。"《笺》云："戎犹汝也。"今江浙滨海之人，尚谓汝为戎。古人称人之词曰乃、尔、戎、若，皆一声之转。仍，今在日纽，古人读仍与乃通。《尔雅》"仍孙"，《汉书·惠帝纪》"内外公孙、耳孙……"。师古曰："仍、耳声相近，盖一号也。"仍从乃得声。则仍、耳古皆在泥纽矣。由是言之，知、彻、澄古归入端、透、定。非、敷、奉、微，古读如帮、滂、并、明。娘、日并归泥。是三十六纽减去其九，仅存二十有七耳。陈兰甫据《广韵》切语上字，以为喻、照、穿、床、审五纽，俱应分而为二。因加于、庄、初、神、山五纽，而明、微则不别，合成四十纽。但齿音加四而唇吻不能尽宣。喻分为于，同为撮口纽音亦无大殊。陈说似未当也。然如江慎修视若神圣，以为不可增减，亦嫌未谛。如收声之纽多浊音、无清音，泥、娘、来、日皆是。然黏本读泥纽，今读娘纽而入清音，则多一纽矣。来纽浊音，今有拎字，则为来纽清音，则又多一纽。

声音之道，本由简而繁，古人只能发浊音，而今人能发清音，则声纽自有可增者在。

清浊之分，本不甚难。坚清乾浊，见清健浊，洁清竭浊，检清俭浊，今人习言之阴、阳平，即平声之清浊也。上、去、入亦皆可分清浊，唯黄河流域只能分平声清浊，上、去、入多发浊音，故有阴阳上去入之说，大约起于金元之间。南方上、去、入亦能各分清浊。上声较难，唯浙西人能分别较然。故言音韵者，常有五声、七声之辨。兹重定声纽清浊发送收，列表于下：

影	晓	匣	喻	见	溪	群	疑	端
清	清	浊	浊	清	清	浊	浊	清
发声	送气	送气	收声	发声	送气	送气	收声	发声

透	定	泥	来	知	彻	澄	娘	日
清	浊	浊	浊	清	清	浊	浊	浊
送气	送气	收声	收声之余	发声	送气	送气	收声	发声之余

照	穿	床	审	禅	精	清	从	心
清	清	浊	清	浊	清	清	浊	清
发声	送气	送气	发声	送气	发声	送气	送气	发声

邪	帮	滂	并	明	非	敷	奉	微
浊	清	清	浊	浊	清	清	浊	浊
送气	发声	送气	送气	收声	发声	送气	送气	收声

音呼分等，有开合之分，《切韵指掌图》首列为图。图为宋人所作，

世称司马温公所撰，似未必是。开合之音，各有洪细。开口洪音为开口，细音为齐齿。合口洪音为合口，细音为撮口。可举例以明之，如见纽，“见”为齐齿，“乾”为开口，“观”为合口，“卷”为撮口。音呼应以四等为则，今之讲等韵者，每谓开合各有四等，此则虚列等位，唇吻所不能宣，吾人所未敢深信也。

古人分韵，初无一定规则，有合撮为一类、开齐为一类者，有开齐合撮同归一类者，亦有开齐分为两类者。此在《广韵》中可细自求之。古韵歌与羁、姑与居同部，今韵歌、支、模、鱼各为一韵。论古韵昔人意见各有不同，段懋堂以为真与谆、侯与幽均宜异部，戴东原则以为可不分。实则分之固善，合之亦无不可。侯、幽二韵，《诗经》本不同用，真、谆之应分合，一时亦难论定。盖以开齐合撮分韵，古人亦斠若画一也。

孙愐撰《唐韵》，已在天宝之末。其先唐玄宗自作《韵英》，分四百余韵，颁行学官。后其书不传。唐人据《韵英》而言者亦甚少。大概严格分别，或须四百余韵，或竟不止此数。据音理而论，确宜如此。今《广韵》二百六韵，多有不合音理者。然韵书部居分合之故，作者未能详言，吾人亦不能专以分等之说细为推求，其大要则不可不知。

四声之说，起于齐、梁。而双声、叠韵，由来已久。至反切始于何时，载籍皆无确证。古人有读如、读若之例，即直音也。直音之道，有时而穷。盖九州风土，刚柔有殊，轻重清浊，发音不齐。更有字止一音，别无他读，非由面授，莫能矢口。于是反切之法，应运而起。《颜氏家训》以为反语始于孙叔然作《尔雅音义》，说殊未谛。盖《汉书音义》已载服虔、应劭反切。不过释经用反语，或始于叔然耳。反语之行，大约去孙不远。《家训》言汉末人独知反语，魏世大行。高贵乡公不解反语，以为怪异。王肃《周易音》据《经典释文》所录，用反语者十余条。肃与孙炎说经互相攻驳。假令叔然首创反语，肃肯承用之乎？服、应与郑康成同时，应行辈略后。康成注经只用读若之例，则反语尚未大行。顾亭林谓经传中早有反语，如不律为笔，蔽膝为韠，终葵为椎，蒺藜为茨。然此可谓反语之萌芽，不可谓其时已有反切之法。否则许氏撰《说文》，何不采用之乎？《说文》成于汉安帝时，服、应在灵帝时，去许已六七十年，此六七十年中，不知何人首创反语，可谓一大发明。今《说文》所录九千余字，吾人得以尽识，无非赖反切之流传耳。

远西文字表韵常用喉音，我国则不然。因当时创造之人未立一定规律，所以反切第二字随意用之。今欲明反切之道，须知上一字当与所切之字同纽，即所谓双声也；下一字当与所切之字同韵，即所谓叠韵也。定清浊在上一字，分等呼在下一字。如：东，德红切，东德双声，东红叠韵，东德均为清音，东红均为合口呼。学者能于三十六字纽发声不误，开齐合撮分别较然，则于音韵之道思过半矣。

三、训诂学

学者有志治经，不可不明故训，则《尔雅》尚已。《尔雅》一书，《汉志》入孝经类，今入小学类。张晏曰："尔，近也；雅，正也。"《论语》："子所雅言。"孔安国亦训雅言为正言。《尔雅》者，厘正故训，纲维群籍之书也，昔人谓为周公所作。魏张揖《上广雅表》

言："周公著《尔雅》一篇，今俗所传三篇，或言仲尼所增，或言子夏所益，或言叔孙通所补，或言沛郡梁文所考。"朱文公不信《尔雅》，以为后人掇拾诸家传注而成。但《尔雅》之名见于《大戴礼·小辩》篇："鲁哀欲学小辩，孔子曰：小辩破言，小言破义，《尔雅》以观于古，足以辩言矣。夫弈固十棋之变，由不可既也，而况天下之言乎？"（哀公所欲学之小辩，恐即后来坚白同异之类。哀公与墨子相接，《墨子》经、说，即坚白同异之滥觞。《庄子·骈拇》篇："骈于辩者，累瓦结绳，窜句游心于坚白同异之间，而敝跬誉无用之言非乎？而杨墨是已。"是杨朱亦持小辩。杨墨去鲁哀不及百年，则春秋之末已有存雄无术之风，殆与晋人之好清谈无异。）张揖又言："叔孙通撰置《礼记》，言不违古。"则叔孙通自深于雅训。赵邠卿《孟子题辞》言："孝文皇帝欲广游学之路，《论语》《孝经》《孟子》《尔雅》皆置博士。"可见《尔雅》一书，在汉初早已传布。朱文公谓为掇拾传注而成，则试问鲁哀公时已有传注否乎？伏生在文帝时始作《尚书大传》，《大传》亦非训诂之书，《诗》齐、鲁、韩三家，初只鲁《诗》有申公训故。申公与楚元王同受《诗》于浮丘伯，是与叔孙通同时之人。张揖既称叔孙通补益《尔雅》，则掇拾之说何由成立哉！

谓《尔雅》成书之后代有增益，其义尚允。此如医家方书，葛洪撰《肘后方》，陶宏景广之为《百一方》。又如萧何定律，本于《法经》。陈群言李悝作《法经》六篇，萧何定加三篇。假令汉律而在，其科条名例，学者初不能辨其孰为悝作，孰为萧益。又如《九章算术》，周公所制，今所见者为张苍所删补，人亦孰从而分别此为原文，彼为后出乎？读《尔雅》者，当作如是观。

《尔雅》中诠诂《诗经》者，容有后人增补。即如"郁陶，喜也"，乃释《孟子》；“卷施草，拔心不死”则见于《离骚》。又如《释地》《释山》《释丘》《释水》诸篇，多杂后人之文。《释地》中九州与《禹贡》所记不同。其“从《释地》以下至九河，皆禹所名也”二语，或为周公故训耳。

以《尔雅》释经，最是《诗》《书》。毛《传》用《尔雅》者十得七八。《汉志》言：《尚书》古文，读应《尔雅》。则解诂《尚书》，亦非用《尔雅》不可。然毛《传》有与《尔雅》立异处，如“履帝武敏”。武，迹也。敏，拇也。三家《诗》多从《尔雅》，毛则训敏为疾，意谓敏训拇，则必改为“履帝敏武”，于义方顺。又如“籧篨戚施”，《尔雅》以籧篨为口柔，戚施为面柔，夸毗为体柔；毛《传》则谓籧篨不能俯者，戚施不能仰者。此据《晋语》“籧篨不可使俯、戚施不可使仰”为训。义本不同，未可强合。而郑《笺》则曰：“籧篨口柔，常观人颜色而为之辞，故不能俯也；戚施面柔，下人以色，故不能仰也。”强为傅合，遂致两伤。《经义述闻》云：“岂有卫宣一人而兼此二疾者乎？”然王氏父子亦未多见病人，固有鸡胸龟背之人，既不能俯，亦不能仰者。谓为身兼二疾，亦无不可。毛《传》又有改《尔雅》而义反弗如者，如《尔雅》：“式微式微，微乎微者也。”毛训式为用，用微于义难通。又《尔雅》：“岂弟，发也。”《载驱》：“齐子岂弟。”毛训乐易，则与前章“齐子发夕”不相应矣。

《古文尚书》，读应《尔雅》。自史迁、马、郑以及伪孔，俱依《尔雅》作训。或以为依《尔雅》释《尚书》，当可谍然理解，而至今仍有不可解者，何也？此以《尔雅》一字数训，解者拘泥一训，遂致扞格难通也。如康有五训，安也、虚也、苛也、蛊也，又五达谓之康。

《诗·宾之初筵》："酌彼康爵。"郑《笺》云："康，虚也。"《书·无逸》："文王卑服，即康功田功。"伪孔训为安人之功。不知此康字当取五达之训。"康功田功"即路功田功也。《西伯戡黎》："故天弃我，不与康食。"伪孔训为不有安食于天下。义虽可通，而一人不能安食，亦不至为天所弃。如解为糟糠之糠，则于义较长。故依《尔雅》解《尚书》，当可十得七八，要在引用得当耳。然世之依《尔雅》作训者，多取《释诂》《释言》《释训》三篇，其余十六篇不甚置意，遂致五达之康一训，熟视无睹，迂回难通，职是故耳。

《经义述闻·春秋名字解诂》："郑公孙侨字子产。"既举《尔雅·释乐》之训，"大管谓之簥，大籥谓之产"；复言侨与产皆长大之意。实则侨借为簥而已。《离骚》："吾令蹇修以为理。"理即行理之理，使也。蹇修，王逸以为伏羲氏之臣，然《汉书·古今人表》中无蹇修之名，此殆王逸臆度之言。按《尔雅·释乐》："徒鼓钟谓之修，徒鼓磬谓之蹇。"以蹇修为理者，彼此不能相见，乃以钟鼓致意耳。司马相如以琴心挑之，即此意也。是知《尔雅》所释者广，故书雅训，悉具于是，学者欲明训诂，不能不以《尔雅》为宗。《尔雅》所不具者，有《方言》《广雅》诸书足以补阙。《方言》成于西汉，故训尚多。《广雅》三国时人所作，多后起之训，不足以释经。《诗·商颂》"受小球大球""受小共大共"，毛《传》以"球"为"玉"，以"共"为"法"，深合古训。《经义述闻》以为解"球"为"玉"，与"共"殊义，应依《广雅》作训，拱、球，法也。改字解经，尊信《广雅》太过矣。要知训诂之道，须谨守家法，亦应兼顾事实。按《吕氏春秋》，夏之将亡，太史终古抱其图法奔商，汤之所受小共、大共，即夏太史终古所抱之图法也。《书序》："汤伐三朡，俘厥宝玉，谊伯、仲伯作典宝。”即汤所受之大球、小球也。古人视玉最重，玉者，所以班瑞于群后。《周礼·大宗伯》：“以玉作六瑞，以等邦国。王执镇圭，公执桓圭，侯执信圭，伯执躬圭，子执谷璧，男执蒲璧。”一如后世之玺印，所以别天子、诸侯之等级也。汤受法受玉，而后可以发施政令，为下国缀旒。依《广雅》作训，于义未安。

宋人释经，不信《尔雅》，岂知古书训诂不可逞臆妄造。此如移译西土文字，必依据原文，不差累黍，遇有未莹，则必勤检辞书，求其详审。若凿空悬解，望文生训，鲜不为通人所笑。《尔雅》：“绳绳，戒也。”《诗·螽斯》：“宜尔子孙绳绳兮。”毛《传》：“绳绳，戒慎也。”朱文公以为绳有继续之义，即解为“不绝貌”。《尔雅》：“缉熙，光也。”毛《传》：“缉熙，光明也。”（“缉熙”，《诗经》凡四见）朱以“缉”为“缉纑”之缉，因解为继续也。按《敬之》篇“学有缉熙于光明”者，即言光明更光明。于与乎通，与微乎微之语意相同。又《书·盘庚》：“今汝聒聒。”《说文》：“䛤，拒善自用之意也。”马、郑、王肃所解略同，蔡沈乃解为聒聒多言，实则古训并无多言之意。是故，吾人释经，应有一定规则，解诂字义，先求《尔雅》《方言》有无此训。一如引律断狱，不能于刑律之外强科人罪。故说经而不守雅训，凿空悬解，谓之门外汉。

古人训诂之书，自《尔雅》而下，《方言》《说文》《广雅》以及毛《传》，汉儒训诂，可称完备。而今之讲汉学者，时复不满旧注，争欲补苴罅漏。则以一字数训，昔人运用尚有遗憾之故。此如士卒精良，而运筹者或千虑一失，后起之人，苟能调遣得法，即可制胜。又如用药，药性温凉，悉载《本草》，用药者不能越《本草》之外，其成功与否，全视运用如何而已。

训诂之学，善用之如李光弼入郭子仪军，壁垒一新；不善用之，如逄蒙学射，尽羿之道，于是杀羿。总之诠释旧文，不宜离已有之训诂，而臆造新解。至运用之方，全在于我。清儒之能昌明汉学、卓越前代者，不外乎此。

第二章　经学略说

一、六经、五经、十三经

“经”之训“常”，乃后起之义。《韩非·内外储》首冠“经”名，其意殆如后之目录，并无“常”义。今人书册用纸，贯之以线。古代无纸，以青丝绳贯竹简为之。用绳贯穿，故谓之“经”。经者，今所谓线装书矣。《仪礼·聘礼》：“百名以上书于策，不及百名书于方。”《礼记·中庸》云：“文武之政，布在方策。”盖字少者书于方，字多者编简而书之。方不贯以绳，而简则贯以绳。以其用绳故曰“编”，以其用竹故曰“篇”。方，版牍也。古者师徒讲习，亦用方誊写。《尔雅》：“大版谓之业。”故曰肄业、受业矣。《管子》云：“修业不息版。”“修业”云者，修习其版上之所书也。竹简繁重，非别版书写，不易肄习。二尺四寸之简（《后汉书·周磐传》：编二尺四寸简写《尧典》），据刘向校《古文尚书》，每简或二十五字，或二十二字，知一字约占简一寸。二十五自乘为六百二十五。令简策纵横皆二十四寸，仅得六百二十五字。《尚书》每篇字数无几，多者不及千余。《周礼》六篇，每篇少则二三千，多至五千。《仪礼·乡射》有六千字，《大射仪》有六千八百字。如横布《大射》《乡射》之简于地，占地须二丈四尺，合之今尺，一丈六尺，倘师徒十余人对面讲诵，便非一室所能容。由是可知讲授时绝不用原书，必也移书于版，然后便捷。故称肄业、受业，而不曰肄策、受策也。帛，绢也，古时少用。《汉书·艺文志》六艺略、诸子略、诗赋略、兵书略，每书皆云篇；数术、方技，则皆称卷。数术、方技，乃秦汉时书，古代所无。六艺、诸子、诗赋、兵书，汉人亦多有作。所以不称卷者，以刘向《叙录》，皆用竹简杀青缮写。数术、方技，或不用竹简也。唯图不称篇而称卷，盖帛书矣（《孙子兵法》皆附图）。由今观之，篇繁重而卷简便，然古代质厚，用简者多。《庄子》云："惠施多方，其书五车。"五车之书，如为帛书，乃可称多；如非帛书，而为竹简，则亦未可云多。秦皇衡石程书，一日须尽一石。如为帛书，则一石之数太多，非一人一日之力所能尽（古一石当今三十斤，如为帛书，准之于今，当亦有一二百本）。古称奏牍，牍即方版，故一日一石不为多耳。

周代《诗》《书》《礼》《乐》皆官书。《春秋》史官所掌，《易》藏太卜，亦官书。官书用二尺四寸之简书之。郑康成谓"六经"二尺四寸，《孝经》半之，《论语》又半之，是也。《汉书》称律曰"三尺法"，又曰"二尺四寸之律"。律亦经类，故亦用二尺四寸之简。唯"六经"为周之官书，汉律乃汉之官书耳。寻常之书，非经又非律者，《论衡》谓之"短书"。此所谓短，非理之短，乃策之短也。

西汉用竹简者尚多，东汉以后即不用。《后汉书》称董卓移都之乱，缣帛图书，大则连为帷盖，小乃制为縢囊。可知东汉官书已非竹简本矣。帛书可卷可舒，较之竹简，自然轻易，然犹不及今之用纸。纸之起源，人皆谓始于蔡伦，然《汉书·外戚传》已称"赫蹏"，则西汉时已有纸，但不通用耳。正唯古人之不用纸，作书不易；北地少竹，得之甚难；代以缣帛，价值又贵：故非熟读强记不为功也。竹简书之以漆，刘向校书可证；方版亦然。至于缣帛，则不可漆书，必当用墨。《庄子》云：宋元君将画图，众史舐笔和墨。则此所谓图，当是缣素。又《仪礼》"铭旌用帛"；《论语》"子张书绅"，绅以帛为之，皆非用墨不能书。唯经典皆用漆书简，学生讲习，则用版以求方便耳。以上论经之形式及质料。

《庄子·天下篇》："《诗》以道志，《书》以道事，《礼》以道行，《乐》以道和，《易》以道阴阳，《春秋》以道名分。"列举六经，而不称之曰"经"。然则六经之名，孰定之耶？曰：孔子耳。孔子之前，《诗》《书》《礼》《乐》已备。学校教授，即此四种。孔子教人，亦曰："兴于《诗》，立于《礼》，成于《乐》。"又曰："《诗》《书》执礼，皆雅言也。"可见《诗》《书》《礼》《乐》，乃周代通行之课本。至于《春秋》，国史秘密，非可公布；《易》为卜筮之书，事异恒常，非当务之急，故均不以教人。自孔子赞《周易》、修《春秋》，然后《易》与《春秋》同列六经。以是知六经之名，定于孔子也。

五礼著吉、凶、宾、军、嘉之称，今《仪礼》十七篇，只有吉、凶、宾、嘉，而不及军礼。不但十七篇无军礼，即《汉书》所谓五十六篇《古经》者亦无之。《艺文志》以《司马法》二百余篇入"礼"类（今残本不多），此军礼之遗，而不在六经之内。孔子曰："军旅之事，未之学也。"盖孔子不喜言兵，故无取焉。又古律亦官书，汉以来有《汉律》。汉以前据《周礼》所称，五刑有二千五百条，《吕刑》则云三千条。当时必著简册。然孔子不编入六经，至今无只字之遗。盖律者，在官之人所当共知，不必以之教士。若谓古人尚德不尚刑，语涉迂阔，无有是处。且《周礼·地官》之属，州长、党正，有读法之举，是百姓均须知律。孔子不以入六经者，当以刑律代有改变，不可为典要故尔。

六经今存五经，《乐经》汉时已亡。其实，六经须作六类之经书解，非六部之经书也。礼，今存《周礼》《仪礼》。或谓《周礼》与《礼》不同，名曰《周官》，疑非礼类。然《孝经》称"安上治民莫善于礼"，《左传》亦云"礼，经国家、定社稷、序人民、利后嗣"。由《孝经》《左传》之言观之，则《周官》之设官分职、体国经野，正是礼类，安得谓与礼不同哉？春秋时人引《逸周书》皆称《周书》，《艺文志》称《逸周书》乃孔子所删百篇之余。因孔子所删，故不入六经。又《连山》《归藏》，汉时尚存（桓谭《新论》云：或藏兰台），与《周易》本为同类。以孔子不赞，故亦不入六经。实则《逸周书》与《书》为一类，三易同为一类，均宜称之曰经也。

今所传之十三经，其中《礼记》《左传》《公羊》《穀梁》，均传记也。《论语》《孝经》，《艺文志》与《诗》《书》《易》《礼》《春秋》同入六艺，实亦传记耳。《孟子》应入子部，《尔雅》乃当时释经之书，亦不与经同。严格论之，六经无十三部也。

史部本与六经同类。《艺文志》春秋家列《战国策》《太史公书》。

太史公亦自言继续《春秋》。后人以史部太多，故别为一类。荀勖《中经簿》始立经、史、子、集四部，区经、史为二，后世仍之。然乙部有《皇览》。《皇览》者，当时之类书也，与史部不类。王俭仿《七略》作《七志》（《七略》本仅六种：一、六艺；二、诸子；三、诗赋；四、兵书；五、数术；六、方技），增图谱一门，称"六艺略"曰"经典志"，中分六艺、小学、史记、杂传四门。有心复古，颇见卓识。又有《汉志》不收而今亦归入经部者，纬书是也。纬书对经书而称，后人虽不信，犹不得不以入经部。独王俭以"数术略"改为"阴阳志"，而收入纬书，以纬书与阴阳家、刑法家同列，不入经典，亦王氏之卓识也。自《隋书·经籍志》后，人皆依荀勖四部之目，以史多于经，为便宜计，不得不尔。明知纬书非经之比，无可奈何，亦录入经部，此皆权宜之计也。

兵书在《汉志》本与诸子分列。《孙子兵法》入兵书，不入诸子。《七志》亦分兵书曰军书，而阮孝绪《七录》（依王俭为七部，不分经、史、子、集），以子书、兵书合曰子兵，未免谬误。盖当代之兵书，应秘而不宣，古代之兵书，可人人省览。《孙子》十三篇，空论行军之理，与当时号令编制之法绝异，不似今参谋部之书，禁人窥览者也。是故当代之兵书，不得与子部并录。

向、歆校书之时，史部书少，故可归入《春秋》。其后史部渐多，非别立一类不可。亦犹《汉志》别立"诗赋"一类，不归入"诗经"类耳。后人侈言复古，如章实斋《校雠通义》，独断断于此，亦徒为高论而已。顾源流不得不明，纬与经本应分类，史与经本不应分，此乃治经之枢纽，不可不知者也。

二、古文经与今文经

汉人治经，有古文、今文二派。伏生时纬书未出，尚无怪诞之言。至东汉时，则今文家多附会纬书者矣。古文家信历史而不信纬书，史部入经，乃古文家之主张；纬书入经，乃今文家之主张也。

古文家间引纬书，则非纯古文学，郑康成一流是也。王肃以贾（逵）、马（融）之学，反对康成。贾虽不信纬书，然亦有附会处（《后汉书》可证），马则绝不附会矣（马书今存者少）。

至三国时人治经，则与汉人途径相反。东汉今文说盛行之时，说经多采纬书，谓孔子为玄圣之子，称其述作曰为汉制法。今观孔林中所存汉碑，《史晨》《乙瑛》《韩敕》，皆录当时奏议文告，并用纬书之说。及黄初元年，封孔羡为宗圣侯，立碑庙堂，陈思王撰文，录文帝诏书，其中无一语引纬书者。非唯不引纬书，即今文家，亦所不采。以此知东汉与魏，治经之法，截然不同。今人皆谓汉代经学最盛，三国已衰，然魏文廓清谶纬之功，岂可少哉！文帝虽好为文，似词章家一流，所作《典论》，《隋志》归入儒家。纬书非儒家言，乃阴阳家言。故文帝诏书未引一语，岂可仅以词章家目之。

自汉武立五经博士，至东汉有十四博士（五经本仅五博士，后分派众多，故有十四博士）。《易》则施、孟、梁丘、京，《书》则欧阳、大小夏侯，《诗》则齐、鲁、韩，《礼》则大小戴，《春秋》则严、颜（皆《公羊》家），皆今文家也。孔安国之《古文尚书》，后世不传。汉末，马、郑之书，不立学官。《毛诗》亦未立学官。古文《礼》传之者少。《春秋》则《左氏》亦未立学官。至三国时，《古文尚书》《毛诗》《左氏春秋》，皆立学官。此魏文帝之卓见也。汉《熹平石经》，隶书一字，是乃今文。魏正始时立《三体石经》，则用古文。当时古文《礼》不传，《尚书》《春秋》皆用古文。《易》用费氏，以费《易》为古文也（传费《易》者，汉末最盛，皆未入学官。马、郑、荀爽、刘表、王弼，皆费氏《易》）。《周礼》则本为古文。三国之学官，与汉末不同如此。故曰魏文廓清之功不可少也。

清人治经，以汉学为名。其实汉学有古文、今文之别。信今文则非，守古文即是。三国时渐知尊信古文，故魏、晋两代，说经之作，虽精到不及汉儒，论其大体，实后胜于前。故"汉学"二字，不足为治经之正轨。昔高邮王氏，称其父熟于汉学之门径，而不囿于汉学之藩篱。此但就训诂言耳。其实，论事迹、论义理，均当如是。魏、晋人说经之作，岂可废哉！以上论经典源流及古今文大概。

欲明今、古文之分，须先明经典之来源。所谓孔子删《诗》《书》，定《礼》《乐》，赞《周易》，修《春秋》者，《汉书·艺文志》云："《礼》《乐》，周衰俱坏，《乐》尤微眇，又为郑、卫所乱，故无遗法。"又云："及周之衰，诸侯将逾法度，恶其害己，皆灭去其籍，自孔子时而不具。"是孔子时《礼》《乐》已阙，唯《诗》《书》被删则俱有明证。《左传》："韩宣子适鲁，观书于太史氏，见《易·象》与鲁《春秋》，曰：周礼尽在鲁矣。"可见别国所传《易·象》，与鲁不尽同。孔子所赞，盖鲁之《周易》也。《春秋》本鲁国之史，当时各国皆有春秋，而皆以副本藏于王室。故太史公谓孔子西观周室，论史记旧闻而修《春秋》，盖六经之来历如此。

《礼记·礼器》云："经礼三百，曲礼三千。"郑康成注："经礼谓《周礼》，曲礼即《仪礼》。"《中庸》云："礼仪三百，威仪三千。”孔颖达疏：“礼仪三百即《周礼》，威仪三千即《仪礼》。”今《仪礼》十七篇，约五万六千字，均分之，每篇得三千三百字。汉时，高堂生传《士礼》十七篇，合淹中所得，凡五十六篇，较今《仪礼》三倍。若以平均三千三百字一篇计之，则五十六篇，当有十七万字，恐孔子时《礼经》不过如此。以字数之多，故当时儒者不能尽学，孟子所谓“诸侯之礼，吾未之学也”。至于《周礼》是否经孔子论定，无明文可见。孟子谓“诸侯恶其害己也，而皆去其籍”，是七国时《周礼》已不常见，故孟子论封建与《周礼》不同。

太史公谓古诗三千余篇，孔子删为三百篇。或谓孔子前本仅三百篇，孔子自言“诗三百”是也。然《周礼》言九德、六诗之歌。“九德”者，《左传》所谓水、火、金、木、土、谷、正德、利用、厚生。九功之德皆可歌者，谓之九歌。“六诗”者，一曰风，二曰赋，三曰比，四曰兴，五曰雅，六曰颂。今《诗》但存风、雅、颂，而无赋、比、兴。盖不歌而诵之赋，例如后之《离骚》，篇幅冗长，宜于诵而不宜于歌，故孔子不取耳。九德、六诗，合十五种，今《诗》仅存三种，已有三百篇之多，则十五种当有一千五百篇。风、雅、颂之逸篇为春秋时人所引者，已不少，可见未删之前，太史公“三千篇”之说为不诬也。孔子所以删九德之歌者，盖水、火、金、木、土、谷，皆咏物之作，与道性情之旨不合，故删之也。季札观周乐，不及赋、比、兴。赋本不可歌，比、兴被删之故，则今不可知。墨子言诵诗三百、弦诗三百、歌诗三百、舞诗三百。夫可弦必可歌，舞虽有节奏，恐未必可歌，诵则不歌也。由此可知，诗不仅三百，依墨子之言，亦有千二百矣。要之诗不但取其意义，又必取其音节，故可存者少耳。

《书》之篇数，据扬子《法言》称：“昔之说《书》者序以百。”

《艺文志》亦云凡百篇。百篇者，孔子所删定者也。其后，伏生传二十九篇（据《书序》则分为三十四篇），壁中得五十八篇。由今观之，《书》在孔子删定之前已有亡佚者。楚灵王之左史，通三坟、五典、八索、九丘。今三坟不传，五典仅存其二。楚灵王时，孔子年已二十余，至删《书》时而仅著《尧典》《舜典》二篇，盖其余本已佚矣。若依百篇计之，虞、夏、商、周凡四代，如商、周各四十篇，虞、夏亦当有二十篇。今夏书最少，《禹贡》犹不能谓为夏书。真为夏书者，仅《甘誓》《五子之歌》《胤征》三篇而已。《胤征》之后，《左传》载魏绛述后羿、寒浞事，伍员述少康中兴事，皆《尚书》所无。魏绛在孔子前，而伍员与孔子同时。二子何以知之？必当时别有记载，而本文则已亡也。此亦未删而已佚之证也。至如周代封国必有命（如近代之册命），封康叔有《康诰》，而封伯禽、封唐叔，左氏皆载其篇名，《书序》则不录。且鲁为孔子父母之邦，无不知其封诰之理。所以不录者，殆以周封诸侯甚多，不得篇篇而登之，亦唯择其要者耳。否则，将如私家谱牒所录诰命，人且厌观之矣。《康诰》事涉重要，故录之，其余则不录，此删《书》之意也。

《逸周书》者，《艺文志》云，孔子所论百篇之余。今《逸周书》有目者七十一篇，由此可知，孔子于《书》，删去不少。虽自有深意，然删去之《书》，今仍在者，亦不妨视为经书。今观《逸周书》与《尚书》性质相同，价值亦略相等。正史之外，犹存别史（《史》《汉》无别史，《后汉书》外，有袁宏《后汉纪》，其中所载事实、奏议，有与《后汉书》不同者，可备参考。《三国志》外有鱼豢之《魏略》、王沈之《魏书》，不可谓只《三国志》可信，余即不可信也），安得皇古之书，可信如《逸周书》者，顾不重视乎？《诗》既删为三百篇，而删去之诗，如“巧笑倩兮，美目盼兮，素以为绚兮”一章，子夏犹以问孔子，孔子亦有“启予”之言。由此可见，逸诗仍有价值。逸书亦犹是矣。盖古书过多，或残缺，或不足重，人之目力有限，不能尽读，于是不得不删繁就简。故孔子删《诗》《书》，使人易于持诵，删余之书，仍自有其价值在也。崔东壁辈，以为经书以外均不足采，不知太史公三代本纪，固以《尚书》为本，《周本纪》即采《逸周书》之《克殷解》《度邑解》，此其卓识过人，洵非其余诸儒所能及。

六经自秦火之后，《易》为卜筮，传者不绝。汉初北平侯张苍，献《春秋左氏传》，经、传俱全。《诗》由口授，非秦火所能焚，汉初有齐、鲁、毛、韩四家。唯毛有六笙诗（自秦焚书，至汉高祖破秦子婴，历时七年，人人熟习之歌，自当不亡）。礼则《仪礼》不易诵习，故高堂生仅传十七篇（高堂生必读熟方能传也）。《周礼》在孟子时已不传，而荀子则多引之（荀子学博，远过孟子，故能引之），然全书不可见。至汉河间献王乃得全书，犹缺《冬官》一篇，以《考工记》补之。《尚书》本百篇，伏生壁藏之，乱后求得二十九篇，至鲁恭王坏孔子宅，又得五十八篇，孔安国传之，谓之古文。此秦火后六经重出之大概也。

经今、古文之别有二：一、文字之不同；二、典章制度与事实之不同。何谓文字之不同？譬如《尚书》，古文篇数多，今文篇数少，今古文所同有者，文字又各殊异，其后愈说愈歧。此非伏生之过，由欧阳、大小夏侯三家立于学官，博士抱残守缺，强不知以为知，故愈说而愈歧也。《古文尚书》孔安国传之太史公，太史公以之参考他书，以故，不但文字不同，事实亦不同矣（今文家不肯参考他书，古文家不然，太史公采《逸周书》可证也）。何谓典章制度之不同？如《周礼》本无今文，一代典章制度，于是大备。可见七国以来传说之语，都可不信。如“封建”一事，《周礼》谓公五百里、侯四百里、伯三百里、子二百里、男百里。而《孟子》乃谓公侯皆方百里、伯七十里、子男五十里，与《周礼》不合。此当依《周礼》，不当依孟子，以孟子所称乃传闻之辞也。汉初人不知《周礼》，文帝时命博士撰《王制》，即用孟子之说，以未见《周礼》故。此典章制度之不同也。何谓事实之不同？如《春秋左传》为古文，《穀梁》《公羊》为今文。《穀梁》称申公所传、《公羊》称胡毋生所传。二家皆师弟问答之语。《公羊》至胡毋生始著竹帛，《穀梁》则著录不知在何时。今三传不但经文有异，即事实亦不同，例亦不同。刘歆以为左氏亲见夫子，好恶与圣人同；而公羊、穀梁在七十子之后，传闻之与亲见之，其详略不同。以故，若论事实，自当信《左氏》，不当信《公》《穀》也。《诗》无所谓今、古文，口授至汉，书于竹帛，皆用当时习用之隶书。《毛诗》所以称古文者，以其所言事实与《左传》相应，典章制度与《周礼》相应故尔。《礼》，高堂生所传十七篇为今文；孔壁所得五十六篇为古文。古文、今文大义无殊，唯十七篇缺天子、诸侯之礼。于是，后苍（今文家）推士礼致于天子（五十六篇中有天子、诸侯之礼）。后人不得不讲《礼记》，即以此故。以十七篇未备，故须《礼记》补之。《礼记》中本有《仪礼》正篇，如《奔丧》，小戴所有；《投壶》，大、小戴俱有。大、小戴皆传自后苍，皆知十七篇不足，故采《投壶》《奔丧》二篇。二家之书，所以称《礼记》者，以其为七十子后学者所记，故谓之《礼记》。计百三十一篇：大戴八十二篇，小戴四十九篇。今大戴存三十九篇，小戴四十九篇俱在，合之得八十八篇。此八十八篇中，有并非采自百三十一篇之记者，如大戴有《孔子三朝记》七篇，《孔子三朝记》应入《论语》家（《艺文志》如此），《三朝记》之外，《孔子闲居》《仲尼燕居》《哀公问》等，不在《三朝记》中，则应入《家语》一类。要之，乃《论语》家言，非《礼》家言也。大戴采《曾子》十篇，《曾子》本儒家书。又《中庸》《缁衣》《表记》《坊记》四篇，在《小戴记》，皆子思作。子思书，《艺文志》录入儒家。若然，《孔子三朝记》以及曾子、子思所著，录入大、小戴者，近三十篇。加以《月令》本属《吕氏春秋》（汉人称为《明堂月令》），亦不在百三十一篇中。又《王制》一篇，汉文帝时博士所作。则八十八篇应去三十余篇，所余不及百三十一篇之半，恐犹有采他书者在。如言《礼记》不足据，则其中有百三十一篇之文在；如云可据，则其中有后人所作在。故《礼记》最难辨别，其中所记，是否为古代典章制度，乃成疑窦。若但据《礼记》以求之，未为得也。《易》未遭秦火，汉兴，田何数传至施、孟、梁丘三家。或脱去《无咎》《悔亡》，唯费氏不脱，与古文同。故后汉马融、荀爽、郑玄、刘表皆信费《易》。《易》专言理，唯变所适，不可为典要，故不可据以说《礼》。然汉人说《易》，往往与礼制相牵。如《五经异义》以“时乘六龙”谓天子驾六，此大谬也。又施、孟、梁丘之说，今无只字之存。施、孟与梁丘共事田生，孟喜自云：“田生且死时，枕喜膝，独传喜。”而梁丘曰：“田生绝于施雠手中，时喜归东海，安得此事！”是当时已起争端。今孟喜之《易》，尚存一鳞一爪。臆造之说，未足信赖。焦延寿自称尝从孟喜问《易》，传之京房，喜死，房以延寿《易》即孟氏学，而孟喜之徒不肯，曰：“非也。”然则焦氏、京氏之《易》，都为难信。虞氏四世传孟氏《易》，孟不可信，则虞说亦难信。此数家外，荀氏、郑氏传世最多。然《汉书》谓费本无书，以《彖》《象》《文言》释经，而荀氏据爻象承应阴阳变化之义解说经意，是否为费之正传，亦不可知。郑《易》较为简单，恐亦非费氏正传。今学《易》者多依王弼之注，弼本费《易》，以文字论，费《易》无脱文，当为可信。余谓论《易》，只可如此而已。

此外，《古论语》不可见，今所传者，古齐、鲁杂糅。《孝经》但存今文。关于典章制度、事实之不同者，须依古文为准。至寻常修身之语，今、古文无大差别，则《论语》《孝经》之类，不必问其为古文或今文也。

十四博士皆今文，三国时始信古文。古文所以引起许多纠纷者，孔壁所得五十八篇之书，亡于汉末，西晋郑冲伪造二十五篇，今之孔氏《尚书》，即郑冲伪造之本。其中马、郑所本有者，未加窜改；所无者，即出郑冲伪造。又分虞书为《尧典》《舜典》二篇，分《皋陶谟》为《益稷》。《大禹谟》《五子之歌》《胤征》已亡，则补作三篇。既是伪作，不足置信。至汉人传《易》，是否《易》之正本不可知，后则王弼一家为费氏书。宋陈希夷辈造先天八卦、河洛诸图，传之邵康节，此乃荒谬之说。东序河图，既无人见，孔子亦叹河不出图，则后世何由知其象也？先天八卦，以《说卦》方位本离南坎北者改为乾南坤北，则与观象、观法而造八卦之说不相应，此与《尚书》伪古文同不可信（伪古文参考阎氏《古文尚书疏证》，河洛参考胡氏《易图明辨》）。至今日治《书》而信伪古文，言《易》而及河洛、先天，则所谓门外汉矣。然汉人以误传之说（今文家）亦甚多。清儒用功较深，亦未入说经正轨，凡以其参杂今古文故也。

近孙诒让专讲《周礼》，为纯古文家。惜此等著述，至清末方见萌芽，如群经皆如此疏释，斯可谓入正轨矣。

三、易经

经之由来及今古文之大概既明，须进而分讲各经之源流。今先讲《易经》。

初造文字，取法兽蹄鸟迹；画卦亦然。《易·系辞》云："古者庖牺氏之王天下也，仰则观象于天，俯则观法于地，观鸟兽之文与地之宜，近取诸身，远取诸物，于是始作八卦。"今观乾、坤二卦，乾作☰，坤作☷。《抱朴子》云："八卦出于鹰隼之所被，六甲出于灵龟之所负。"盖鸟舒六翮，即成☰象，但取其翮而遗其身，即成☷象。于是或分或合，错而综之，则成八卦。此所以言"观鸟兽之文"也。抱朴之说，必有所受，然今无可考，施、孟、马、郑、荀爽皆未言之。

重卦出于何人，说者纷如。王弼以为伏羲，郑玄以为神农，孙盛以为夏禹，而太史公则以为文王。伏羲之说，由于《周礼》，太卜掌三易之法：一曰《连山》，二曰《归藏》，三曰《周易》。三易均六十四卦，杜子春谓《连山》，伏羲；《归藏》，黄帝。王弼据之，故云重卦出于伏羲。然伏羲作《连山》，黄帝作《归藏》，语无凭证，故郑玄不从之也。神农之说，由于《系辞》称"神农氏作，斫木为耜，揉木为耒，盖取诸《益》；日中为市，交易而退，盖取诸《噬嗑》"二语。以神农时已有《益》与《噬嗑》，故知重卦出于神农。然《系辞》所谓"盖取"，皆想象之辞，乌可据为实事？

夏禹之说，从郑玄之义蜕化而来。郑玄《易赞》及《易论》云：“夏曰《连山》，殷曰《归藏》，周曰《周易》。”孙盛取之，以为夏有《连山》，即兼山之艮，可见重卦始于夏禹。至文王之说，则太史公因“作《易》者，其有忧患乎”一语而为是言。要之，上列诸说，虽不可确知其是非，以余观之，则重卦必不在夏禹之后，短中取长，则孙盛之说为可信耳。

至卦辞、爻辞之作，当是皆出文王。《系辞》云：“《易》之兴也，当文王与纣之事耶？”又云：“作《易》者，其有忧患乎？”太史公据此，谓“西伯拘而演《周易》”。故卦辞、爻辞并是文王被囚而作。或以为周公作爻辞，其说无据。如据韩宣子聘于鲁，见《易·象》而称周公之德，以此知《易·象》系于周公，故谓周公作爻辞。然韩宣子并及鲁之《春秋》，《春秋》岂周公作耶？如据“王用亨于岐山”及“箕子之《明夷》”，及“东邻杀牛，不如西邻之禴祭”诸文，以为岐山之王当是文王。文王被囚之时，犹未受命称王。箕子之被囚奴，在武王观兵之后，文王不宜预言《明夷》，“东邻”指纣，“西邻”指文王。纣尚南面，文王不宜自称己德，以此知爻辞非文王作，而为周公作。然《禹贡》“导岍及岐”，是岐为名山，远在夏后之世。古帝王必祭山川，安知文王以前，竟无王者享于岐山乎？“箕子”二字，本又读为“荄滋”（赵宾说）。且箕子被囚，在观兵以后，亦无实据。《彖》传“内文明而外柔顺，以蒙大难，文王以之；内难而能正其志，箕子以之”，并未明言箕子之被囚奴，且不必被囚然后谓之《明夷》也。东邻、西邻，不过随意称说，安见东邻之必为纣、西邻之必为文王哉？据此三条，固不能谓爻辞必周公作矣。且《系辞》明言“殷之末世，周之盛德”，而不及周公之时。孔颖达乃谓文王被囚，固为忧患；周公流言，亦属忧患。此附会之语矣。余谓：据《左传》，纣囚文王七年，七年之时甚久，卦辞、爻辞，不过五千余字，以七年之久，作五千余字，亦未为多，故应依太史公说，谓为文王作，则与《系辞》相应。

文王作《易》之时，在官卜筮之书有《连山》《归藏》，文王之《易》与之等列，未必视为独重。且《周易》亦不止一部。《艺文志》“六艺略”首列《周易》十二篇；“数术略”蓍龟家又有《周易》三十八卷。且《左传》所载筮辞，不与《周易》同者甚多。成季将生，筮得《大有》之《乾》，曰：“同复于父，敬如君所。”秦缪伐晋，筮遇《蛊》，曰：“千乘三去，三去之余，获其雄狐。”皆今《周易》所无，解之者疑为《连山》《归藏》。然《左传》明言以《周易》筮之，则非《连山》《归藏》也。余谓此不足疑，三十八卷中或有此耳。今《周易》六十四卦、三百八十四爻，而焦延寿作《易林》，以六十四自乘，得四千九十六条。安知周代无《易林》一类之书，别存于《周易》之外乎？盖《连山》《归藏》《周易》，初同为卜筮之书；上下二篇之《周易》与三十八卷之《周易》，性质相同，亦无高下之分，至孔子赞《易》，乃专取文王所演者耳。

《易》何以称《易》，与夫《连山》《归藏》，何以称《连山》《归藏》，此颇费解。郑玄注《周礼》曰：“《连山》似山出内气变也；《归藏》者，万物莫不归而藏于中也。”皆无可奈何而强为之辞。盖此二名本不可解。“周易”二字，“周”为代名，不必深论；“易”之名，《连山》《归藏》《周易》之所共。《周礼》，太卜掌三《易》之法，《连山》《归藏》均称为《易》。然“易”之义不可解。郑玄谓“易”有三义：易简，一也；变易，二也；不易，三也。“易简”

之说，颇近牵强，然古人说《易》，多以“易简”为言。《左传》，南蒯将叛，以《周易》占之，子服惠伯曰：“《易》不可以占险。”则易有平易之意，且直读为易（去声）矣。易者变动不居，周流六虚，不可为典要，唯变所适，则变易之义，最为易之确诂，唯不易之义，恐为附会，既曰易，如何又谓之不易哉？又《系辞》云：“生生之谓易。”此义在变易、易简之外，然与字义不甚相关。故今日说《易》，但取变易、易简二义，至当时究何所取义而称之曰《易》，则不可知矣。

孔子赞《易》之前，人皆以《易》为卜筮之书。卜筮之书，后多有之。如东方朔《灵棋经》之类是。古人之视《周易》，亦如后人之视《灵棋经》耳。赞《易》之后，《易》之范围益大，而价值亦高。《系辞》曰：“夫《易》何为者也？夫《易》开物成务、冒天下之大道，如斯而已者也。”孔子之言如此。盖发展社会、创造事业，俱为《易》义所包矣。此孔子之独识也。文王作《易》，付之太卜一流。卜筮之徒，不知文王深意，至孔子乃视为穷高极远，于是《周易》遂为六经之一。秦皇焚书，以《易》为卜筮之书，未之焚也。故自孔子传商瞿之后，直至田何，中间未尝断绝；不如《尚书》经孔子删定之后传授不明，至伏生，突然以传《书》著称；亦不如《诗经》删定之后，传授不明，至辕固生、韩婴等突然以传《诗》著称也——《鲁诗》虽云浮丘伯受于荀卿，而荀卿之前不可知；《毛诗》虽云传自子夏，然其事不见于《艺文志》，亦不见于《汉书·儒林传》。唯《易》之传授最为清楚：自商瞿一传至桥庇子庸；二传至馯臂子弓，三传至周丑子家，四传至孙虞子乘，五传而至田何。其历史明白如此，篇章亦未有阙脱（《艺文志》：《周易》十二篇，施、孟、梁丘三家）。向来说经者，往往据此疑彼，唯《易》一无可疑。以秦本未焚，汉仍完整也。欧阳修经学疏浅，首疑《系辞》非孔子作，以为《系辞》中有“子曰”字，决非孔子自道。然《史记》自称“太史公曰”，太史公下腐刑时，已非太史令矣，而《报任少卿书》犹自称太史公；即欧阳修作《秋声赋》，亦自称欧阳子，安得谓《史记》非太史公作、《秋声赋》非欧阳修作哉！商瞿受《易》之时，或与孔子问答，退而题“子曰”字，事未可知，安得径谓非孔子作哉？欧阳修无谓之疑，犹不足怪，后人亦无尊信之者。近皮锡瑞经学颇有功夫，亦疑《易》非文王作，以为卦辞、爻辞皆孔子作，夫以卦辞、爻辞为孔子作，则《系辞》当非孔子作矣。然则《系辞》谁作之哉？皮氏于此未能明言。夫《易》自商瞿至田何，十二篇师师相传，并未有人增损。晋人发冢，得《周易》上下经，无十翼。此不足怪，或当时但录经文，不录十翼耳。《系辞》明言：“易之兴也，其当殷之末世，周之盛德邪？当文王与纣之事邪？”如上下经为孔子作，则不得不推翻此二语。且田何所传，已有《系辞》，田何上去孔子，不及三百年，亦如今之去顾亭林时耳。人纵疏于考证，必不至误认顾亭林书为唐宋人书也。又，文言二字，亦有异解。梁武帝谓文言者，文王之言也。今按：“元者，善之长也；亨者，嘉之会也；利者，义之和也；贞者，事之干也。君子体仁，足以长人；嘉会足以合礼；利物足以和义；贞固足以干事。”此五十字为穆姜语，唯“体仁”作“体信”略异。穆姜在孔子前，故梁武帝谓为文王之言。然文王既作卦辞曰“元、亨、利、贞”，而又自作文言以解之，恐涉词费，由今思之，或文王以后，孔子以前说《易》者发为是言，而孔子采之耳。所以题曰“文言”者，盖解释文王之言。

《史记·孔子世家》："孔子晚而喜《易》，读《易》韦编三绝。"如孔子以前，但有六十四卦之名，亦何须数数披览、至于韦编三绝耶？必已有五千余字，孔子披览之勤，故韦编三绝也。陈希夷辈意欲超过孔子，创先天八卦之说，不知八卦成列由观象于天、观法于地而来，其方位见于《说卦》传（即陈希夷辈所谓后天八卦）。当时所观之天，为全世界共见之天，所观之地，则中国之地也。今以全地球言之，中国位东半球之东部，八卦方位，就中国所见而定。乾在西北者，中国之西北也；坤在西南者，中国之西南也。古人以北极标天，以昆仑标地。就中国之地而观之，北极在中国西北，故乾位西北。昆仑在中国西南，故坤位西南。正南之离为火，即赤道，正北之坎为水，即翰海。观象、观法，以中国之地为本，故八卦方位如此，后之先天八卦，乾在南而坤在北，与天文、地理全不相应。作先天八卦者，但知乾为高明之象，以之标阳；坤为沉潜之象，以之标阴。遂谓坤应在北，乾应在南。不知仰观俯察，非言阴阳，乃言方位耳。《礼》："圜丘祭天，方泽祭地。"郑玄注：祭天谓祭北极、祭地谓祭昆仑。古人以北极、昆仑，分标天地，于此可见先天八卦为无知妄作矣。

《汉书·五行志》刘歆曰："伏羲氏继天而王，受《河图》，则而画之，八卦是也；禹治洪水，赐《洛书》，法而陈之，《洪范》是也。"然不知所谓《图》《书》者何物也。至宋刘牧以《乾凿度》九宫之法为《河图》，又以生数、就成数依五方图之，以为《洛书》，更有《洞极经》亦言《河图》《洛书》，则如刘牧之说而互易之，以五方者为图，九宫者为书。然郑氏、虞氏说《易》，并不以九宫、五方为图、书。桓谭《新论》曰："《河图》《洛书》，但有朕兆而不可知。"是汉人虽说《河图》《洛书》，却未言图、书为何象。宋人说《易》，创为河洛及先天八卦图，朱晦庵《易本义》亦列此图。其实先天图书荒唐悠谬，要当以左道视之，等之天师一流可矣。

其余说《易》者，汉儒主象数，王弼入清谈。拘牵象数，固非至当；流入清谈，亦非了义（《乾》《坤》二卦，以及《既济》《未济》，以清谈释之，说亦可通。然其他六十卦，恐非清谈所能了也）。《系辞》云："夫《易》开物成务，冒天下之道。"谓"冒天下之道"，则佛法自亦在内。李鼎祚《集解序》云："权舆三教，钤键九流。"详李氏此说，非但佛法在内，墨、道、名、法，均入《易》之范围矣。然李氏虽作此说，亦不能有所发明。孔颖达云："《易》理难穷。虽复玄之又玄，至于垂范作则，便是有而教有；若论住内、住外之空，就能、就所之说，斯乃义涉于释氏，非为教于孔门。"然《正义》依王、韩为说，往往杂以清谈。后之解者，因清谈而入佛法。虽为孔氏所不取，然《易》理亦自包含佛法。论说经之正，则非不但佛法不可引用，即《老子》"玄之又玄"之语，亦不应取。如欲穷究《易》理，则不但应取老、庄，即佛亦不得不取。其他九流之说，固无妨并采之矣！

《礼记·经解》曰："《易》之失，贼。"此至言也。尚清谈者，犹不致贼。如以施之人事，则必用机械之心；用机械之心太过，即不自觉为贼矣！盖作《易》者本有忧患，故曰"其辞危"。危者使平，易者使倾，若之何其不贼也。若蔡泽以亢龙说范雎，取范雎之位而代之，此真可谓贼矣。夫蔡泽犹浅言之耳。当文王被囚七年，使四友献宝，纣见宝而喜，曰：谮西伯者，乃崇侯虎也。则文王亦何尝讳贼哉！论其大者、远者，所谓“开物成务，冒天下之道”是矣。“冒天下之道”者，权舆三教也；“开物成务”者，钤键九流也。然不用权谋，则不能开物成务；不极玄妙，则不能冒天下之道。管辂谓善《易》者不言《易》。然则真传《易》者，正恐不肯轻道阴阳也。以上讲《周易》大概。

四、尚书

《尚书》分六段讲：一、命名；二、孔子删《书》；三、秦焚《书》；四、汉今古文之分；五、东晋古文；六、明清人说《尚书》者。

（一）命名。周秦之《书》，但称曰《书》，无称《尚书》者。《尚书》之名，见于《史记·五帝本纪》《三代世表》及《儒林传》。《儒林传》云：伏生以二十九篇“教于齐、鲁之间，学者由是颇能言《尚书》”。又云：“孔氏有古文《尚书》。”则今、古文皆称《尚书》也。何以称之曰《尚书》？伪孔《尚书序》云：“以其上古之书，谓之《尚书》。”此言不始于伪孔，马融亦谓上古有虞氏之书，故曰《尚书》，而郑玄则以为孔子尊而命之曰《尚书》。然孔子既命之曰《尚书》，何以孔子之后，伏生之前，传记之书无言《尚书》者？恐《尚书》非孔子名之，汉人名之耳。何以汉人名之曰《尚书》？盖仅一“书”字不能成名，故为此累言尔。《书》包虞、夏、商、周四代文告，马融独称虞者，因《书》以《尧典》《舜典》开端，故据以为名，亦犹《仪礼》汉人称“士礼”耳（《仪礼》不皆士礼，亦有诸侯、大夫礼，所以称“士礼”者，以其首篇为《士冠礼》也）。哀、平以后，纬书渐出，有所谓《中候》者（汉儒谓孔子定《书》一百二十篇，百两篇为《尚书》，十八篇为《中侯》）。“中侯”，官名。以中侯对尚书，则以尚书为官名矣（汉尚书令不过千石，分曹尚书六百石，位秩虽卑，权任实大。北军中侯六百石，掌监五营。汉人以为文吏位小而权大者尚书，武臣位小而权大者中侯，故以为匹）。此荒谬之说，不足具论。要之，《尚书》命名，以马融说为最当。

（二）删《书》。孔子删《书》，以何为凭？曰：以《书序》为凭。《书序》所有，皆孔子所录也。然何以知孔子删《书》而为百篇，焉知非本是百篇而孔子依次录之耶？曰：有《逸周书》在，可证《尚书》本不止百篇也。且《左传》载封伯禽、封唐叔皆有诰，今《书》无之，是必为孔子所删矣。至于《书》之有《序》，与《易》之有《序卦》同。《序卦》孔子所作，故汉人亦以《书序》为孔子作。他且勿论，但观《史记·孔子世家》曰：“孔子序《书传》，上纪唐、虞之际，下至秦缪，编次其事。”是太史公已以《书序》为孔子作矣（夏、殷《本纪》多采《书序》之文）。《汉书·艺文志》本向、歆《七略》，亦曰：“《书》之所起远矣，至孔子纂焉，上断于尧，下讫于秦，凡百篇，而为之序。”是刘氏父子亦以《书序》为孔子作矣。汉人说经，于此并无异词。然《古文尚书》自当有序，今文则当无序，而今《熹平石经》残石，《书》亦有序，甚可疑也。或者今人伪造之耳。何以疑《今文尚书序》伪也？刘歆欲立古文时，今文家诸博士不肯，谓《尚书》唯有二十八篇，不信本有百篇，如有《书序》则不至以《尚书》为备矣，《书序》有数篇同序，亦有一篇一序者。《尧典》《舜典》，一篇一序也。《大禹谟》《皋陶》《弃稷》三篇同序也。数篇同序者，《书序》所习见，然扬子《法言》曰：“昔之说《书》者序以百，而《酒诰》之篇俄空焉。”盖《康诰》《酒诰》《梓材》三篇同序，而扬子以为仅《康诰》有序，《酒诰》无序，或者《尚书》真有无序之篇，以《酒诰》为无序，则《梓材》亦无序。今观《康诰》曰："周公咸勤，乃洪大诰治。王若曰：'孟侯，朕其弟，小子封。'"王者，周公代王自称之词，故曰"孟侯，朕其弟"矣。《酒诰》称"（成）王若曰'明大命于妹邦'"，今文如此，古文马、郑、王本亦然。马融之意，以为成字后录书者加之。然康叔始封而作《康诰》，与成王即政而作《酒诰》，年代相去甚久，不当并为一序。故扬子以为《酒诰》之篇俄空焉。不但《酒诰》之序俄空，即《梓材》亦不能确知为何人之语也。

汉时古文家皆以《书序》为孔子作，唐人作《五经正义》时，并无异词，宋初亦无异词。朱晦庵出，忽然生疑。蔡沈作《集传》，遂屏《书序》而不载。晦庵说经本多荒谬之言，于《诗》不信小序，于《尚书》亦不信有序。《后汉书》称卫宏作《诗序》。卫宏之序，是否即小序，今不可知，晦庵以此为疑，犹可说也。《书序》向来无疑之者，乃据《康诰》"王若曰：孟侯，朕其弟。"一语而疑之，以为如王为成王，则不应称康叔为弟；如为周公，则周公不应称王，心拟武王，而《书序》明言"成王既伐管叔、蔡叔，以殷余民封康叔"，知其事必在武庚叛灭之后，绝非武王时事。无可奈何，乃云《书序》伪造。不知古今殊世，后世一切官职，皆可代理，唯王不可代；古人视王亦如官吏，未尝不可代。生于后世，不能再见古人。如生民国，见内阁摄政，而布告署大总统令，则可释然于周公之事矣。《诗》是文言，必须有序，乃可知作诗之旨；《书》本叙事，似不必有序，然《尚书》有无头无尾之语，如《甘誓》"大战于甘，乃召六卿"，未明言谁与谁大战；又称"王曰：'嗟六事之人，予誓告汝，有扈氏威侮五行，怠弃三正。’”，亦不明言王之为谁。如无《书序》，“启与有扈战于甘之野”一语，真似冥冥长夜，终古不晓矣（孔子未作《书序》之前，王字当有异论。其后《墨子》所引《甘誓》以王为禹）。《商书序》称王必举其名，本文亦然。《周书》与《夏书》相似，王之为谁，皆不可知。《吕刑》穆王时作，本文但言王享国百年，《序》始明言穆王。如不读序，从何知为穆王哉！是故，《书》无《序》亦不可解。自虞、夏至孔子时，《书》虽未有《序》，亦必有目录之类，历古相传，故孔子得据以为去取。否则，孔子将何以删《书》也？《书序》文义古奥，不若《诗序》之平易，绝非汉人所能伪造。自《史记》已录《书序》原文。太史公受古文于孔安国，安国得之壁中，则壁中《书》已有《序》矣。然自宋至明，读《尚书》者，皆不重《书序》，梅鷟首发伪古文之覆，亦以《书序》为疑。习非胜是，虽贤者亦不能免。不有清儒，则《书序》之疑，至今仍如冥冥长夜尔。

孔子删《书》，传之何人，未见明文。《易》与《春秋》三传，为说不同，其传授源流皆可考。《诗》《书》《礼》则不可知（子夏传《诗》，未可信据）。盖《诗》《书》《礼》《乐》，古人以之教士，民间明习者众。孔子删《书》之时，习《书》者世多有之，故不必明言传于何人。《周易》《春秋》，特明言传授者，《易》本卜筮之书，《春秋》为国之大典，其事秘密，不以教士（此犹近代实录，不许示人），而孔子独以为教，故须明言为传授也。伏生《尚书》何从受之，不可知。孔壁古文既出，孔安国读之而能通。安国本受《尚书》于申公（此事在伏生之后），申公但有传《诗》、传《穀梁》之说，其传《尚书》事，不载本传，何所受学，亦不可知。盖七国时通《尚书》者尚多，故无须特为标榜耳。

孔子删《书》百篇之余为《逸周书》，今考《汉书·律历志》所引《武成》，与《逸周书·世俘解》词句相近，疑《世俘解》即《武成》篇。又《箕子》一篇，录入《逸周书》，今不可见。疑即今之《洪范》，逸书与百篇之书文字出入，并非篇篇不同。盖《尚书》过多，以之教士，恐人未能毕读，不得不加以删节，亦如后之作史者，不能将前人实录字字录之也。删《书》之故，不过如此。虽云《书》以道政事，然以其为孔子所删，而谓篇篇皆是大经大法，可以为后世模楷，正未必然。即实论之，《尚书》不过片断之史料而已。

（三）秦焚书。秦之焚书，《尚书》受厄最甚。揆秦之意，何尝不欲全灭六经。无如《诗》乃口诵，易于流传；《礼》在当时，已不甚行，不须严令焚之。故禁令独重《诗》《书》，而不及《礼》（李斯奏言："有敢藏《诗》、《书》、百家语者，悉诣守、尉杂烧之；有敢偶语《诗》《书》者，弃市。"）。盖《诗》《书》所载，皆前代史迹，可作以古非今之资，《礼》《乐》，都不甚相关。《春秋》事迹最近，最为所忌，特以柱下史张苍藏《左传》，故全书无缺。《公羊传》如今之讲义，师弟问答，未着竹帛，无以烧之。《穀梁》与《公羊》相似，至申公乃有传授。《易》本卜筮，不禁。唯《尚书》文义古奥，不易熟读，故焚后传者少也。伏生所藏，究有若干篇，今不可知；所能读者，二十九篇耳。孔壁序虽百篇，所藏只五十八篇。知《书》在秦时，已不全读；如其全读，何不全数藏之？盖自荀卿隆礼仪而杀《诗》《书》，百篇之书，全读者已少，故壁中《书》只藏五十八篇也。此犹《诗》在汉初虽未缺，而治之者，或为《雅》，或为《颂》，鲜有理全经者。又《毛传》《鲁诗》，皆以《国风》、大小《雅》、《颂》为四始，而《齐诗》以水、木、火、金为四始。

其言卯、酉、午、戌、亥五际，亦但取《小雅》《大雅》而不及《颂》。盖杀《诗》《书》之影响如此。然则百篇之《书》，自孔壁已不具。近人好生异论，盖导源于郑樵。郑樵之意，以为秦之焚书，但焚民间之书，不焚博士官所藏。其实郑樵误读《史记》文句，故有此说。《史记》载李斯奏云："臣请：史官，非秦记皆烧之；非博士官所职，天下敢有藏《诗》、《书》、百家语者，悉诣守、尉杂烧之。"此文本应读："天下敢有藏《诗》、《书》、百家语非博士官所职者。"何以知之？以李斯之请烧书，本为反对博士淳于越。岂有民间不许藏《诗》《书》而博士反得藏之之理？《叔孙通传》："陈胜起山东，二世召博士诸生问曰：'楚戍卒攻蕲入陈，于公如何？'博士诸生三十余人前曰：'人臣无将，将即反，罪死无赦，愿陛下急发兵击之。'二世怒，作色，叔孙通前曰：'诸生言皆非也。明主在其上，法令具于下，人人奉职，四方辐辏，安敢有反者？此特群盗鼠窃狗盗耳。'二世喜曰：'善。'令御史案诸生言反者下吏，曰：'非所宜言。'"今案"人臣无将"二语，见《公羊传》，于时《公羊》尚未著竹帛，然犹以"非所宜言"得罪，假如称引《诗》《书》，其罪不更重哉！李斯明言："有敢偶语《诗》《书》者弃市。"如何博士而可藏《诗》《书》哉（李斯虽奏偶语《诗》《书》者弃市，然其谏二世有曰："放弃《诗》《书》，极意声色，祖伊所以惧也。"此李斯前后相背处）。郑樵误读李斯奏语，乃为妄说，以归罪于项羽。近康有为之流，采郑说而发挥之，遂谓秦时六经本未烧尽，博士可藏《诗》《书》，伏生为秦博士，传《尚书》二十九篇，以《尚书》本只有二十九篇故（《新学伪经考》主意即此），二十九篇之外，皆刘歆所伪造。余谓《书序》本有《汤诰》，壁中亦有《汤诰》原文，载《殷本纪》中。如谓二十九篇之外，皆是刘歆所造，则太史公焉得先采之？于是崔适谓《史记》所载不合二十九篇者，皆后人所加（《史记探源》如此说）。由此说推之，凡古书不合己说者，无一不可云伪造：即谓尧、舜是孔子所伪造，孔子是汉人所伪造，秦皇焚书之案，亦汉人所伪造，迁、固之流，皆后人所伪造，何所不可？充类至尽，则凡非目见而在百年以外者，皆不可信。凡引经典以古非今者，不必焚其书而其书自废。呜呼！孰料秦火之后，更有灭学之祸什佰于秦火者耶？

（四）汉今、古文之分。汉人传《书》者，伏生为今文，孔安国为古文，此人人所共知。《史记·儒林传》云："伏生故为秦博士，孝文时，欲求能治《尚书》者，天下无有，乃闻伏生能治，欲召之。时伏生年九十余，老不能行，于是乃诏太常使掌故晁错往受之。秦时焚书，伏生壁藏之。其后，兵大起，流亡。汉定，伏生求其书，亡数十篇，独得二十九篇，即以教于齐鲁之间。"其叙《尚书》源流彰明如此，可知伏生所藏，原系古文，无所谓今文也，且所藏不止二十九篇，其余散失不可见耳。晁错本法吏，不习古文，伏生之徒张生、欧阳生辈，恐亦非卓绝之流，但能以隶书迻写而已，以故二十九篇变而为今文也。其后刘向以中古文校伏生之《书》，《酒诰》脱简一，《召诰》脱简二，文字异者七百有余。文字之异，或由于张生、欧阳生等传写有误，脱简则当由壁藏断烂，然据此可知郑樵、康有为辈以为秦火不焚博士之书之谬。如博士之书可以不焚，伏生何必壁藏之耶？

《儒林传》称伏生得二十九篇，而刘歆《移让太常博士》云："《泰誓》后得，博士集而赞之。"又，《论衡·正说篇》云："孝宣皇帝时，河内女子发老屋，得逸《易》《礼》《尚书》各一篇，奏之。宣帝下示博士，然后《易》《礼》《尚书》各益一篇。而《尚书》二十九篇始定。”然则，伏生所得本二十九篇乎？抑二十八篇乎？余谓太史公已明言二十九篇，则二十九篇之说当可信。今观《尚书大传》有引《泰誓》语，《周本纪》《齐世家》亦有之。武帝时董仲舒、司马相如、终军辈，均太初以前人，亦引《泰誓》，由此可知伏生本有二十九篇，不待武帝末与宣帝时始为二十九篇也。意者伏生所传之《泰誓》，或脱烂不全，至河内女子发屋，才得全本。今观汉、唐人所引，颇有出《尚书大传》外者，可见以河内女子本补之，《泰誓》始全也。马融辈以为《左传》《国语》《孟子》所引，皆非今之《泰誓》。《泰誓》称白鱼跃入王舟、火流为乌，语近神怪，以此疑今之《泰誓》。然如以今之《泰誓》为伏生所伪造，则非也。河内女子所得者，秦以前所藏，亦非伪造。以余观之，今之《泰誓》，盖当时解释《泰誓》者之言。《周语》有《泰誓故》，疑伏生所述，即《泰誓故》也。不得《泰誓》，以《泰誓故》补之，亦犹《考工记》之补《冬官》矣。然《泰誓》之文，确有可疑者。所称八百诸侯，不召自来、不期同时、不谋同辞，何其诞也？武王伐纣，如有征调，当先下令。不征调而自来，不令而同时俱至，事越常理，振古希闻。据《乐记》孔子与宾牟贾论大武之言曰：“久立于缀，以待诸侯之至也。”可见诸侯毕会，亦非易事，焉得八百诸侯，同时自来之事耶？此殆解释《泰誓》者张大其辞，以耸人听闻耳。据《牧誓》，武王伐纣，虽有友邦冢君，然誓曰：“逖矣，西土之人！”可知非西土之人，武王所不用也。又曰庸、蜀、羌、髳、微、卢、彭、濮人。庸、蜀、羌、髳、微、卢、彭、濮，均在周之南部，武王但用此南部之人，而不用诸侯之师者，以庸、蜀之师本在西方，亲加训练，而东方诸侯之师，非其训练者也。所以召东方诸侯者，不过壮声势、扬威武而已（此条马融疑之，余亦以为可疑）。又，观兵之说，亦不可信。岂有诸侯既会，皆曰可伐，而武王必待天命，忽然还师之理乎？是故，伏生《泰誓》不可信。若以《泰誓故》视之，亦如《三国志注》采《魏略》《曹瞒传》之类，未始可不为参考之助也。《泰誓》亦有今古文之别。“流为乌”，郑注：古文乌为雕。盖古文者河内女子所发，今文者伏生所传也（此古文非孔壁所得）。伏生发藏之后，张生、欧阳生传之。据《史记·娄敬传》，高帝时，娄敬已引八百诸侯之语。又，《陆贾传》称陆生时时前称说《诗》《书》，可见汉初尚有人知《尚书》者。盖娄敬、陆贾早岁诵习而晚失其书，故《儒林传》云“孝文时求为《尚书》者，天下无有”。“无有”者，必无其书耳。然《贾谊传》称谊年十八，以能诵《诗》属《书》闻于郡中。其时在文帝之前。《诗》本讽诵在口，《尚书》则必在篇籍矣。可知当时传《书》者不仅伏生一人，特伏生为秦博士，故著名尔。

《尚书》在景帝以前，流传者皆今文。武帝初，鲁恭王坏孔子宅，得《古文尚书》，孔安国献之（据《史记》《汉书》及《说文序》所引，所得不止《尚书》一种）。孔安国何以能通《古文尚书》？以其本治《尚书》也。伏生传《书》之后，未得壁经之前，《史记》称鲁周霸、孔安国，洛阳贾嘉，颇能言《尚书》事（孔安国、周霸，皆申公弟子。申公之治《尚书》，于此可见。贾谊本诵《诗》《书》，故其孙嘉亦能治《尚书》），孔安国为博士，以书教授。倪宽初受业于欧阳生，后又受业于安国。所以然者，以欧阳生本与孔安国不同耳。倪宽之徒，为欧阳高、大小夏侯。欧阳、大小夏侯三家本之倪宽，而倪宽本之孔安国。孔安国非本之伏生，则汉之所谓《今文尚书》者，名为伏生所传，实非伏生所传也。

三家《尚书》亦有孔安国说。今谓三家悉本伏生，未尽当也。

《今文尚书》之名见称于世，始于三国，而非始于汉人。人皆据《史记·儒林传》“孔氏有《古文尚书》，而安国以今文读之”一语，谓孔安国以《今文尚书》翻译古文。此实不然。《汉书》称孔安国“以今文字读之”，谓以隶书读古文耳。孔安国所得者为五十八篇，较伏生二十九篇分为三十四篇者，实多二十四篇。二十四篇中《九共》九篇，故汉人通称为十六篇。孔安国既以今文字读之，而《史记》又谓《逸周书》得十余篇，《尚书》兹多于是。可知孔安国非以伏生之《书》读古文也。盖汉初人识古文者犹多，本不须伏生之《书》对勘也。

孔安国之《书》授都尉朝，都尉朝授胶东庸生，庸生授胡常，常授徐敖，敖授王璜、涂恽。自孔至王、涂凡五传。王、涂至王莽时，《古文尚书》立于学官。涂传东汉贾徽。太史公从孔安国问，《汉书》称迁书载《尧典》《禹贡》《洪范》《微子》《金縢》诸篇多古文说。然太史公所传者，不以伏生之《书》为限。故《汤诰》一篇，《殷本纪》载之。

哀帝时，刘歆欲以《古文尚书》立学官，博士不肯（博士抱残守缺，亦如今之教授已不能讲，不愿人讲也），歆移书让之。王莽时，乃立于学官。莽败，说虽不传，《书》则具存。盖古文本为竹简，经莽乱而散失。其存者唯传抄本耳。东汉杜林，于西州（天水郡，今甘肃秦州）得漆书一篇，林宝爱之，以传卫宏、徐巡（杜林所得必为王莽乱后流传至天水郡者。其后，马、郑犹能知逸《书》篇数。郑玄、许慎亦能引之者，盖传写犹可见，而真本则已亡矣），后汉讲古文者自此始（杜林非由孔安国直接传授，早岁学于张敞之孙张竦。林之好古文，盖渊源于张氏）。

其后，马融、郑玄注《尚书》，但注伏生所有，不注伏生所无，于孔安国五十八篇不全治。马融受之何人不可知，唯贾逵受《书》于父徽，逵弟子许慎作《说文解字》。是故，《说文》所称《古文尚书》，当较马、郑为可信。然其中亦有异同。今欲求安国正传，唯《史记》耳。《汉书》云，迁书《尧典》五篇为古文说，然《五帝本纪》所载《尧典》与后人所说不同。所以然者，杜林所读与孔安国本不甚同也。《说文》"圛"下称"《尚书》曰：'圛圛升云，半有半无。'"据郑玄注称《古文尚书》以弟为圛，而《宋微子世家》引《洪范》"曰雨、曰济、曰涕"，字作涕。是太史公承孔安国正传，孔安国作涕，而东汉人读之为圛，恐是承用今文，非古文也。自清以来，治《尚书》者皆以马、郑为宗，段玉裁作《古文尚书撰异》，以为马、郑是真古文，太史公是今文。不知太史公之治古文，《汉书》具有明文。以马、郑异读，故生异说耳。

古文家所读，时亦谓之古文。此义为余所摘发。治古文者，不可不知。盖古文家传经，必依原本抄写一通，马融本当犹近真，郑玄本则多改字。古文真本，今不可见，唯有《三体石经》，尚见一斑。《三体石经》为邯郸淳所书，淳师度尚，尚治《古文尚书》。邯郸淳之本，实由度尚而来。据卫恒《四体书势》称，魏世传古文者，唯邯郸淳一人。何以仅得邯郸淳一人，而郑玄之徒无有传者？盖郑玄晚年，书多腐敝，不得于礼堂写定，传与其人。故传古文者，仅一邯郸淳也。今观《三体石经》残石，上一字为古文，中一字为篆文，下一字为隶书。篆书往往与上一字古文不同，盖篆书即古文家所读之字矣。例如《三体石经·无逸篇》"中宗"之"中"，上一字为"中"，下一字为"仲"，此即古文家读"中，仲也"。考《华山碑》，亦称宣帝为仲宗。欧阳修疑为好奇，实则汉人本读“中”为“仲”也。

今文为欧阳、大小夏侯三家，传至三国而绝。然蔡邕《熹平石经》犹依今文。今欲研究今文，只可求之《汉书》《后汉书》及汉碑所引。然汉碑所引，恐亦有古文在。

（五）东晋古文。今之《尚书》，乃东晋之伪古文（据《尚书正义》引《晋书》，定为郑冲所作），以马、郑所有者分《尧典》为《舜典》（《舜典》，《书序》中本有），更分《皋陶谟》为《益稷》，又改作《泰誓》，此外又伪造二十五篇。不但伪造经，且伪造传（亦称孔传）。自西晋开始伪造以后，更四十余年，至东晋梅赜始献之。字体以古文作隶书，名曰隶古定。人以其多古字，且与《三体石经》相近，遂信以为真孔氏之传，于是众皆传之。甚至孔颖达作《尚书正义》，亦以马、郑为今文矣。

梅赜献书之时，缺《舜典》一篇，分《尧典》“慎徽五典”以下为《舜典》之首。至齐建武四年姚方兴献《舜典》，于“慎徽五典”之上加“曰：若稽古，帝舜”等十二字。而梁武帝时为博士，议曰：“孔序称伏生误合五篇，皆文相承接，所以致误。”《舜典》首有“曰若稽古”，伏生虽昏耄，何容合之？遂不行用。然其后江南皆信梅书，唯北朝犹用郑本耳。隋一天下，采南朝经说，乃纯用东晋古文，即姚方兴十二字本也。其后又不知如何增为二十八字，今注疏本是已。

东晋古文，又有今文、古文之分，以隶古定传授不易，故改用今文写之。传之者有范宁等。唐玄宗时，卫包以古文本改为今文，用隶书写之，唐石经即依是本。然《经典释文》犹未改也（宋开宝初始改）。唐、宋间亦多有引《古文尚书》者，如颜师古之《匡谬正俗》，玄应之《一切经音义》，郭忠恕之《汗简》，徐锴之《说文系传》

皆是。宋仁宗时，宋次道得《古文尚书》，传至南宋，薛季宣据以作训。而段玉裁以为宋人假造，然以校《汗简》及足利本《尚书》，均符合。要之，真正古文，唯《三体石经》可据。东晋古文则以薛季宣本、敦煌本、足利本为可据耳。

（六）明清人说《尚书》者。明正德时，梅鷟始攻东晋古文之伪。梅鷟之前，吴棫、朱嘉亦尝疑之，以为岂有古文反较今文易读之理？至梅鷟出，证据乃备（梅鷟不信孔安国得《古文尚书》，以为东晋古文即成帝时张霸伪造之百两篇，然校《汉书》原文，可知其误。张霸之百两篇，分析众篇，略加首尾而已。东晋古文，非从二十九篇分出，自非张霸本也。此梅鷟之误）。清康熙时，阎若璩作《古文尚书疏证》，始知郑康成《尚书》为真本。阎氏谓《孟子》引"父母使舜完廪"一段为《舜典》之文，此说当确。惠栋《古文尚书考》，较阎氏为简要。其弟子江声（艮庭）作《尚书集注音疏》，于今文、古文不加分别。古文"钦明文思安安"，今文作"钦明文塞宴宴"，东晋古文犹作"钦明文思安安"，江氏不信东晋古文，宁改为"文塞宴宴"。于是王鸣盛（西庄）作《尚书后案》，一以郑康成为主。所不同者，概行驳斥。虽较江为可信，亦非治经之道。至孙星衍作《尚书今古文注疏》，古文采马、郑本，今文采两《汉书》所引。虽优于王之墨守，然其所疏释，于本文未能联贯。盖孙氏学力有余，而识见不足，故有此病。今人以为孙书完备，此亦短中取长耳。要之，清儒之治《尚书》者，均不足取也。今文家以陈寿祺、乔枞父子为优。凡汉人《书》说，皆入网罗，并不全篇下注，亦不问其上下文义合与不合。所考今文，尚无大谬。其后魏源（默深）作《书古微》，最为荒谬。魏源于陈氏父子之书，恐未全见，自以为采辑今文，其实亦不尽合。源本非经学专家，晚年始以治经为名，犹不足怪。近皮锡瑞所著，采陈氏书甚多。陈氏并无今古是否之论，其意在网罗散失而已。皮氏则以为今文皆是，古文皆非。其最荒谬者，《史记》明引《汤诰》（在伏生二十九篇之外），太史公亦明言“年十岁，诵古文”，而皮氏以为此所谓古文，乃汉以前之书，非《古文尚书》也。此诚不知而妄作矣。古文残阙，《三体石经》存字无几，其他引马、郑之言，亦已无多，然犹有马、郑之绪余在。今日治《书》，且当依薛季宣《古文训》及日本足利本古文，删去伪孔所造二十五篇，则本文已足。至训释一事，当以“《古文尚书》，读应《尔雅》”一言为准。以《尔雅》释《书》，十可得其七八，斯亦可矣。王引之《经义述闻》，解《尚书》者近百条；近孙诒让作《尚书骈枝》，亦有六七十条，义均明确，犹有不合处。余有《古文尚书拾遗》，自觉较江、王、孙三家略胜。然全书总未能通释，此有待后贤之研讨矣。

古人有言：“昔吾有先正，其言明且清。”训诂之道，虽有古今之异，然造语行文，无甚差池，古人决不至故作不可解之语。故今日治《书》，当先求通文理。如文理不通，而高谈微言大义，失之远矣。不但治经如此，读古书无不如此也。

五、诗经

《虞书》曰：“诗言志，歌永言，声依永，律和声。”先有志而后有诗。诗者，志之所发也。然有志亦可发为文。诗之异于文者，以其可歌也。所谓“歌永言”，即诗与文不同之处。永者，延长其音也。延长其音，而有高下洪纤之别，遂生宫、商、角、徵、羽之名。律者，所以定声音也。既须永言，又须依永，于是不得不有韵（急语无收声，收声即有韵，前后句收声相同即韵也）。诗之有韵，即由“歌永言”来。

《虞书》载“元首明哉！股肱良哉！庶事康哉”“元首丛脞哉！股肱惰哉！万事堕哉”二歌。可见尧、舜时已有诗。《尚书大传》有《卿云之歌》，汉初人语未必可信。《乐记》云：“舜作五弦之琴以歌南风。”今所传《南风歌》出王肃《家语》，他无所见，亦不可信。唐、虞之诗，要以二《典》所载为可信耳。郑康成《诗谱序》云：“有夏承之，篇章泯弃，靡有孑遗。”而今《尚书》载《五子之歌》，可知其为晋人伪造也。《诗谱序》又云：“降及商王，不风不雅。”此谓商但有《颂》，《风》《雅》不可见矣。《周礼·太师》：“教六诗：曰风，曰赋，曰比，曰兴，曰雅，曰颂。”赋、比、兴与风、雅、颂并列，则为诗体无疑。今《毛传》言兴者甚多，恐非赋、比、兴之兴耳。赋体后世盛行。《毛传》以升高能赋为九能之一，谓之德音。周末屈原、荀卿俱有赋。赋既在风、雅、颂之外，比、兴当亦若是。唯孔子删《诗》，存风、雅、颂而去赋、比、兴。《郑志》答张逸问：“赋、比、兴，吴札观诗已不歌。”盖不歌而诵谓之赋。赋不可歌，与风、雅、颂异，故季札不得闻也（比、兴不知如何）。赋、比、兴之外，又有《九德之歌》。《左传》郤缺曰：“九功之德，皆可歌也，谓之九歌。六府三事，谓之九功。水、火、金、木、土、谷，谓之六府；正德、利用、厚生，谓之三事。”合之为十五种。今《诗》仅存风、雅、颂三种。

《诗大序》：“风，风也”“雅，正也”“颂者，美盛德之形容，以其成功告于神明者也”。风有讽谕之义；雅之训正，读若《尔雅》之“雅”；然风、雅、颂之“雅”，恐本不训“正”。《说文》：

“疋，古文以为《诗·大雅》字。”一曰，疋，记也。疋即今疏字，然则诗之称疋，纪事之谓，亦犹后世称杜工部诗曰诗史。故《大雅》《小雅》无非纪事之诗，或谓雅即雅乌。孔子曰：“乌，盱呼也。”李斯《谏逐客书》：“击瓮叩缶，弹筝搏髀，而歌呼呜呜快耳者，真秦之声也。”杨恽《报孙会宗书》：“家本秦也，能为秦声”，“仰天抚缶而呼呜呜”。秦本周地，故大、小雅皆以“雅”名（所谓乌乌秦声者，即今之梆子腔也）。此亦可备一说。余意《说文》训疋为记，乃雅之正义，以其性质言也；雅、乌可为雅之别一义，以其声调言也。至正之一训，乃后起之义。盖以雅为正调，故释之曰正耳。

《诗》以四言为主，取其可歌，然亦有二言、三言以至九言者，唯不多见耳。今按“肇禋”，二言也；“泂酌彼行潦，挹彼注兹”，九言也。一言太短，不可以歌，故《三百篇》无一言之诗。然梁鸿《五噫歌》曰：“陟彼北芒兮，噫！顾览帝京兮，噫！宫室崔嵬兮，噫！人之劬劳兮，噫！辽辽未央兮，噫！”则一言未始不可成句，或者《三百篇》中偶然无一言之句耳。非一言之句必不可歌也。

《诗经》而后，四言渐少。汉世五言盛行，唐则七言为多。八言、九言，偶一为之，三言唯汉《郊祀歌》用之。六言亦不多见。《汉书》所录汉人四言之作，有韦孟《谏诗》一首，《在邹诗》一首，韦玄成《自责诗》一首、《戒子孙诗》一首，西汉所作，传于世者，尽于此矣。魏武帝作《短歌》，犹用四言，虽格调有异《诗经》，然犹有霸气。至《文选》所录魏、晋间四言之作，语多迂腐。自是之后，四言衰歇，五言盛行。李白谓：“兴寄深微，五言不如四言，七言尤其靡也。”然所作《雪谗诗》讥刺杨妃，有乖敦厚之义，或故为大言以欺人耳。又杂言一体，《诗经》所有，汉乐府往往用之，唐人歌行亦用之。

夫抒写性情，贵在自由，不宜过于拘束，如必句句字数相同，或不能发挥尽致。故杂言之作，未为不可。今人创新体诗，以杂言为主，可也，但无韵终不成诗耳。（以上论《诗》之大概。）

太史公谓古诗三千余篇，盖合六诗、九德之歌言之。孔子删《诗》，仅取三百余篇。盖以古诗过多，不能全读，故删之尔，未必其余皆不足观也。或谓孔子删《诗》与昭明之作《文选》有异，余意不然。《文选》为总集，《诗经》亦总集，性质正复相似，所谓“自卫反鲁，然后乐正，《雅》《颂》各得其所”，决非未正以前，《雅》入《颂》、《颂》入《雅》也。《雅》主记事，篇幅舒长；《颂》主赞美，章节简短。但观形式，已易辨别。且其声调又不同，何至相乱，或次序颠倒，孔子更定之耳。

《风》《雅》有正、变（盛周为正，衰周为变），《颂》无正、变，因《风》《雅》有美有刺，《颂》则有美无刺也。《鲁语》闵马父之言曰：“昔正考父校商之名颂十二篇于周太师，以《那》为首。”今《商颂》仅存五篇，其余七篇，或孔子时而已佚矣。据今《商颂》，有商初所作，亦有武丁时所作，而《周颂》皆成王时诗，后则无有。《孟子》曰：“由汤至于武丁，贤圣之君六七作。”故颂声未息，周则成王以后无贤圣也。或以《鲁颂》为僭天子之礼。若然，孔子当屏而不录。孔子录之，将何以说？案，《周官·籥章》：“吹豳诗以逆暑迎寒，吹豳雅以乐田畯，吹豳颂以息老物。”同为《七月》之诗，而风、雅、颂异名者，歌诗之时，其声调三变尔。《豳风》非天子之诗，而可称“颂”，则《鲁颂》称“颂”而孔子录之，无可怪也。今观《泮水》《閟宫》之属，体制近雅而不近颂，若以雅为称，则无可讥矣。

《史记·孔子世家》称："三百五篇，孔子皆弦歌之，以求合《韶》《武》《雅》《颂》之音。"然则，今之《诗经》在孔子时无一不可歌也。《汉书·礼乐志》云："河间献王献雅乐，天子下大乐官常存肄之。"是其乐谱尚在。后则可歌者，唯《鹿鸣》《伐檀》等十二篇耳。近人以《鹿鸣》《伐檀》等谱一字一声，无抑扬高下之音，疑为唐人所作。然一字一声，不但《诗经》为然，宋词亦然。姜夔、张炎之谱可证也。一字之谱多声，始于元曲，古人未必如是。孔子曰："放郑声。"又曰："恶郑声之乱雅乐。"汉儒解"郑声"以为烦手踯躅之声。张仲景《伤寒论》云："实则谵语，虚则郑声。郑声者，重语也。"可见汉人皆读"郑"为郑重之"郑"。"郑声"即一字而谱多声之谓。唐人所重十二诗之谱，一字一声，正是雅乐，无可致疑。（以上论《诗》之可歌。）

《诗》以口诵，至秦未焚。汉兴有齐、鲁、毛、韩四家；齐、鲁、韩三家无笙诗，为三百五篇；毛有笙诗，为三百十一篇。笙诗有其义而亡其辞，则四家篇数本相同也（笙诗六篇，殆如今之乐曲，有声音节奏而无文词）。所不同者，《小雅》"彼都人士，狐裘黄黄，其容不改，出言有章，行归于周，万民所望"数句，三家所无，而毛独有；此其最著者也。其余文字虽有异同，不如《尚书》今古文之甚。以《诗》为口诵，故无形近之讹耳。

《鲁诗》出自浮丘伯，申公传之。鲁人所传，故曰《鲁诗》。《齐诗》传自辕固生，齐人所传，故曰《齐诗》。《韩诗》传自韩婴，据姓为称，故曰《韩诗》。齐、韩二家，当汉景帝时，在《鲁诗》之后。《毛诗》者，毛公所传，故曰《毛诗》。相传毛公之学出自子夏，三国时吴徐整谓子夏授高行子，高行子授薛仓子，薛仓子授帛妙子，帛妙子授河间人大毛公，毛公为《诗故训传》于家，授赵人小毛公，小毛公为河间献王博士。而陆玑则谓子夏传曾申，申传魏人李克，李克传鲁人孟仲子，孟仲子传根牟子，根牟子传赵人孙卿子，孙卿子传鲁人大毛公。由徐整之说，则子夏五传而至大毛公；由陆玑之说，则子夏七传而至大毛公。所以参差者，二家之言，互有详略耳（大毛公名亨，小毛公名苌，今之《诗传》乃大毛公所作，当称《毛亨诗传》，而世皆误以为毛苌，不可不正也）。

《毛诗·丝衣序》引高子曰："灵星之尸也。"《维天之命》传引孟仲子曰："大哉天命之无极，而美周之礼也。"《閟宫》传引孟仲子曰："是禖宫也。"高子、孟仲子并见《孟子》七篇中。或疑高子即高行子。高行子为子夏弟子，不当与孟子同时。然赵岐注云："高子年长，或高叟即高行子矣。"赵注又云："孟仲子，孟子之从昆弟，学于孟子者也。"然则孟子长于《诗》《书》，故高子、孟仲子之说皆为毛公所引。

《汉书·艺文志》谓："齐、鲁、韩三家，咸非《诗》之本义，与不得已，鲁最为近之。"又云："毛公之学，自谓子夏所传。"据此，知向、歆父子不信三家诗说。歆让太常博士，欲以《毛诗》立学官，而《七略》不称《毛诗》之优。今观四家之异同，其优劣可得而言。太史公言《关雎》之乱以为《风》始，《鹿鸣》为《小雅》始，《文王》为《大雅》始，《清庙》为《颂》始。其言与《诗大序》"《关雎》，风之始也"语同。《诗大序》但举《雅》《颂》之名，而不言《鹿鸣》为《小雅》始、《文王》为《大雅》始、《清庙》为《颂》始，但云"是谓四始，《诗》之至也"者，盖由"《关雎》，《风》

之始也”一语，可以类推其余耳。郑康成云：“始者，王道兴衰之所由。”余谓毛意同史公，史公所引，多本《鲁诗》。《毛诗》传至荀子，《鲁诗》亦传自荀子，此其所以符合也。

《齐诗》与《鲁》《毛》全异，萧望之、翼奉、匡衡同事后苍，治《齐诗》。翼奉有五际、六情之语，不及四始。《诗纬·泛历枢》称四始有水、木、火、金之语。谓《大明》水始，《四牡》木始，《嘉鱼》火始，《鸿雁》金始，其言甚不可解，恐东汉人所造，非《齐诗》本义。匡衡上书称孔子论《诗》以《关雎》为始，此言与《毛传》相同，并无水、木、火、金之语。可知《泛历枢》为后人臆说也。衡奏议平正，奉则有怪诞之语，虽与衡同师，而别有发明矣。如以水、木、火、金说四始，则《齐诗》竟是神话。四始为《诗》之大义，而《齐诗》之说如此，以此知齐之不逮毛、鲁远也。然匡衡说《诗》，亦有胜于鲁、韩者。《鲁诗》说周道缺，诗人本之衽席，《关雎》作。《齐诗》亦谓周康王后佩玉晏鸣，《关雎》叹之。匡衡上书，乃谓《周南》《召南》，被贤圣之化深，故笃于行，而廉于色，此非以《关雎》为刺诗矣。盖《齐诗》由辕固数传而至后苍。苍本传《礼》。《乡饮酒礼》：“合乐《周南·关雎》《葛覃》《卷耳》。”《燕礼》：“歌乡乐《周南·关雎》《葛覃》《卷耳》。”《仪礼》，周公所定，已有《周南·关雎》，知《关雎》非康王时毕公所作。匡衡师事后苍，故其说《诗》，长于鲁、韩也。

齐、鲁、韩三家诗序不传，而毛序全存。如《左传》隐三年：“卫庄公娶于齐东宫得臣之妹曰庄姜，美而无子，卫人所为赋《硕人》也。”闵二年：“郑人恶高克，使帅师次于河上，久而弗召，师溃而归，高克奔陈，郑人为之赋《清人》。”文六年：“秦伯任好卒，以子车氏之三子奄息、仲行、鍼虎为殉，皆秦之良也，国人哀之，为之赋《黄鸟》。”《毛序》所云，皆与《左传》符合，此毛之优于三家者也。又三家诗，皆有怪诞之语，毛则无有。即如“履帝武敏歆”，《尔雅》已有“敏，拇也”之训，而三家说皆谓姜嫄出野见巨人迹，践之身动如孕，而生后稷。《毛传》则以“疾”训“敏”，以帝为高辛氏之帝，从于帝而见于天，将事齐敏，不信感生之说。又如：“赫赫姜嫄，其德不回，上帝是依。”若用感生之说，必谓上帝依姜嫄之身，降之精气，而《毛传》则谓上帝依其子孙。又如：“文王在上，于昭于天，文王陟降，在帝左右。”《毛传》之前，《墨子·明鬼》已引此诗，谓若鬼神无有，则文王既死，岂能在帝之左右哉！而《毛传》则谓文王在民上，文王升接天、下接人，一扫向来神怪之说。盖自荀子作《天论》，谓圣人不求知天，神话于是摧破。《毛诗》为荀卿所传，即此可征。

《大序》，相传子夏所作；《小序》，毛公所作。郑康成之意，谓《小序》发端句，子夏作，其下则后人所益，或毛公作也。今按，《序》引高子曰：“灵星之尸也。”此语自当出子夏之后矣。《卫宏传》有“作诗序”语，故《释文》或云《小序》是东海卫敬仲所作。然卫宏先康成仅百年，如《小序》果为宏作，康成不容不知。由今思之，殆宏别为《毛诗序》，不与此同，而不传于后。或宏撰次诗序于每篇之首，亦通谓之作耳。汉人专说《毛诗》者，今存《郑笺》一种。马融《毛诗传》散佚已久，今可见者，唯《生民篇·正义》所引言帝喾事为最详耳。（以上论三家诗与毛之不同。）

朱晦庵误解“郑声淫”一语，以为郑风皆淫。于是刺忽之诗，皆释为淫奔之作。陈止斋笑晦庵以“彤管”为行淫之具，“城阙”为偷期之所，今《集传》中无此语，盖晦庵自觉其非而删之矣。凡《小序》言“刺”者，晦庵一概目为淫人自道之词。自来淫人自道之词未尝无有，如六朝歌谣之类，恐未可以例《国风》。若《郑风》而为淫人自道之词，显背“无邪”之旨，孔子何以取之？昔昭明编辑《文选》，于六朝狎邪之诗，摈而不录。《高唐》《神女》《洛神》之属，别有托意，故录之（见《葑汉闲话》）。昭明作《陶渊明集序》，谓《闲情》一赋，白璧微瑕。昭明尚然，何况孔子？晦庵之言，亦无知而妄作尔。

自晦庵作《集传》，说《诗》之风大变。清陈启源作《毛诗稽古编》，反驳晦庵，其功不可没（吕东莱作《读诗记》，不以晦庵为然。晦庵好胜，谓东莱为毛、郑之佞臣）。后之治《毛诗》者，桐城马瑞辰作《毛诗传笺通释》，泾县胡承珙作《毛诗后笺》，长洲陈奂作《诗毛氏传疏》。马氏并重《传》《笺》，胡氏从《传》而不甚从《笺》，陈氏则全依《毛传》。治三家诗者（《齐诗》亡于三国；《鲁诗》亡于永嘉之乱；《韩诗》唐代犹存，今但存《外传》而已。三家至宋全亡。如三家诗不亡，晦庵作《集传》当不至荒谬如此），王应麟后，清有陈寿祺、乔枞父子。乔枞好为牵附，谓《仪礼》引《诗》，皆《齐诗》说；又谓《尔雅》为《鲁诗》之学。恐皆未然。要之，陈氏父子，虽识见未足，然网罗放失之功，亦不可没。其后，魏源作《诗古微》，全主三家。三家无序，其说流传又少，合之不过三十篇。谓之“古微”，其实逞臆之谈耳。

今治《诗经》，不得不依《毛传》，以其序之完全无缺也。《诗》若无序，则作诗之本意已不明，更无可说。三家诗序存者无几，无从求其大义矣。戴东原作《毛郑诗考证》，东原长于训诂之学，而信服晦庵，故考证未能全备。东原之外，治《诗》者皆宗《毛传》，陈氏父子，不过网罗放失而已。

六、三礼

《孝经》曰："安上治民，莫善于礼。"《左传》曰："礼，经国家、定社稷、序民人、利后嗣。"今案：《仪礼》与安上治民有关，《周礼》则经国家、定社稷之书也。《周礼》初出曰《周官经》，刘歆始改称《周礼》，然《七略》犹曰《周官》，《汉书·艺文志》仍之。马融训释之作，亦称《周官传》，至郑康成以《周礼》名之，合《仪礼》《小戴记》为"三礼"。"三礼"之名，自郑氏始。今若以《大戴礼》合之，当称"四礼"。称"三礼"者，沿郑氏注也。

贾公彦《序周礼废兴》引马融传，称刘歆末年，知周公致太平之迹具在《周官》。然当时今文家不肯置信，林硕以为黩乱不验之书，何休以为战国阴谋之书。今观《周礼》，知刘歆之言不谬。唯其书非一时一人之作，盖如历代会典，屡有增损（《唐六典》以及明清之《会典》，皆拟《周礼》。《六典》全依《周官》，《会典》虽稍异，然行文多模仿之迹，此亦有关文体。不学《周礼》，则官制说不清楚。亦如后之律书必拟汉律也）。创始之功，首推周公，增损之笔，终于穆王耳。今《逸周书》有《职方篇》，为穆王时作，而其文见于《周礼·夏官》，知周公以后、穆王以前，《周礼》一书，时有修改。穆王以后，则未见修改之迹也。何以言之？曰：《周礼》司刑掌五刑之法，墨罪五百、劓罪五百、宫罪五百、刖罪五百、杀罪五百，合二千五百条；而穆王作《吕刑》，称五刑之属三千，较《周礼》多五百条。《吕刑》

别行，以此知穆王晚年，已不改《周礼》也。《左传》子革曰："昔穆王欲肆其心，周行天下，将皆必有车辙马迹焉。"今《穆天子传》真伪未可知。然穆王好大喜功，观《职方氏》一篇可知也。《职方氏》言中国疆域，东西南北相距万里。方千里曰王畿，其外方五百里曰侯服，又其外方五百里曰甸服，又其外方五百里曰男服，又其外方五百里曰采服，又其外方五百里曰卫服，又其外方五百里曰蛮服（又称要服），又其外方五百里曰夷服，又其外方五百里曰镇服，又其外方五百里曰藩服。依此推算，自王城至藩服之边，东西南北均五千里，为方万里，积一万万方里。蛮服以内为九州，以外为蕃国。九州以内，方七千里，积四千九百万方里。非穆王之好大，何以至此？《康诰》曰："周公初基作新大邑于东国洛，四方民大和会，侯、甸、男、邦、采、卫。"是周公作洛时，无所谓要服。《康王之诰》称庶、邦、侯、甸、男、卫，亦无要服。不特此也，汉人迷信《王制》，《王制》曰："凡四海之内九州，州方千里。"郑注云："大界方三千里，三三而九，方千里者九也。其一为县内，余八各立一州，此殷制也。"余谓夏制不可知，殷制则不止方三千里。《酒诰》曰："自成汤咸至于帝乙，越在外服，侯、甸、男、卫、邦伯，罔敢湎于酒。"是周初之制与商制无甚差异，皆侯、甸、男、采、卫五等，无所谓要服也。要服本为蛮服，不在九州之内。穆王好大喜功，故《职方》之言如此。《大行人》朝贡一节，与《职方氏》相应，当亦穆王所改。若巾车掌公车之政令、革路以封四卫、木路以封蕃国。可见周初疆域，至卫服而止，无所谓要服，此穆王所未改者也。夷、镇、藩三服，地域渺茫，叛服不常，安知其必为五百里？要服去王城三千五百里，东西七千里，九州之大，恐无此数。今中国本部，最北为独石口，当北纬四十一度半；极南至于琼州，当北纬十八度。其中南北相去二十三度半，为里四千七百。周尺今不可知，若以汉尺作准，汉尺存者有虑虒尺，虑虒尺一尺，合清营造尺七寸四分，尺度虽古今不同，里法则古今不异。古之五服六千里，以七四比之，当四千四百四十里，与今四千七百里不甚相远。穆王加要服为七千里，以今尺计之，则为五千一百八十里，较今长三四百里，此由今中国本部，北至独石口，而古者陕西北部之河套亦隶境内（今属绥远），河套之地，于汉为朔方、九原、定襄（朔方正傍黄河，周时"城彼朔方"，此朔方与汉之朔方为近，非唐之朔方也），如并朔方计之，当有五千一百八十里。恐穆王时疆域亦未大于今日也。《汉书·地理志》："郡县北至朔方，南至交趾。"（九真日南即今安南。）而云南北万三千三百六十八里，以今尺七四比之，有九千六百余里。自朔方以至日南，亦无此数。自此以后，言地域者，皆称南北万里、东西九千里。其实中国本部无此数，此后世粗疏，更甚于《周礼》也。测量之不精，自周至明，相差不远，唯周人不甚夸大，汉以后夸大耳。

测量之法，古人未精。西晋裴秀作官图，盖尝测量矣。所以不准者，以不知北极出地之法也。唐贾耽作《华夷图》及关中、陇右、山南、九州等图。至宋，略改郡县之名，刘豫阜昌七年刻之西安，一曰《禹迹图》，一曰《华夷图》，今尚完好。贾耽之作，亦由测量而来，然亦未准者——不知北极出地之法，一也；未免夸大，二也。北极出地之法，周人自未之知，因其不夸大，故所言里数与今相差不远耳。（以上言职方与周初疆域不同，明《周礼》非周公一时之作，周公之后屡有修改。）

管仲治齐，略变《周礼》之法，《小匡篇》及《齐语》并载桓公问为政之道，《管子》称：“昔吾先王昭王、穆王，世法文、武之远绩，以成其名。”《周礼》至穆王乃定，此亦一证。又，《周礼》：萍氏掌国之水禁，几酒、谨酒。其法不甚严厉，其职殆如今卫生警察。如言《周礼》之作在周公时，则萍氏显违《酒诰》之文。《酒诰》曰：“群饮，汝勿佚，尽执拘以归于周，予其杀！”不仅几酒、谨酒而已！此亦可见《周礼》之屡有修改，盖百余年中，不知修改若干次矣。

六官之制，古无异论。清金鹗作《求古录礼说》，言六官之制，实始于周。《曲礼》云：“天子之五官，曰司徒、司马、司空、司士、司寇。”此与《周官》不同，当为殷制。又云：王者设官，所以代天官，故其制必法乎天。三公以法三光，五官以法五行。引《左传》云：“五行之官，是谓五官。木正曰句芒，火正曰祝融，金正曰蓐收，水正曰玄冥，土正曰后土。”明自少皞、颛顼以来皆五官。余谓少皞、颛顼之制，确为五官，前乎此则未可知。至商，恐已六官矣。《曲礼》之言，不知何据。郑注《礼记》，凡与《周礼》不合者，皆曰夏殷之制。其实五官是否确为殷制，不可知也。余谓，与其据《曲礼》，不如据《论语》。《论语》云：“君薨，百官总己以听于冢宰，三年。”“何必高宗？古之人皆然。”此所谓冢宰，当如《周官》之冢宰，为六官之首。否则，百官何以听之？冢宰于《周礼》曰太宰。太宰之名，不见虞、夏之书，殆起于商。《说文》云：“宰，罪人在屋下执事者；从宀从辛，辛，罪也。”具食之官，见于《左传》者曰宰夫，或曰膳宰。《汉书》有雍太宰，为五时具食之官。宰本罪人之称，庖人具食，事近奴隶，故以宰为名。然太宰、小宰，位秩俱隆，而贻被宰名，当自伊尹始。《吕览·本味篇》称伊尹说汤以至味，极论水火调剂之事，周举天下鱼肉菜果之美，而结之曰：天子成则至味具。《史记·殷本纪》亦谓伊尹欲干汤而无由，乃为有莘氏媵臣，负鼎俎以滋味说汤，致于王道。二家之说与《孟子》“伊尹以割烹要汤”符合。据《文选》李善注引《鲁连子》曰：“伊尹负鼎佩刀以干汤，得意，故尊宰舍。”盖伊尹参与帷幄之谋，权势虽尊，本职则卑。后以其功高，而尊宰舍，故有太宰、冢宰之名耳。又《商颂》称伊尹为阿衡，《周书》曰保衡。保阿，女师也。阿，《说文》作娿，在女子曰保阿，在男子亦曰阿衡、保衡，其为媵同也。伊尹为媵臣，故尊保阿；伊尹为庖人，故尊宰舍。此说虽为孟子所不信，然其为实事至明。周因殷礼，故设太宰之官。今观太宰所属之官，与清之内务府不远。唯司会掌邦之六典、八法、八则之贰，以逆邦国都鄙官府之治；太府掌九贡、九赋、九功之贰，以受其货贿之人，为与国计有关。自余宫殿之官，如宫正之属；禁掖之官，如内宰之属；饮食之官，如膳夫之属；衣服之官，如司裘、掌皮之属；皆清内务府所掌也。周官三百六十，太宰所掌六十，位秩最崇，然治官之属，仅司会、太府为有关于国计者。以太宰本之殷制而来，其本职不过《周礼》膳夫、内宰二官。由饮食而兼司衣服，由禁掖而兼司宫殿。是故，周官太宰无所不掌，而属员仍冗官耳。后儒不明此理，谓周公防宦官用事，故立此制。不知宦官用事，必不在贵族执政之世。周公时贵族执政，断无防及刑余擅权之理也（汉、唐、明三代，皆有刑余擅权之事，六朝则无。何则？贵族执政阶级严明，非刑余所得间也）。由此论之，天官冢宰，周袭殷制，后世未必可法。至春官宗伯主祭祀，非今之要职。地官司徒掌地方行政，兼司教育，如今内务、教育两部。夏官司马掌行军用兵，如今军政部。秋官司寇掌狱讼刑法，如今之司法部。皆立国要典，可资取法者也。（以上论六官之职。）

何以汉儒谓《周礼》为黩乱不验之书也？以汉初经师之说，与《周礼》不同，故排弃之耳。《马融传》云："秦自孝公以下，用商君之法，其政酷烈，与《周官》相反，故始皇禁挟书，特疾恶，欲绝灭之，搜求焚烧之独悉，是以隐藏百年。孝武帝始除挟书之律，开献书之路，既出于山岩屋壁，复入于秘府。五家之儒，莫得见焉。"案：马谓秦烧《周礼》独悉，其言太过。秦所最恶者为《诗》《书》而不及《礼》。孟子曰："诸侯恶其害己也，而皆去其籍。"可见《周礼》自七国时已不甚传。虽以孟子之贤，犹未之见。故其言封建与《周礼》全异（《孟子》言："公、侯皆方百里，伯七十里，子、男五十里。"《周礼》谓公五百里，侯四百里，伯三百里，子二百里，男百里）。汉初儒者未见《周礼》，而孟子之说流传已久，故深信不疑（景帝末年河间献王始得《周礼》，《周礼》未出时，汉儒言封建者皆宗《孟子》，文帝时作《王制》亦采《孟子》为说）。又以贾谊有众建诸侯之论，故虽见《周礼》，亦不敢明说。周之五百里，为今三百七十里，其封域不过江、浙之一道，川、云之一府。汉初王国之广，犹不止此。夏、商二代，封国狭小，故汤之始征，四方风靡，文王伐崇戡黎，为时亦暂。以四邻本非强大，故得指顾而定之也。《逸周书·世俘解》称武王翦商，灭国六百余（孟子言灭国五十），若非小国寡民，安得数月之间灭国六百余乎？周公有鉴于此，故大封宗室，取其均势，以为藩屏。其弊至于诸侯争霸，互相征伐，而天子不能禁。以视武丁朝诸侯、有天下，如运诸掌，本末之势，迥乎不同。由此可知，商代封国尚无五百里之制也。贾谊患诸侯王尾大不掉，故不肯明征《周礼》。唯太史公《汉兴以来诸侯年表》云："封伯禽、康叔于鲁、卫，地各四百里。"《汉书·韩安国传》，王恢与安国论辩，称秦缪公都雍，地方三百里，并与《周礼》相应。盖史公但论史事，王恢不知忌讳，故直举之耳。然《孟子》之言亦未为无据。周之封建，有功者，视其功之高下以为等级，无功则封地狭小。滕、薛皆侯国。滕，周所封；薛，夏所封。考其地不出今薛县一县，犹不及《孟子》所言之“百里”。齐、鲁、卫、燕，亦皆侯国，而封域不止四百里（齐，太公之后；鲁，周公之后；燕，召公之后：功业最高，故封地独大。卫包邶、鄘、卫三国，殷畿千里，皆为卫有）。盖于鲁、卫为褒有德；于齐、燕为尊勤劳。其地皆去周远，亦所以固吾圉也。以此知五百里、四百里之制，不过折中言之，非不可斟酌损益也。明乎此义，则可知《周礼》非黩乱不验之书矣。至谓《周礼》为六国阴谋之书者，汉人信《孟子》，何休专讲《公羊》，故有此言耳。

后之论者，以王莽、王安石皆依《周礼》施政而败，故反对《周礼》。余谓二王致败之由在不知《周礼》本非事事可法，只可师其意，而不可袭其迹。西汉之末，家给人足，天下艾安。莽之变法，可谓庸人扰之。宋神宗时，国势虽衰，民犹安乐，安石乃以变风俗、立法度为急，而其法又主于聚敛，宜其败矣。宇文周时关陇残破，苏绰为六条诏书奏施行之：曰先治心，曰敦教化，曰尽地利，曰擢贤良，曰恤狱讼，曰均赋役。盖亦以《周礼》为本，终能斫雕为朴，变奢从俭。隋及唐初，胥蒙其福。贞观之治，基础于此。夫变法之道，乱世用之则治，治世用之则乱。况《周礼》不尽可为后世法乎？陈止斋、叶水心尊信《周礼》，当南宋残破之时而行《周礼》，或有可致治之理，然不可行之今日。何者？今外患虽烈，犹未成南宋之局，若再变法，正恐治丝而益棼耳。

《中庸》云："礼仪三百，威仪三千。"《礼器》云："经礼三百，曲礼三千。"礼仪、经礼，谓《周礼》也。威仪、曲礼，谓《仪礼》也。《仪礼》篇目不至有三千，故郑康成云：其中事仪三千。然《汉志》言礼自孔子时而不具，《杂记》言恤由之丧，哀公使孺悲之孔子学《士丧礼》，《士丧礼》于是乎书。然则在孔子时，《仪礼》早有亡失。三百、三千云者，约举其大数云尔。

秦燔书后，汉兴，高堂生传《士礼》十七篇，又于孔壁得《礼古经》五十六篇，其十七篇与高堂生所传同；《记》百三十一篇，七十子后学者所记。以古《礼》仅存五十六篇，故学者无不重视《礼记》。今五十六篇又散佚矣。汉儒说经，为《仪礼》作注者绝少。马融但注《丧服》一篇，至康成乃注全经。自汉末以逮西晋，注《丧服》者，无虑二三十家，而注全经者，仅王肃一人而已。

今人见《仪礼》仅存十七篇，以为《礼古经》五十六篇，除十七篇外，悉已散佚。此不然也。案：小戴记《投壶》《奔丧》二篇，郑《目录》云，实逸《曲礼》之正篇也。又，大戴记之《诸侯迁庙》《诸侯衅庙》《公冠》（《公冠》文简，是否全文，未可知，后附孝昭冠辞，文亦无多）三篇，皆当为《逸礼》之正篇。又郑注《内宰》，引《天子巡守礼》；注《司巫》《月令》，引《中霤礼》。其文虽少，亦《礼古经》之正篇，当在五十六卷之数。依是数之，则十七篇外，今可知者又有七篇，合之得二十四篇。《礼经》之文，平易可读，汉儒所以不注者，或以其烦琐太甚，或以通习者不多（西汉习《礼》者有鲁国桓公，见刘歆《移让太常博士书》，其授受不可知）。盖汉人治经谨慎，非有师授，不敢妄说。康成但注十七篇者，亦以三十九篇先师未有讲说故耳。

礼书序次，大、小戴及《别录》，彼此不同。其以《士冠》《士昏》《士相见》为次，则三家未有违异。郑氏次第，悉依《别录》。其经文有今、古文之异者，郑于字从今者下注“古文作某”，从古者，下注“今文作某”。所谓今、古文，非立说有异，不过文字之异耳。自汉以来，传《丧服》者独盛（马融而后，三国蒋琬亦作《丧服要记》一卷）。《小戴记》论《丧服》者十余篇，《大戴记》亦有论丧服变除之言，见《通典》所引。古人三年之丧，未葬，服斩衰，居倚庐，寝苫枕块；既葬，齐衰，居垩室；小祥以后，衰裳练冠，居外寝；大祥则禫服素冠，出垩室，始居内寝（《檀弓》言祥而缟，盖缟冠素纰也。素即白绢。《诗·桧风·序》：“素冠，刺不能三年也。”）。禫服三月之后，则以墨经白纬为冠，得佩纷帨之属，寝有床，犹别内，始饮醴酒。逾月复吉，三年之礼乃成，此即所谓丧服变除。盖古人居丧，兼居处饮食言之，非专系于冠服也。汉人居丧尚合古法，故能精讲《丧服》。韩昌黎自比孟子，而言《仪礼》行于今者盖寡，沿袭不同，复之无由，考于今，诚无所用之。夫《仪礼》在后代可用者诚少，然昏礼至今尚用纳采、问名、纳吉、纳征、请期、亲迎之名，丧礼亦尚有古人遗意，冠礼至唐已废，《乡饮酒礼》六朝至唐仍沿用之。昌黎疏于《礼》，故为此言耳。《丧服》一篇，自汉末以至六朝，讲究精密，《通典》录其论议，多至二三十卷。其中疑难，约有数端。出妻之子为母期，而嫁母之有服、无服，《仪礼》未有明文。或以为应视出母，或以为嫁由自绝，与被出有异。又为人后者，议论纷繁。《传》曰：“为人后者孰后？后大宗也。”大宗不可以绝，故族人以支子后大宗。汉代王侯往往以无子国除，此不行古代后大宗之礼也。否则，王侯传国四五代，必有近支可承，何至无子国除？迨元始时，始令诸侯王、公、列侯、关内侯无子而有孙，若子同产子者，皆得以为嗣。师古曰：“子同产子者，谓养昆弟之子为子者。”如诸葛亮以兄子为子，皇甫谧出后其叔，此皆非后大宗，与《仪礼》之为人后者不相应。《唐律》于此亦称养子。《开元礼》有为人后者，实即养子也。后人误以养子为即俗称之螟岭子，因疑《唐律》既许养子，何以又有不许养异姓男一条，不知《唐律》所称养子是养同宗于昭穆相当者也。《仪礼》：为人后者，为其父母降为齐衰不杖期，盖持重于大宗者，降其小宗也。然魏晋六朝人于三年之内不得嫁娶，即子女嫁娶亦所不许。曹公为子整与袁谭结婚，裴松之曰：“绍死至此过周五月耳，谭虽出后其伯，不为绍服三年，而于再期之内以行吉礼，悖矣。”于此可见古人守礼之严。至今所谓养子者，魏时或为《四孤论》曰：“遇兵饥馑，有卖子者；有弃沟壑者；有生而父母亡，复无缌麻亲，其死必也者；有俗人以五月生子，妨忌不举者。有家无儿，收养教训成人，则对于公妪育养者，应有服否？”三国、两晋论议甚多，或以为宜服齐衰周，方之继父同居者。此议斟酌尽善，可补《仪礼》之阙。《仪礼》制于宗法时代，秦汉而后，宗法渐衰，自有可斟酌损益之处。《开元礼》亦有与《仪礼》不同者，《仪礼》，父在为母齐衰期，武后时，改为父在为母齐衰三年；《仪礼》，为祖父母齐衰不杖期，为曾祖父母齐衰三月，高祖之服则无有（或以为古人婚晚，玄孙不及见，高祖故无服，其说非是，恐高祖以上概括在曾祖之内），《开元礼》改为曾祖父母齐衰五月正服，为高祖父母齐衰三月加服。嫂叔本无服，盖推而远之也。唐太宗以同爨尚有缌麻之恩，增叔嫂小功五月义服。古人外亲之服皆缌，为外祖父母小功，以尊加也。为舅缌，从服也。母之姊妹曰从母，而舅不可称从父，故为从母小功，以名加也，此亦古人之执着。《开元礼》改为舅及从母小功正服。综此四条，悉当情理。六朝人天性独厚，守礼最笃，其视君臣之义，不若父子之恩，讲论《丧服》，多有精义。唐人议礼定服，亦尚有法，不似后世之枉戾失中也。服有降服、正服、义服。斩衰无降服，衰以缕之粗细为等。斩者不缉也。为父正服，为君义服；故为父斩衰三升，为君三升半：父子之恩固重于君臣之义也。魏太子会众宾百数十人，太子建议曰："君、父各有笃疾，有药一丸，可救一人，当救君耶？父耶？"众人纷纭，或父或君。邴原在座，不与此论。太子咨之于原，原悖然对曰："父也！"南朝二百七十余年，国势虽不盛强，而维持人纪，为功特多。《丧服》一篇，师儒无不悉心探讨，以是团体固结，虽陵夷而不至澌灭。此所谓鲁秉周礼，未可取也。宋代理学家亦知讲求古礼，至明人而渐不能矣。今讲《仪礼》，自以《丧服》为最要。

《隋书·经籍志》云："汉初，河间献王得仲尼弟子及后学者所记一百三十一篇献之，至刘向校书，检得一百三十篇，第而叙之，又得《明堂阴阳记》三十三篇、《孔子三朝记》七篇、《王氏史氏记》二十一篇、《乐记》二十三篇，凡五种，合二百十四篇。戴德删其烦重，合而记之，为八十五篇，谓之《大戴记》；而戴圣又删大戴之书为四十六篇，谓之《小戴记》。马融传小戴之学，又足《月令》一篇、《明堂位》一篇、《乐记》一篇，合四十九篇。"今《大戴记》存三十九篇，《小戴记》四十九篇。《投壶》《哀公问》两篇，二戴所同，合得八十六篇。大戴亡佚篇目，今不可考。钱晓徵以为小戴实止四十六篇，今《曲礼》《檀弓》《杂记》俱分上下，故为四十九篇；以小戴四十六，合大戴八十五，即古记之百三十一篇也。其说殊未谛。《乐记》二十三篇，本不在古记之数。今《乐记》断取十一篇为一篇，以入《礼记》。《月令》与《明堂位》同属《明堂阴阳记》，大戴《盛德篇》亦应属《明堂阴阳记》。古记百三十一篇之数，决不如钱氏所举也。

又二戴所录，有非礼家之言。如大戴之《千乘》《四代》《虞》，戴德《诰志》《小辩》《用兵》《少闲》七篇，采自《孔子三朝记》（唐人所引直称《三朝记》）。《汉志·儒家》：《子思》二十三篇；《曾子》十八篇。大戴录《曾子》《立事》以下十篇，而小戴之《中庸》《坊记》《表记》《缁衣》四篇，当为子思之书。又大戴《武王践祚》录自《太公阴谋》，《汉志》以太公入道家。此皆二戴所采诸子之文，凡二十二篇。又小戴《王制》，乃孝文帝令博士所作，大戴《公冠》后附孝昭冠辞，并非古记旧有，更去其属于《明堂阴阳记》及《乐记》者，删其复重《投壶》《哀公问》二篇，则二戴记中可说为古记之旧者，不及百三十一篇之半。又如通论之篇，若《儒行》《大学》等，是否在百三十一篇中，尚难言也。

《礼记》一书，杂糅今古文之说。《王制》一篇为今文家言，其言封建，采用《孟子》；言养老，不知所据。唯《丧礼》《丧服》无今古文之异，《礼记》言此綦详。自明以来，读经所以应科举，以《丧礼》《丧服》不在程试范围，则删节不读。其实读《礼记》以《丧礼》《丧服》为最要。余如《儒行》《大学》《表记》《坊记》《缁衣》等篇，皆言寻常修己治人之道，亦无今古文之异。凡此，皆《礼记》之可信者。若言典章制度，则宜从古文不从今文，古文无谬误，今文多纰漏也。

三礼郑注之后，孔贾之疏已为尽善，清人以贾疏尚有未尽，胡培翚作《仪礼正义》，孙诒让作《周礼正义》。由今观之，新疏自比贾疏更精。《礼记》孔疏理晰而词富，清儒无以复加，朱彬作《训纂》，不过比于补注而已。《大戴礼》自北魏卢辩作注，历千余年，讹舛不可卒读，戴震校之，孔广森作《补注》，但阙佚已多耳。说《礼》者皆称“三礼”，而屏弃大戴之道。其实，《大戴礼》亦多精义，应与小戴并举，而称“四礼”。理学家最重小戴，以《大学》《中庸》并在其中故。独杨慈湖以为大戴多孔子遗言，所作《先圣大训》录《大戴记》特多。二戴记中《哀公问》《儒行》《仲尼燕居》《孔子闲居》《王言》诸篇，皆孔子一人之言，七十子后学者所记。《汉志》不入《论语》家，独《三朝记》入《论语》家，殆以《三朝》七篇，文理古奥，与余篇不同，或是孔子手作，或是孔子口说、弟子笔录者尔。

七、春秋

关于《春秋》者，余所著《春秋左氏疑义答问》大旨略具，今所讲者，补其未备而已。

问《春秋》起于何时？曰：晋之《乘》、楚之《梼杌》、鲁之《春秋》，皆在孔子之前。《周官》：“外史，掌四方之志。”郑注云：“谓若晋之《乘》、楚之《梼杌》、鲁之《春秋》。”是《春秋》起于周，非始于古代也。《左传》：“韩宣子适鲁，见《易·象》与鲁《春秋》，曰：‘周礼尽在鲁矣。吾乃今知周公之德与周之所以王也。’”孔《疏》云：“鲁《春秋》遵周公之典以序时事，发凡言例，皆是周公制之。然韩宣子云周礼在鲁者，所以美周公之德耳。非谓《易·象》

《春秋》是周公所作也。”《春秋》备纪年、时、月、日。《尚书》往往有年有月有日而无时（唯“秋大获”一句纪时，其余不见），其纪年月日又无定例。如《书序》：“唯十有一年，武王伐殷。”此所谓“十有一年”者，以文王受命起数，非武王之纪元也。纪年之法，苟且如此，即为未有《春秋》编年之法之故。今人以为古圣制礼作乐，必无不能纪年之理。其实，非唯周公未知纪年之法，即孔子亦何尝思及本纪、世家、列传哉！太史公《三代世表》谓：“余读牒记，黄帝以来，皆有年数，稽其历谱牒终始五德之传，古文咸不同、乖异，夫子之弗论次其年月，岂虚哉！”可见史公所见周秦以前书不少，而纪年各不同。今观《竹书记年》（七国时书），自黄帝以来，亦皆有年数，而与王孙满所称“鼎迁于商，载祀六百”之言违异。此为古无纪年之作，后人据历推之（战国时有六家历，《汉书·律历志》所云黄帝、颛顼、夏、殷、周及鲁历是也。《艺文志》春秋家有《太古以来年纪》二篇，当亦此类）。各家所推不同，故《竹书》所载与古语不符也。太史公不信谱牒，故于三代但作世表，共和以后，始著《十二诸侯年表》。《大戴礼·五帝德》称：“宰予问于孔子曰：昔者，予闻诸荣伊令‘黄帝三百年’，请问黄帝者人耶？抑非人耶？何以至于三百年乎？”如当时有纪年之书，宰予何为发此问哉？刘歆作《三统历》以说《春秋》，班氏以为推法密要。然周以前不可推，以古人历疏，往往有日无月，不能以月日推也。

《十二诸侯年表》，始于共和元年，余意《春秋》之作，即在共和之后。盖宣王即位，补记共和时事而有《春秋》也。观《十二诸侯年表》，诸侯卒与即位均书年，可见《春秋》编年之法即在此时发明者。于时厉王出奔，宣王未立，元年者，谁之元年乎？《春秋》以道名分，故书共和元年也。《墨子·明鬼》历举周之《春秋》、燕之《春秋》、宋之《春秋》、齐之《春秋》，而始于杜伯射宣王事。前乎此者，但征及《诗》《书》而已。可见宣王以前无《春秋》也。宣王中兴令主，不但武功昭著，即文化亦远迈前古。改古文为籀文，易纪事以编年，皆发明绝大者也。至列国之有春秋，则时有早晚，绝非同时并作。《晋世家》记穆侯四年取齐女姜氏为夫人，当周宣王二十年，是晋于是始有《春秋》。其余各国皆在宣王之后。鲁之《春秋》，始于隐公元年，当平王四十九年，上去共和元年历一百一十九年。其所以始于隐公者，汉儒罕言其故。杜元凯谓平王东周之始王，隐公让国之贤君，故托始于此。此殆未然。列国《春秋》，本非同时并作，鲁则隐公时始有《春秋》耳，非孔子有意托始于隐公也。后人以太史公《世家》首太伯，《列传》首夷、齐，推之《春秋》始于鲁隐，其意正同。其实太史公或有此意，孔子则未必然。隐公但有让桓之言，而无其实事。云“使营菟裘，吾将老焉”者，不过寻常酬酢语耳，何尝真以国让哉！

周之史官有辛甲、尹佚。尹佚即史佚，其书二篇，《艺文志》入墨家。《吕氏春秋·当染篇》云：“鲁惠公使宰让请郊庙之礼于天子，桓王（当作平王）使史角往，惠公止之。其后在于鲁，墨子学焉。”墨子之学，出于史角，由此可知史角即尹佚之后。鲁有《春秋》，殆自史角始矣。

《左传》所载五十凡例，杜氏以为周公之旧典。盖据传凡例谓之《礼经》，而谓此《礼经》为周公所制也。然时王之礼皆是《礼经》，岂必周公所制然后谓之《礼经》哉！余意五十凡例乃宣王始作《春秋》之时，王朝特起之例。列国之史，其凡例由周室颁布抑列国自定，今不可知。要之，当时之礼即可谓之《礼经》，不必定是周公作也。

作史不得不有凡例，太史公、班孟坚之作有无凡例不可知。范蔚宗作《后汉书》则有之（《宋书·范晔传》云："班氏任情无例，吾杂传论，皆有精意。纪传例为举其大略耳。"），唯今不可见。唐修《晋书》，非一人之作，不得不立凡例以齐一之。宋修《新唐书》，吕夏卿有《唐书直笔新例》一卷（见《宋史·艺文志》）。《新唐书》本纪、志、表，皆欧阳修作；列传则宋祁作。二人分工，如出一手，凡例之效也。大抵一人之作，不愿以凡例自限。《春秋》本不定出一史官之手，无例则有前后错乱之虞，故不得不立凡例。唯《左传》所举五十凡例，不知为周史所遗抑鲁史自定之耳。

自来论孔子修《春秋》之故者，《孟子》曰："世衰道微，邪说暴行又作，臣弑其君者有之，子弑其父者有之。孔子惧，作《春秋》。"《公羊传》曰："君子曷为为《春秋》？拨乱世，反诸正，莫近诸《春秋》。"《公羊》之论较《孟子》为简赅。然《春秋》者，史也。即在盛世，亦不可无史。《尚书》纪事，略无年月，或颇有而多阙，仅为片断之史料。《春秋》始有编年之法，史法于是一变，故不可谓《春秋》之作专为拨乱反正也。宋儒以为《春秋》贵王贱霸，此意适与《春秋》相反。《春秋》详述齐桓、晋文之事，尚霸之意显然。《孟子》《公羊》，同然一辞。虽《孟子》论人，好论人心，以五霸为假。然假与不假，《春秋》所不论也。贵王贱霸之说，"三传"俱无，汉人偶一及之，宋儒乃极言之耳。"三传"事迹不同，褒贬亦不同，而大旨则相近。所谓绌周、王鲁、为汉制法者，《公羊》固无其语，汉儒附会以干人主，意在求售，非《春秋》之旨也。要之，立国不可无史，《春秋》

之作，凡为述行事以存国性。以此为说，无可非难。今文化之国皆有史，唯不如中土详备。印度玄学之深，科学亦优，而其史则不可考。又如西域三十六国，徒以《汉书》有此一传，尚可据以知其大概，彼三十六国无史，至今不能自明其种类。中国之大，固不至如三十六国之泯焉无闻，然使堕入印度则易。此史之所以可贵，而《春秋》之所以作也。

问鲁之《春秋》，孔子何为修之？曰：鲁之《春秋》，一国之史也。欲以一国之《春秋》，包举列国之《春秋》，其事不易。当时之史，唯周之《春秋》最备，以列国记载皆须上之周室（《史记·六国表》谓“秦既得志，烧天下《诗》《书》，诸侯史记尤甚，为其所刺讥也。《诗》《书》所以复见者，多藏人家，而史记独藏周室，以故灭。”可见七国时，列国之史犹藏周室）。孔子之作《春秋》，如欲包举列国之史，则非修周之《春秋》不为功。然周之《春秋》，孔子欲修之而不可得。鲁为父母之邦，故得修鲁之《春秋》耳。然鲁之《春秋》，局于一国，其于列国之事，或赴告不全，甚或有所隐讳，不能得其实事；既鲁史载笔，亦未必无误。如此则其纪载未必可信，不信则无从褒贬，不足传之后世。以故，孔子不得不观书于周史也。既窥百国之书，贯穿考核，然后能笔削一经尔。

嘉庆时，袁蕙纕据《左传》从赴之言，以孔子未尝笔削。然此可以一言破之：鲁史以鲁为范围，不得逾越范围而窜易之，使同于王室之史。孔子之修《春秋》，殆如今大理院判案，不问当事者事实，但据下级法庭所叙，正其判断之合法与否而已。传曰：“非圣人，谁能修之？”焉得谓孔子无治定旧史之事哉！乾隆时重修《明史》，一切依王鸿绪《明史稿》，略加论赞。孔子之修《春秋》，亦犹是也。

所以必观书于周史者，《十二诸侯年表》云："孔子西观周室，论史记旧闻，兴于鲁而次《春秋》。""七十子之徒口受其传指。为有所刺讥，褒讳挹损之文辞，不可以书见也。鲁君子左丘明，惧弟子人人异端，各安其意，失其真，故因孔子史记，具论其语，成《左氏春秋》。"据此可知，孔子观周与修《春秋》之关系浅，与作《左传》关系深，然自孔子感麟制作，以讫文成，为时亦当一年，更逾年而孔子卒。古之学者，三年而通一艺，《春秋》二百四十二年之事，以授弟子，恐非期月之间所能深通。今观仲尼弟子所著，如《曾子》十八篇，无一言及《春秋》者。太史公云："《春秋》笔则笔，削则削，子夏之徒不能赞一辞。"信矣！盖《春秋》与《诗》《书》《礼》《乐》不同，《诗》《书》《礼》《乐》，自古以之教人；《春秋》，史官之宝书，非他人所素习。文成一年，微言遂绝，故以子夏之贤，曾无启予之效。而太史公又谓七十子咸受传指，人人异端，盖已过矣。诚令弟子人人异端，则《论语》应载其说，传文何其阙如？尝谓《春秋》既成，能通其传指者甚少，亦如《太史公书》唯杨恽为能祖述耳。左丘明身为鲁史，与孔子同观周室，孔子作经，不暇更为之传，既卒，而弟子又莫能继其志，于是具论其事而作传耳。

孟子曰："《春秋》，天子之事也。是故，孔子曰：'知我者，其唯《春秋》乎！罪我者，其唯《春秋》乎！'"案，《说文》，"事从史之省声"，史所以记事，可知事即史也。《春秋》天子之事者，犹云《春秋》天子之史记矣。后人解《孟子》，以为孔子匹夫而行天子为事，故曰"罪我者其唯《春秋》"。此大谬也。周史秘藏，孔子窥之，而又泄之于外，故有罪焉尔。向来国史实录，秘不示人。明清两代，作实录成，焚其稿本，弃其灰于太液池。以近例远，正复相似。岂徒国史秘密，其凡例当亦秘密，故又曰：“其义则丘窃取之矣。”义即凡例之谓。窃取其义者，犹云盗其凡例也。孟子之言至明白，而后人不了其义，遂有汉儒之妄说。夫司马子长身为史官，作史固其所也。班孟坚因其父业而修《汉书》，即有人告私改作国史者，而被收系狱。《后汉书》亦私家之作，然著述于易代之后，故不以私作为罪。《新五代史》亦私家之作，所以不为罪者，徒以宋世法律之宽耳。若庄廷鑨私修《明史》，生前未蒙刑罚，死后乃至戮尸。国史之不可私作也如此。故孔子曰窃取、曰罪我矣。

孔子之修《春秋》，其意在保存史书，不修则独藏周室，修之则传诸其人。秦之燔书，周室之史一炬无存，至今日而犹得闻十二诸侯之事者，独赖孔子之修《春秋》耳。使孔子不修《春秋》，丘明不述《左传》，则今日之视春秋犹是洪荒之世矣。（以上论孔子修《春秋》）

《公羊传》云：“所见异辞，所闻异辞，所传闻异辞。”此语不然。公羊在野之人，不知国史，以事实为传闻，其实鲁有国史，非传闻也。董仲舒、何休更以所见之世为着太平，所闻之世为见升平，所传闻之世为起衰乱，分二百四十二年以为三世，然公羊本谓《春秋》拨乱世、反诸正，是指二百四十二年皆为乱世也。

僖公经二十八年：“天王狩于河阳。”《左传》称仲尼曰：“以臣召君，不可以训，故书曰：‘天王狩于河阳。’”似传意以此为孔子所修。然《史记·晋世家》称孔子读史记，至文公曰：“诸侯无召王。‘王狩河阳’者，《春秋》讳之也。”则知此乃晋史旧文，孔子据而录之耳。是故，杜氏以诸称“书”“不书”“先书”“故书”，“不言”“不称”“书曰”之类皆是孔子新意，正未必然。唯《赵世家》云："孔子闻赵简子不请晋君而执邯郸午、保晋阳，故书《春秋》曰：'赵鞅以晋阳叛。'"此当为孔子特笔。又，《左传》具论《春秋》非圣人不能修，盖以书齐豹曰盗、三叛人名为孔子特笔。外此，则孔子特笔治定者殆无几焉。《春秋》本史官旧文，前后史官意见不同，故褒贬不能一致。例如《史》《汉》二书，太史公所讥，往往为班孟坚所许，《春秋》之褒贬，当作如是观矣。宋人谓《春秋》本无褒贬（朱晦庵即如此说），则又不然。三传皆明言褒贬，不褒贬无以为惩劝，乱臣贼子何为而惧也？胡安国谓圣人以天自处，故王亦可贬。此又荒谬之说也。晋侯、齐侯，贬称曰"人"，略之而已，无妨于事实。如称齐伯、晋伯，则名实乖违，夫岂其可？如胡氏之言，孔子可任意褒贬，则充类至尽，必至如洪秀全所为。洪秀全自称天王，而贬秦始皇曰秦始侯，贬汉高祖曰汉高侯，可笑孰甚焉？余意褒贬二字，犹言详略，天子、诸侯之爵位略而不书，有贬云乎哉！

《春秋》三传者，《左氏》《公羊》《穀梁》是也。《史记》称《左氏》曰春秋，称《公》《穀》曰传。清刘逢禄据是谓《左氏春秋》犹《晏子春秋》《吕氏春秋》也。刘歆等改左氏为传《春秋》之书。东汉以后，以讹传讹，冒曰《春秋左氏传》，不知春秋固为史书之通称，而传之名号亦广矣。《孟子》常称"于传有之"，是凡经传无不可称传，孔子作《易》十翼，后人称曰彖传、象传、文言传、系辞传是也。左氏之初称传与否，今莫能详。太史公云："左丘明因孔子史记具论其语，成《左氏春秋》。"此谓丘明述传，本以说经。故桓谭《新论》（《太平御览》引）云："左氏传于经，犹衣之表里，相持而成。"焉得谓是《晏子》《吕览》之比？盖左氏之旨，在采集事实，以考同异、明义法，不以训故为事，本与其余释经之传不同。《春秋》

不须训故，即《公》《穀》亦不重训故也。

《春秋》经十二公，何人所题（《三体石经》今存文公篇题）？哀公经又何人所题？是当属左氏无疑。《汉志》：《春秋古经》十二篇、经十一卷。此因《公》《穀》合闵于庄，而《左氏》则庄、闵各卷，故《公》《穀》十一，而《古经》十二也。闵公历年不久，篇卷短少，故合之于庄，乃何休则以为“三年无改于父之道”，不亦凿乎？

《汉志》：《春秋古经》十二篇，《左氏传》三十卷。是经、传别行。杜元凯作注，始合经传而释之。昔马融作《周官传》，就经为注。康成注《易》以十翼合之于经，皆所以便讽籀耳。《论衡·案书篇》云：“《春秋左氏传》者，盖出孔子壁中。”而《汉志》称孔壁所得止有《尚书》《礼记》《论语》《孝经》。《说文序》云：“鲁恭王坏孔子宅，而得《礼记》《尚书》《春秋》《论语》《孝经》，又北平侯张苍献《春秋左氏传》。”张苍所献者，是否经、传合编，则不可知。今《左氏》经文已经后师用《公》《穀》校改，观《三体石经》与今本不同可知也。《儒林传》称贾谊为《左氏传训故》，是《左氏传》先恭王坏壁而出，《说文序》云张苍献之，是也。

唐赵匡云：“丘明者，盖夫子以前贤人，如史佚、迟任之流，而刘歆以为《春秋左氏传》是丘明所为耳。”案：昔人所以致疑于左氏者，以《左传》称鲁悼公之谥。鲁悼之卒，后于获麟五十年，又称赵襄子之谥。赵襄之卒，更在其后四年。如左氏与孔子同时，不至如此老寿。然考仲尼弟子，老寿者多。《史记·仲尼弟子列传》称子夏少孔子四十岁，《六国表》称魏文侯十八年受经子夏，时子夏一百一岁矣。至文侯二十五年，子夏一百有八，《魏世家》犹有受经艺之文。假令左氏之年与子夏相若，所举谥号在鲁元初年，其时不过八十余岁，未为笃老也。又《吕览·长利篇》载南宫括与鲁缪公论辛宽语。缪公之卒，上距元公之初五十余年，南宫得见缪公，则何疑于左氏之不逮元公也。刘向《别录》称左丘明授曾申，申授吴起，起授其子期，期授楚人铎椒，铎椒作抄撮八卷，授虞卿，虞卿作抄撮九卷，授荀卿，荀卿授张苍。案：《吕氏春秋·当染篇》《史记》列传，皆称吴起学于曾子（《檀弓》亦称曾申为曾子），《说苑·建本篇》称魏武侯问元年于吴子，则起受《左氏春秋》于曾申可信（起死在鲁缪公二十七年，去获麟已百岁）。《十二诸侯年表》云："铎椒为楚威王傅（威王元年去获麟一百四十二年），为王不能尽观《春秋》，采取成败，卒四十章，为《铎氏微》。"微者，具体而微之谓，即抄撮是也。《左传》全文十七万字，合经文则十九万字，简编之繁重如此，观览不易，传布亦难矣。《汉志》云："《春秋》所贬损大人、当世君臣，有威权势力，其事实皆形于传，是以隐其书而不宣，所以免时难也。"抑亦未尽之论，恐《左氏》之不显，正为简编繁重之故，此铎椒所以作抄撮也。

《吕氏春秋》《韩非子》诸书多引《左氏》之文，其所见是否《左氏》全文抑仅见铎氏抄撮，今无可征。至《公》《穀》所举事实，与《左氏》有同有异。大概《公》《穀》本诸《铎氏》，其不同者，铎本所无耳。《别录》云铎椒授虞卿，以其时考之，虞卿欲以信陵君之存邯郸为平原君请封（本传），而铎椒为楚威王傅，自楚威王元年至信陵君救邯郸之岁，历八十三年，则卿不得亲受《春秋》于椒。《别录》所述，当有阙夺。又云：虞卿授荀卿，荀卿授张苍。虞卿相赵，荀卿赵人，自得见之。荀卿适楚而春申君以为兰陵令，春申君死而荀卿废（本传）。荀卿废后十八年秦并天下，时张苍为秦御史，主柱下方书。苍以汉景帝五年卒，年百有余岁（本传），则为御史时已三四十矣，其得事荀卿自可信。荀卿之卒，史无明文。《盐铁论》称李斯为相，荀卿为之不食，是荀卿亦寿考人也。苍献《左传》而传之贾谊。今观贾谊《新书》征引《左氏》甚多，其传授分明如此。

桓谭《新论》云："《左氏》传世后百余年，鲁穀梁赤为《春秋》，残略多所遗失；又有齐人公羊高缘经文作传，弥离其本事。"观《公羊》隐十一年传称"子沈子曰"，何休云："沈子称子，冠氏上者，著其为师也。"《穀梁》定元年传直称沈子，则沈子当与穀梁为同辈，此《公》《穀》后先之证也。柏举之役，《穀梁》称蔡昭公归乃用事乎汉，《公羊》则改为用事乎河。盖公羊齐人，知有河而不知有汉，不知自楚归蔡，无事渡河。此公羊不明地理之过也（《史通》讥《公羊》记晋灵公使勇士贼赵盾，勇士见盾食鱼飧，叹以为俭，以为公羊生自齐邦，不详晋物，以东土所贱，谓西州亦然，遂目彼嘉馔呼为菲食，于物理全爽）。改一字而成巨谬，斯又《公羊》后出之证也。《穀梁》常引《尸子》之言，《汉志》云："尸子名佼，鲁人，秦相商君师之，鞅死，佼逃入蜀。"穀梁有闻于尸佼，疑其亦得见《秦记》。《六国表》称《秦记》不载月日，穀梁习闻尸佼之说，见《秦记》之文，故以鲁史之书月日为义例所在矣。殽之役，《穀梁》言"秦越千里之险，入虚国，进不能守，退败其师，徒乱人子女之教，无男女之别，秦之为狄，自殽之战始也"。范宁不能解，杨士勋疏云："'乱人子女'，谓入滑之时纵暴乱也。"案，《史记·扁鹊传》云：秦缪公梦之帝所，帝告以"晋国且大乱，其后将霸，霸者之子且令而国男女无别"。

夫献公之乱、文公之霸，而襄公败秦师于殽，而归纵淫。与《穀梁》之言合符。盖《穀梁》得之《秦记》尔。《史记·商君传》："商君告赵良曰：始秦戎狄之教，父子无别，同室而居，今我更制其教，而为其男女之别。"此亦秦师败于殽而归纵淫之证也。至《穀梁》所记，亦有可笑者，如季孙行父秃、晋郤克眇、卫孙良夫跛、曹公子手偻，同时而聘于齐，齐使秃者御秃者，使眇者御眇者，使跛者御跛者，使偻者御偻者。此真齐东野人之语，而《穀梁》信之。又如宋、卫、陈、郑灾，《穀梁》述子产之言曰："是人也，同日为四国灾也。"岂以裨灶一人能同日为四国灾耶？

《穀梁》下笔矜慎，于事实不甚明了者，常出以怀疑之词，不敢武断。荀卿与申公皆传《穀梁》，大抵《穀梁》鲁学，有儒者之风，不甚重视王霸；公羊齐人，以《孟子》有"其事则齐桓、晋文"之言，故盛称齐桓，亦或过为偏护。何休更推演之，以为黜周、王鲁、为汉制法诸说，弥离《公羊》之本义矣。

《公羊》后师有"新周故宋"之说。《公羊》成十六年传：成周宣榭灾，"外灾不书，此何以书？新周也"。夫丰镐为旧都，成周为新都。《康诰》曰："周公初基作新大邑于东国洛。"《召诰》曰："乃社于新邑。"《洛诰》曰："王在新邑烝。"新周犹言新邑，周不可外，故书。义本坦易，无须曲解。故宋本非公羊家言，《穀梁》桓公二年传："孔子，故宋也。"孟僖子称孔子圣人之后，而灭于宋。《穀梁》亦谓孔子旧是宋人。新周、故宋，截然二事，董、何辈合而一之，以为上黜杞，下新周而故宋，此义实《公》《穀》所无，由董、何误读传文而立。至文家五等、质家三等之说，尤为附会。《左氏》

言：在礼，卿不会公、侯，会伯、子、男可也。《公羊》亦云：《春秋》，伯、子、男，一也。申之会，子产献伯、子、男会公之礼六。《鲁语》，叔孙穆子言诸侯有卿无军，伯、子、男有大夫无卿。据《周官》：上公九命，侯伯七命，子男五命，即谓公一等，侯伯一等，子男一等；至春秋时，则伯、子、男同等。此时王新制尔。若云素王改制，则子产、叔孙穆子皆在孔子修《春秋》以前，何以已有伯、子、男同班之说？仲舒未见《左氏》，不知《公羊》之语所由来，乃谓孔子改五等以为三等，为汉制法。其实，汉代止有王、侯二等，非三等也。

公羊即不见《左氏传》，或曾见铎氏抄撮，故其说亦有通于《左氏》者。如"元年春，王正月"，《左氏》云："王周正月。""王周"犹后世之称皇唐、皇宋。谓此乃王周之正月，所以别于夏、殷也。《公羊》云："王者孰谓？谓文王也。曷为先言王而后言正月？王正月也。何言乎王正月？大一统也。"盖文王始称王、改正朔，故公羊以周正属之，其义与左氏不异。乃董仲舒演为通三统之说。如董说则夏建寅、商建丑，必将以二月为商正月，三月为夏正月，不得言王二月、王三月矣。

《公羊》本无神话，凡诸近神话者，皆《公羊》后师附会而成。近人或谓始于董仲舒。案，《公羊》本以口授，至胡毋生乃著竹帛，当汉景帝时，则与仲舒同时也。何休解诂，一依胡毋生条例。盖妖妄之说，胡毋生已有之，不专出董氏也。《公羊》嫡传，汉初未有其人（戴宏之说，全无征验）。《论衡·案书篇》云："公羊高、穀梁赤、胡毋氏皆传《春秋》，各门异户。"夫三人并列，可知胡毋生虽说《公羊》而亦自为一家之学。汉人传《尚书》者，小夏侯本受之大夏侯，后别立小夏侯一家。胡毋生之传《公羊》，亦其比矣。《别录》及《艺文志》但列公、穀、邹、夹四家，今谓应加胡毋氏为五家，庶几淄渑有辨。惜清儒未见及此，故其解释《公羊》总不能如晦之见明，如符之复合也。唯《公羊》得胡毋生而始著竹帛，使无胡毋生则《公羊》或竟中绝。然则胡毋生亦可谓《公羊》之功臣矣。

汉末钟繇不好《公羊》而好《左氏》，谓左氏为太官厨，公羊为卖饼家。自《公羊》本义为董、胡妄说所掩，而圣经等于神话，微言竟似预言，固与《推背图》《烧饼歌》无别矣。今治三传自应以《左氏》为主，《穀梁》可取者多，《公羊》颇有刻薄之语，可取者亦尚不少，如内诸夏、外夷狄之义，三传所同，而《公羊》独著明文。又讥世卿之意，《左》《穀》皆有之，而《公羊》于尹氏卒、崔氏出奔，特言世卿非礼。故读《公羊》传者，宜舍短取长，知其为万世制法，非为汉一代制法也。

第三章　史学略说

一、史之分类

今讲史学，先论部类。昔人以纪事、编年分类，此言其大要也。《隋书·经籍志》分史部为十三类：一、正史，《史记》《汉书》属之。二、古史，编年者属之，如荀悦《汉纪》、袁宏《后汉纪》是。所以称古史者，既以本纪、列传为正史，则依《春秋》之体纯为编年者，不得不称古史也。三、杂史，既非本纪，又异编年，《逸周书》《吴越春秋》《战国策》之类属之，此皆率尔而作，非史策之正也。四、霸史，记载割据、僭窃，不成正统者属之，《华阳国志》《十六国春秋》之类是也。——以上四种，史之经，亦史之本也。五、起居注，帝王每日一言一动，均详记之，《隋志》以《穆天子传》开端。六、旧事，杂记典章制度、帝王、臣下之事，如《汉武故事》是。七、职官，昉于《周礼》，《隋书》以《汉官解诂》《汉官仪》

开端。《汉官解诂》模拟《周礼》，当时此种著作甚少，后则有《唐六典》以及近世会典（较《唐六典》为扩大）。《六典》整齐，《解诂》不整齐，斯其异也。八、仪注，以《汉旧仪》为首，《汉旧仪》卫宏所作，记当时礼制，今已残缺，本亦不甚详也。六朝时礼书甚多，今皆散佚，唐《开元礼》亦不存，唯会典中略引数条，宋《太常因革礼》犹存，明有《集礼》，清有《大清通礼》，皆仪注类也。《汉旧仪》但记朝廷之礼，《开元礼》则稍及民间杂礼。其专讲民间冠婚丧祭者，有《书仪》一类（《书仪》亦入仪注，始作者刘宋王弘，晋王导之孙也）。《文公家礼》亦其属也。家礼六朝时已有之，或曰书仪，或曰家礼，名目异耳。九、律令，记历朝法律之作，不甚完备，《隋志》以《晋律》开端。十、杂传，包举今之志书、碑传集等，汉《三辅决录》专记三辅人物，《陈留耆旧传》《襄阳耆旧传》体例亦同，《隋志》皆入杂传类，而今则入方志人物门。其中有与地理相混者，如《海岱志》《豫章志》，观其标题，宛然地志。所以不入地志者，记地理者少，记人物者多故也。外此，《列女传》《列仙传》亦入此类。要之，如方志之人物门矣。《隋书》有可议者，《搜神记》《冤魂记》列入杂传，二书固传体，然鬼神之事，焉得入史部乎？十一、地理。地理书著录无几，单记一方者曰图经，如《幽州图经》《齐州图经》是。其统记全国者，则有炀帝时所定之《区宇图志》一百二十九卷，体例仿佛后之一统志，今已不传。其后，唐有《元和郡县志》，宋有《太平寰宇记》《元丰九域志》。此三书皆统记全国地理者也。而《寰宇记》一百九十三卷为最详；《元和志》仅四十余卷为最简。《明一统志》九十卷，《清一统志》五百卷，已觉繁而不杀，而《元一统志》有一千卷之多，虽领域辽阔，亦何至繁冗至此，今亦无传。

《元和郡县志》于郡县之建立，山川之位置，财赋之丰啬，均极详明，而不载人物。隋《区宇志》今不可见，不知体例何如，恐亦不载人物也。故杂传、地理分而为二，凡以杂传载人物、地理不载人物故。十二、谱系。《世本》《汉氏帝王谱》《百家集谱》之类皆是。此种谱牒，专录贵族，不及齐民。至于六朝，人尚门第，所作綦繁。刘孝标《世说新语注》所引，多至数十家，当时重视谱牒可知。唐有《元和姓纂》（今缺数卷），此后作者渐近渐稀。宋郑樵《通志·氏族略》，大体尚佳，而多附会，不及南宋邓名世《姓氏书辨正》之精确。此皆国家官修之谱，非私家著作可比。官修之谱者，唐以前各处皆设谱局，有司与闻其事。所以设谱局者，以六朝人尚门第，士大夫不得与舆、台、皂、隶通婚。设有干犯，有司得纠劾治罪，《文选》沈休文《奏弹王源》是也。门第之风替，而谱牒之学衰，欧阳修、苏洵辈之私谱代之而兴。此谱牒兴衰之大凡也。唐人封爵，以郡望为准（唐人封爵，或依郡望，或依祖宗籍贯，李白之所以不能确知为何处人者，以其所称陇西本李广产地，乃郡望，非地名，故或曰蜀，或曰山东，至今不可确知也。又唐人封爵，如依其所生之县名而有错误，可请更正。林宝《元和姓纂》之作，即为此故。宋以后封爵随便，然苏轼封武功伯亦因苏之远祖为苏味道，武功人，故轼虽生长四川，仍以武功封之也）。宋以后此风渐废，婚姻封爵不以谱系为准，则谱系乃一家私事，故不设局耳。十三、簿录。以刘向《七略》《别录》、荀勖《中经簿》为首，今所谓目录者是。

此十三类，大体已具，犹有不足者，今姑不论。历代之所损益，但依清人四库分类论之。四库分类与《隋志》略近而稍变，名古史曰编年，别立纪事本末一门（纪事本末始于宋之袁枢）。又诏令奏议别为一类，有时令而无谱系。此其大较也。诏令奏议，于古收入文集。帝王亲制，入帝王一己之集；词臣代拟，亦入词臣一己之集。陆宣公奏议入《翰苑集》。宋人文集有内制、外制，是其证也（中书舍人知制诰所拟者曰外制，翰林学士所拟者曰内制）。宋人然，明人亦然，至清则文与诏令奏议有分。盖古人奏议美富，后世渐不成文。能文之士，不愿以奏议入集，故分编也（欧阳修论吕夷简云："夷简为陛下宰相十有九年，误了天下。"此与今白话文相似，甚且谓"盗贼一日多似一日，人民一日穷似一日"，则竟不成文理矣。然犹以之人集）。又古人奏议，多出己手，近世唯京官无幕友为之捉刀。地方督抚所上奏折，出幕友手者十七八。目不识丁之武夫，一为督抚，奏议亦有佳作。即如刘铭传辈，亦何尝亲自操觚哉！以故，四库分之，亦不足怪。至于时令别为一类，最为可笑。时令者，于古有《夏小正》《月令》之属，唐改《礼记·月令》作《唐月令》，颁行全国，且以冠《礼记》之首。当时重视《月令》，本不足怪。宋以后即不然，至近代则"是月也，东风解冻"等语，唯时宪书记之耳。此其语涉气候，本不成令，而四库别立一门者，清帝钦定之书，无可归类，又不可不录，故别立此门也。此门所录，只宋陈玄靓《岁时广记》及康熙钦定之《月令辑要》二书，存目虽列十余部，故为衬托而已，岂为正式收录哉？唐有官谱，谱系可信。宋以后不可信，以其不可信，故四库去谱系一门。然家谱自不甚可信，若《世本》以至《姓氏书辨正》，人皆称善，岂不可信？《元和姓纂》虽佚，依《永乐大典》辑成者亦略备。又《千家谱》乃官定之书，凌迪之《万姓统谱》，虽不足道，今其书犹在（北京图书馆有之），亦无甚荒谬处。其书体例如《尚友录》

而较详，每一姓下，列入历代有名之人，梁贾执《英贤传》即如此作，见《广韵》所引，亦《万姓统谱》类也。迪之尚有《姓氏博考》，与谱系有关。以余观之，《世本》《元和姓纂》《千家谱》《英贤传》《姓氏博考》五书，应立一谱系门，如云书少，不足别为门类，则时令何以可别立一门耶？求其所以不立之故，殆以讲求谱系，即犯清室之忌。《广韵》每姓之下，注明汉姓、虏姓，如立谱系一门，必有汉姓、虏姓之辨，故不如径删去耳。清修四库，于史部特注意；经部不甚犯忌，然皇侃《论语疏》犹须窜改；子部宋、元、明作者，亦有犯忌处；集部则更多——然皆不如史部之分明，故史部焚毁尤多。不立谱系，即其隐衷可见者也。《清史稿》史部有方略一门（清特开方略馆），《平定三藩方略》《平定罗刹方略》《平定粤寇方略》等属之。今案，方略列入史部，未为允当。《汉书·艺文志》有兵书略一门，四库入兵书于子部（诸子中有兵家一门）。然子部之兵书，本与其他有异。《孙子兵法》，《艺文志》有图九卷，魏武、诸葛之书，全属行军号令之作，戚继光《纪效新书》《练兵实纪》亦然（《纪效新书》记御倭寇时行军法令，《练兵实纪》记守边时之军中法令，与《孙子兵法》略不同），皆兵家之方略也。由此观之，方略应入兵家。人谓著书无可归类，则入子部。余谓史部亦然。行军方略，略似纪事，故入史部，不知子部亦有纪事之作也。要而论之，清四库添诏令奏议一门，无可非议；时令一门，全属无谓；方略虽四库所无，而《清史稿》有之，然当入兵家，不当列入史部，而谱系一门，仍当补入者也。故以《隋志》较之，只应加诏令奏议一门而已。《隋志》所可议者，前所举《搜神记》《冤魂记》不当入史部是也。又《竹谱》《钱谱》之属，列入谱系，亦为不当。谱者，人之谱也，非物之谱也。

四库于子部立谱录一门，则《竹谱》与《群芳谱》相等者当入此门。至于《钱谱》，有金石一门在，可列入也。要之，《隋志》大旨不谬，小有出入，今为纠正如此。然此就已分之四部言耳。如依《汉志》，则正史以下，皆当归入春秋家。不但《汉志》为然，齐王俭仿《七略》而作《七志》，亦入史部于经（《汉志·六艺略》入史部于春秋家，王俭《经典志》亦有史部之书）。详论源流，分部本宜如此，今以《隋志》为准，乃一时之权宜耳。

二、正史

正史之名，昉于《隋志》，今以二十四史当之。《隋志》所录正史三千八十三卷，今二十四史三千二百四十卷。历年千余而所增益者无多，此何以故？今之所谓正史，以官定者为准。不颁学官，则不得谓之正史（自明以来以十三经、二十一史颁发学官）。而《隋志》所录，则只论其合于正史体裁与否，不问其官定私修也。故《后汉书》录八种，《晋书》亦录八种，皆不嫌重复（今二十四史唯唐、五代重复，李延寿南、北《史》略与魏、晋、齐、梁重复，但此系通史，与断代为书者不同）。盖史具五志三长者，皆得称为正史，如必立学官而后谓之正史，则当问去取之间，究以何者为准？假以官修为限，则范书是私修之史，《新五代史》亦然，即《史记》亦未纯为官修之书。司马迁为太史令，修史固其职责，唯其成书，乃在为中书令时（后代中书令士人为之，汉则奄人为之，掌出入奏事，与明司礼监之掌印秉笔随堂太监所掌略同）。迁续父业，未成而下蚕室，故其《报任少卿书》曰："草创未就，惜其不成，是以就极刑而无愠色。"《自序》又云："藏之名山，副在京师。”是其书生时未宣布也。殁后，书稍出。宣帝时，外孙杨恽，祖述其书，遂宣布焉。后代官修之史，须进呈于朝，《史记》则不然，知其本为官史，后则私家著述矣。《三国志》，陈寿除著作郎时所撰（晋以后太史令为著作郎，不掌修史事）。寿殁，梁州大中正范頵等表请就家写其书，则寿书生时亦未进呈，不得谓为官书也。寿又撰《古国志》五十篇，寿师谯周著《古史考》乃考证之作，非记事之书。寿本之而作《古国志》。《古国志》今佚不见，以意求之，殆与《三国志》同类。《三国志》直称晋武为司马炎，如为官书，焉得不避讳乎？然则，《三国志》亦私史也。今二十四史并取《史记》《三国志》《后汉书》《新五代史》，则所谓正史者，岂得以官修为准哉！古代史自《史记》外，别无他作可代。三国史当时虽有多种，后皆散佚无存，仅存寿书。《后汉书》谢承、华峤各有著述，然自宋以后，独范书具存。《五代史》自金章宗新定学令削薛存欧，而旧史遂微。然其书明代尚存，虽体例未善，而本末赅具。故司马温公作《通鉴》，于唐事则多采旧书，于五代则专据薛史。欧阳修作《五代史记》，自负上法《春秋》，于唐本纪大书“契丹立晋”，为通人所笑。此学《春秋》而误也。《春秋》书法，本不可学，“卫人立晋”云者，晋为卫宣之名，今契丹所立之晋，国名而非人名。东家之颦，不亦丑乎？欧书私家之作，如求官书，当以薛史为正，否则亦当二书并列。明代屏弃旧史，过矣（薛史至清而亡，四库诸臣依《永乐大典》排纂而成今书。昔皖人汪允中自言家有《旧五代史》原本，汪殁后，不知其书所在。商务印书馆影印百衲本二十四史，欲得薛史原本，久征未得，人疑已入异域，后乃知在丁乃扬家。丁珍惜孤本，托言移家失去，世遂无有见者。修四库时，清政府若以帝王之力，多方访求，何至不获真本哉！惜其不求也）。

清儒以不立学官者为别史，王偁之《东都事略》是也（书述北宋九朝之事，王为南宋时人）。元修《宋史》，繁简失当；卷数之多，几及五百；一人二传，往往而有。自明以来，屡议改修。嘉靖中拟以严嵩为总裁，设局重修。其事未行。时有柯维骐者，作《宋史新编》二百卷。至清陈黄中作《宋史稿》一百七十卷。虽去取未能尽善，然纠谬补遗，足备一格。《元史》仓促成书，纰漏最多。清末柯劭忞作《新元史》，屠寄作《蒙兀儿史记》。柯书征引繁博，体例似不及屠。屠书不载太祖、太宗等庙号，直称成吉思皇帝、完者笃皇帝、薛禅皇帝，谓元代诏令碑版，多如此称。称之曰太祖、太宗者，华人以尊号加之耳，未必合彼意也。应准名从主人之例，改为是称。余谓元人以鼠儿、牛儿纪年，则纪年似亦更改，而屠书未能从也。柯书繁富，屠有笔削，皆视旧史为优。列入正史，可无愧色。至《宋史》之柯、陈二家，可否列入正史，一时尚难论定。要之，正史范围，当从宽大，如《隋志》之尽量收入，亦无妨耳。

正史云云，又有当论述者，正统之说是也。《隋志》于正史之外，别有霸史，以霸匹正，则正言正统，霸言僭伪割据也。正统之说，论者纷然。北人以北朝为正统，唐初尚尔。而《隋志》则南北朝史并入正史。盖南北朝究竟以何方为正统，未易定也。若依夷夏之辨立论，自当以南朝为正，北朝非华人也；如以正统予元魏，则前之刘渊、石勒、苻坚，皆将以正统归之矣。斥刘、石而予魏、齐，岂持论之平哉！苻坚奄有中原，强逾东晋。而王猛临终语之曰："晋正朔相承，愿不以晋为图。"是猛固视晋为正统也。北魏初亦不敢自大，及魏收作《魏书》，始称东晋为僭晋，谥南朝曰岛夷（此亦报复之道。沈约作《宋书》，号北朝曰索虏。拓跋编发为辫，故曰索头虏），助桀为虐，信为秽史。唐人承隋，不得不以北朝为正。开元时萧颖士以为南朝正统，至萧梁而绝，作《梁不禅陈论》。实则梁敬帝禅位于陈，不能言陈无所受，而温公有陈氏何所受之说，殆为萧氏所误也。案：萧颖士为梁鄱阳王恢七世孙，梁氏宗室，自相构难，萧詧至以妻子质魏，导魏兵伐江陵，杀梁元帝。元帝之子敬帝，称帝建业，后禅位于陈，詧亦在襄阳即位，号后梁，至隋开皇七年，国废。党伐之见，萧家子弟，锢蔽最深。颖士偏私之言，岂可尽信？皇甫湜作《东晋元魏正闰论》，亦谓江陵之灭，则为周矣。陈氏自树而夺，无容于言。此盖唐人立言，不得不尔。《资治通鉴》则取宋、齐、梁、陈年号，以记诸国之事。自宋至陈，主国者皆汉人，自宜以正统予之，而朱晦庵作《纲目》，不分主从，并列南北朝年号。晦庵生于南宋，不知何以昧于夷夏之义如此。温公《通鉴》于三国则正魏闰蜀，《纲目》反之，以蜀为正统，此晦庵长于温公处。温公谓昭烈之于汉，虽云中山靖王之后，而族属疏远，不能记其世数名位，亦犹南唐烈祖之称吴王恪后，不当以光武为比（自长沙靖王至光武，世系甚明）。此温公之偏见。徐知诰幼时为徐温所虏，其世系人无知者。若昭烈之称汉后，为当时敌国所共认，为汉中王时，群臣表于献帝，称肺腑枝叶、宗子藩翰，若果世系无考，曹操焉有不揭破其诈者？又吴蜀交恶，诸葛瑾与备笺云：“关羽之亲，何如先帝？”设非汉裔，瑾何为此言哉？故以昭烈比徐知诰，亦温公之一失也。温公自言正闰之际，非所敢知，不过假其年号以识事之先后，故五代梁唐，亦取其年号纪事。而王船山则以为称五代者，宋人之辞，黥卒剧盗，犬羊之长，不能私之以称代。必不得已，于斯时也，而欲推一人以为之主，其杨行密、徐温、王建、李昪、钱镠、王潮之犹愈乎？尚有长人之心，而人或依之以偷安也。周自威烈王以后，七国交争，十二侯画地以待尽，赧王纳土朝秦，天下后世，固不以秦代周，而名之曰战国。然则天祐以后、建隆以前，谓之战国焉允矣，何取于偏据速亡之盗夷而推崇为共主乎？严衍《通鉴补》亦言周社虽亡，秦命未集；昭襄虽强，犹齐、楚耳。朱温篡唐，毒浮于地；敬塘巨虏，贻殃万民。梁、晋之罪，甚于黄巢。世有鲁连，必当蹈海。其书以周赧入秦，七雄分据，改称前列国；唐昭陨洛，五代迭兴，改称后列国。论甚公允。唯书之于册，甚不易于纪年。当时十国中称帝者四（吴、南唐、前蜀、后蜀，又南汉刘龑亦称帝），究以何人之年号为纲而附之以事乎？严书分注列国年号。按：分注之例，始于《纲目》，前之前、后《汉纪》，皆不分注。《纲目》与《通鉴》体例不同，毕沅《续通鉴》，于宋代纪年而下，旁注辽、金年号，显然违乱《通鉴》体例。严之《通鉴补》亦然。故空言甚易，成书则难。史家于此，所当郑重考虑也。霸史中如马令、陆游《南唐书》，吴任臣《十国春秋》，谢启昆《西魏书》（魏收在北齐作《魏书》，不载西魏，谢纂录故籍成此），皆足以资考订。至何者方可谓之正史，则清代以颁立学官者为限。民国以来，无此限制，亦不能再立范围矣。

《史记》于纪、传、表、书之外，别立世家，以纪列国诸侯。一统之朝，不宜有此。记僭伪之国曰载记，《晋书》有之，其体昉于《东观汉记》（东汉初年之群雄，如刘玄、公宾就等悉入载记）。《新五代史》立十国世家。十国中，如吴、越、荆南奉中原正朔者列入世家，固无不可；若南唐、孟蜀则帝制自为，不受册命，岂应列入世家？《宋史》亦以世家载开国时未灭诸国，实则皆当以载记称之，不当列入世家也。今《清史稿》沿前史之例，立《叛臣》《逆臣》二传，其中如郑成功为残明孤忠，洪秀全亦未尝事清，志在光复，安得以叛逆目之？此皆当入载记者也。

《史记》十表最佳，《汉书》因之，范晔、陈寿已不能为，而宋熊方作《后汉书年表》十卷，补所未备，厥意可师。盖传所不能容者，见之于表，亦严密得中之道。故亲若宗房，贵如宰执，传有所不登，名未可竟灭者，皆可约之以表。《汉书·百官公卿表》所载，多功业低微之辈。后汉政归台阁，三公无权，选举诛赏，一由尚书（台阁者，尚书省也。尚书官小而势尊，出纳王命，敷奏万机，一如帝王之秘书厅矣），三公唯伴食耳。故范书立传不多，熊方补之，读者得一览了然，诚快事也。《新唐书》之《宰相世系表》，《汉书》之《古今人表》，皆属无谓（《宰相世系表》，推其始祖，记其后裔，宰相之家谱耳）。其《新唐书》之《方镇表》，《明史》之《七卿表》（六部尚书及都察院），《清史稿》之《疆臣表》（各省督抚），则增设而得当者也。

《史记》八书，未曾完具：《礼书》录自《荀子》，《乐书》全袭《乐记》，盖八篇有录无书，后人杂取他篇以补之也。其实，太史公时，礼乐已有制作。叔孙通所定之朝仪，可入《礼书》；铙歌、楚调，可入《乐书》。不知何以剿袭充数也。《天官书》专载天文，夫星座方位，古今如一，似不必代有其书。然测天历代不同，则又不可省也。《律》《历》二书，亦寡精要，史公所注意者，盖在《河渠》《平准》《封禅》三书耳。《前汉书》之《礼乐》《律历》二志，较《史记》为详，其《天文志》则略同《史记》，加《五行志》以记灾异，则汉人最信五行也（《五行志》，后来史书无不有之，均法《汉书》之说怪异。《明史》则但载事物之变异，一无影射之言，斯为优矣）。后沈约《宋书》增《符瑞志》，斯无谓矣。《沟洫》《食货》二志，亦较《史记》为详，《郊祀》意续《封禅》，《刑法》增而未尽。《地理》《艺文》，《史记》不志，而《汉书》增之，沾溉后人不少。此班志之特长也。范蔚宗不能为志，后世以司马彪《续汉书》志补之。《百官》《舆服》二志，彪所新设。《百官》述官制而不详，《舆服》可与礼乐同入一类。自此以后，书、志分门，无大变动。兵制为国家要政，而各史阙如。《新唐书》补之，可称特识。又有《选举志》，亦补前史所未备。天文一志，似无所用，唯《晋书》《隋书》之天文志，详备可观，盖李淳风等所定也。又《隋书·律历志》，比较古今度量权衡而详列之，此亦《隋书》之特长，亦李淳风等所定也。《明史》天文、历法，参用西术，详列图表。此皆后人特优之处。唯典章制度，史志所记不详。专门之书，则有《通典》《通考》诸书在。

《史记》中《刺客》《游侠》诸传，极形容之能事，史公意有不平，故为此激宕之文，非后人所当仿佛者也。《汉书》有《佞幸传》，载外嬖邓通、董贤之流，善柔便佞，虽无奸臣之气魄，而为祸则烈。若清代之和珅，亦可入《佞幸传》也（初修《清史》时，人谓《清史》不当列《奸臣传》，以无人可当奸臣也。余谓和珅一流，入《佞幸传》可矣）。《史》《汉》有《儒林传》，《后汉书》更益之以《文苑传》，《史记》之《司马相如传》、《汉书》之《扬雄传》，皆无大事可记，仅取其赋篇入传。晋以后之文人，史传亦往往录其赋篇。是皆可入《文苑传》，举其篇名，不必全载其文。《后汉书》有《列女传》，搜次才行，不专节操（刘向《列女传》善恶兼收，不专崇节操），宋以后则为《烈女传》，专以激扬风教为事，与前史之旨趣违异。《后汉书》有《党锢传》，《宋史》析《儒林》而别传《道学》，清人颇致讥议。其实《道学》一传，可改称《党锢》。蔡京立元祐党人碑，韩侂胄禁伪学（当时士子应试，须先声明与伪学无关），程、朱皆在党禁之内，可不必分《儒林》《道学》也。《明史》有《阉党传》，载刘瑾之党焦芳、魏忠贤之党魏广微等，皆阉官爪牙，交煽毒焰者。若入《宦者传》，则实非宦者；若入《奸臣传》，则不足名之曰奸臣。号曰阉党，亦无可奈何者也。王敦、桓温诸人，逆迹昭著，《晋书》置诸最后，示外之于晋。《新唐书》分《叛臣》《逆臣》为二，自称王号不奉朝命者曰叛臣，称兵犯阙者曰逆臣。《明史》记民间揭竿而起如张献忠、李自成之辈，为《流寇列传》，此亦无可奈何者也（汉之黄巾无列传，唐之黄巢入《逆臣传》，张、李等未受朝官，不当入《逆臣传》，而又不能无传，故曰无可奈何也）。前史于域外诸国，皆为列传，如《匈奴传》《西域传》是。明之土司，在中国境内，不能与外国等视，《明史》因增《土司传》。凡此皆增补得当者也。

史传诸体，应增即增，不必限于前例。今若重修《清史》，应增《幕友》《货殖》二传。前代虽有参军一职，实系军府僚属，与清代布衣参地方官之幕者不同（明代只有军幕，职掌奏启文移，无所谓刑名钱谷；至清则地方官多有之）。其始，满人出任地方官者，于例案一无所知，不得不延幕友以为辅佐；其后，虽非满人，亦延聘幕友。浙江巡抚李卫幕中有邬先生者，雍正曾予密谕，其势焰可以想见。此文幕也。至于军幕，如明季徐文长之参胡宗宪幕，不过管书记而已。清之军幕则不然。左宗棠初亦为幕友，靳辅幕中有陈潢，皆参与帷幄，自露头角者也。至《货殖列传》，则清末富商大贾，每足以左右国家财政，列之于策，亦足以使后来者觇国政焉。

三、编年史

乙部之书，编年与正史并重。《史记》以前，《春秋》为编年之史。《竹书纪年》虽六国人作，亦编年类也。盖史体至汉而备。《史记》《汉书》《东观汉记》三史之外（晋时以《史》《汉》《汉记》为三史，人多习之），又有荀悦《汉纪》（悦与彧、攸同宗，不附曹操，以建安十四年卒）。悦书奉诏而作。献帝以班书文繁难省，令悦依《左氏传》为《汉纪》三十篇，则编年体也。其后有袁宏《后汉纪》，孙盛《魏氏春秋》《晋阳秋》（不称春秋者，避简文宣太后讳也），习凿齿《汉晋春秋》。六朝人衍其绪余者，不可悉举。至司马温公之《资治通鉴》而集其大成。踵其后者，有李焘之《通鉴长编》，李心传之《建炎以来系年要录》，陈桱之《通鉴续编》。《长编》纪北宋一代之事，上接《通鉴》；《要录》述高宗一朝之事，与《长编》相接。至陈桱《通鉴续编》，体例不纯，有自为笔削处，当厕诸《通鉴纲目》之间。明薛应旗作《宋元通鉴》，清徐乾学作《通鉴后编》，毕沅作《续通鉴》，夏燮作《明通鉴》，其体例皆法《左氏传》，而不法《春秋经》，其兼法《春秋》而意存笔削者，则文中子《元经》、朱晦庵《纲目》是已。自明以来，作史者喜学《纲目》，清有《通鉴辑览》亦属《纲目》一类，而与《通鉴》体例不同。徐鼒《小腆纪年》，亦效法《纲目》，盖《通鉴》准则《汉纪》，虽有褒贬，无自存笔削之意，与沾沾以衮钺自喜者异也。

荀悦序《汉纪》，言立典有五志：一曰达道义，二曰章法式，三曰通古今，四曰著功勋，五曰表贤能。今案：班固之作《汉书》，其义亦不外此。志即所以章法式而通古今，传即所以著功勋而表贤能。至达道义一义，则为华夏史书所同具。袁宏生东晋之季，好发议论（荀《纪》议论甚劣），谓荀书足为佳作，然名教之本，帝王高义，则无有也。以余论之，袁书亦未为详尽，特议论甚长耳。盖彦伯所据，有谢承、华峤、司马彪、谢沈诸家之书，点窜抉择，极费苦心，故其自序言“经营八年疲而不能定也”（荀书只就班书旧文剪裁联络成书，较袁书为易）。彦伯之议论，有自相违异处，如《三国名臣赞》称荀彧云：“英英文若，灵鉴洞照，始救生人，终明风概。”而《后汉纪》则言：“魏氏得以代汉者，文若之力也。”盖赞主褒美，史须直笔，体例各有所当耳。《后汉纪》有可与范书比勘者，如一人之言语应对，两书不同；章奏文字，互有增省（章奏有案可稽，不应彼此不同。盖史官润色，故生歧异也）是也。孙、习二家之书，今不可见。《三国志》裴松之注略有称引。孙于魏氏，无甚卓见，其于晋事，则不可知。习书以蜀汉为正统，所以然者，习氏与桓温同时，见温觊觎非分，故著《汉晋春秋》以正之。然晋受魏禅，外魏则晋无所受。而习氏则以为魏文虽受汉禅，不得免于篡逆；平蜀以后，汉真亡耳，于是晋室始兴。故以晋承汉，不认曹魏。故名其书曰《汉晋春秋》。于司马昭弑高贵乡公，亦用直笔书之。晦庵《纲目》之正蜀闰魏，即导源于此也。南北朝之史籍，如《三十国春秋》等，至今一字无存，温公之作《通鉴》也，采摭甚广，异同互出，不敢自擅笔削之权，因有《考异》之作。盖传闻每多异辞，正史或有讹谬。温公既取可信者录之，复考校同异，辨证谬误，作《考异》以示来世，真所谓良工心苦也。至褒贬笔削之说，温公所不为。例之《太史公书》，亦无自存笔削之意也。观史公自序答壶遂之言曰：“余所谓述故事，整齐其世传，非所谓作也。而君比之《春秋》，谬矣。”盖《春秋》有一定之凡例，而褒贬之释，三传不同。故《春秋》不可妄拟。《通鉴》之志，亦犹史公之志耳。

《通鉴》成书，较袁《纪》更难。荀《纪》所载，不过二百年事；袁《纪》不及二百年；《通鉴》则综贯一千三百六十余年之事，采摭之书，正史而外，杂史多至三百三十二种（华峤《后汉书》，温公恐不及见）。此一千三百六十余年中，事迹纷乱，整齐不易。荀《纪》点窜班《书》，无大改异，事固易为。袁《纪》略有异同，而当时史籍尚寡，不难考校。自三国至隋，史家著述，为数綦众，观《三国志》裴注征引者已有十余家。裴尚仅以陈寿为主，其余诸家，不甚依据。温公则兼收并蓄，不遗巨细。两晋南北朝之事，自《晋书》外，有王隐等十余家书，温公多采之。又如五胡十六国事迹，最为纷乱，而《通鉴》所叙，条理秩然。皆可以见其书功力之深也。

南北朝史，均病夸大，而《魏书》尤甚，《史通》反对南北朝史最烈。其实南朝之史尚优于北朝。南朝之史有可笑者，如沈约《宋书》阑入以牛易马之语于禅让之间，常以忠于前朝者为不知天命，其失仅在文章褒贬之间，不如魏收《魏书》之诬诞。《魏书》志官氏则曰“以鸟名官，远师少皞”，无怪《史通》之斥之也（《史通》之语曰：“魏氏始兴边朔，少识典坟，鸟官创置，岂关郯子。”）。又北人不读《诗》《书》，而诏令口语，多引经典，亦无怪《史通》之赞王劭《齐志》也（王劭《齐志》多录当时鄙语，《史通》曰：“渠们、底个，江左彼此之辞；乃若君、卿，中朝汝、我之义。讴俗有殊，土风有类，劭之所录，弘益多矣。”）。《通鉴》于此，不甚别白，殆以为无关宏旨乎？《魏书》之外，周、齐二书，亦为夸大，至李延寿作南、北《史》，稍为减杀。是故整理南、北朝史，殊非易事。又《新唐书》采摭小说甚多，温公则多依《旧唐书》，删存去取，其难百倍于他书也。通观《通鉴》所采，西汉全采《史》《汉》；东汉采范书十之七八；魏晋至隋，采正史者，十之六七；唐则采正史者，十不及五（温公于《旧唐书》亦不甚满意）；至五代则全据薛《史》。编辑之时，汉魏属之刘攽；晋至六朝属之刘恕，唐及五代属之范祖禹。三人分修，而笔墨相近，盖温公颇加斟酌于其间也。大事之后，又系以“臣光曰”之论断，较之袁书，此为简易；较之荀书，此为透彻。书成上表，谓精力尽于此书，信不诬矣。书以“资治”为名，则无关政治之处，自非所重。是以不甚信四皓之事；于严子陵亦仅略著数笔；至于文人，尤为疏略。如欲考究文化，仅读《通鉴》，仍有所不足也。

史家载笔，直书其事，其义自见，本不必以一二字为褒贬。书法固当规定，正统殊可不问，所谓不过假年号以记事耳。《通鉴》视未成一统之局，与列国相等。如以魏为正统，而记载仍与吴、蜀相同，南北朝亦然。凡一统之君，死称崩，否则称殂：《通鉴》于三国魏主死称殂，蜀、吴二主亦称殂；南北朝南主称殂，北朝亦称殂。一统之国，大臣死称薨，否则称卒，与春秋列国大夫相同。此温公之书法，所以表示一统与否者也。其在一年中改元者，温公以后者为准，若受禅之际，上半年属胜代，下半年为新朝，亦以后者为准。如汉献帝二十五年之冬，禅于曹魏，纪汉则献帝止于二十四年，二十五年即为黄初元年；南北朝以南朝纪年，至隋开皇九年灭陈，始立隋纪。其在汉献未禅位之前，魏称王，汉称帝；开皇九年前，以陈称帝，隋称主，灭陈之岁，陈称主而隋称帝。温公书法如此，其实一年两纪，亦无不可。温公不欲两纪，故以后者为准。后人言温公夺汉太速，实亦逼于书法，无可如何也。《纲目》以蜀为正统，分注魏、吴二国年号于下，《通鉴》则止有大书，无分注之一法，后陈桱作《通鉴续编》二十四卷（桱生元末，入明为翰林编修），大书分注，全仿《纲目》，虽曰《通鉴续编》，实《纲目》之流亚也。沈周《客座新闻》载，桱著此书时，书宋太祖云"匡胤自立而还"，未辍笔，迅雷击案，桱端坐不慑，曰："虽击吾手，终不易也。"桱书颇有存亡继绝之意，如：后汉刘知远族裔据太原称北汉，《续编》仍存北汉年号；金哀宗之后，末帝承麟立仅一日，亦为之纪年；西辽传国数十年，《续编》详为分注；宋益王昰、卫王昺在瀛国公降元之后，播迁海岛，《续编》亦皆记之，以存宋统（元修《宋史》附《恭宗本纪》后）。清代君主对于此事，深恶痛疾，其不愿福、桂、唐三王得称正统，观御批《通鉴辑览》可知。甚至李光地《榕村语录》云："凡历代帝王，均有天命，不得随人私意，尊为正统。蜀汉之尊为正统者，重视诸葛武侯故耳。"乾隆时更发特谕，谓元人北去，在漠北称汗，其裔至清初始尽，设国灭统存，则元祚不当尽于至正；武王灭纣，武庚亦将仍为正统。此不知史为中国之史，胡元非我族类，驱出境外，宁有再系其年号之理？武庚已受周封，备位三恪，岂可与益、卫二王即位岭海者同年而语哉！然戴名世即以《南山集》论二王应称正统而得祸。由今观之，爱新觉罗氏既作此国亡统绝之论，则辽东之溥仪，自不得再有统绪之说可以借口也。

薛应旗《宋元通鉴》无所取裁，重沓疏漏，不胜枚举。徐、毕二家之《续通鉴》，亦有误学《纲目》处，如年号之大书分注是也。宋、元二史，文本不佳，故采摭所得，不足动人。《通鉴》于可以发议论者，著以“臣光曰”之论断，此盖仿《左传》“君子曰”之例。荀、袁两纪亦然。毕沅《续通鉴》，不著议论。不知既无一字之褒贬，自不得不有论断，而毕书无之，难乎其为续矣。至夏燮之《明通鉴》，未免有头巾气。故资毕、夏二家之书可以上继《通鉴》者，谬也。

《纲目》本之《资治通鉴》，非晦庵亲著，乃其弟子赵师渊所作。“孔子作《春秋》，笔则笔，削则削，游、夏之徒不能赞一词。”晦庵则付之弟子，而自居其名。唐乔补阙知之有婢曰碧玉，善歌，知之为之不婚。不婚者，不娶妇也。《纲目》去一“不”字，曰：“知之为之婚。”纰缪之处，可见一斑。其所褒贬，颇欲与温公立异。三国以正统予蜀，持义固胜；而以南北朝年号并列，则昧夷夏之辨矣。温公推崇扬雄，既为《法言》作注，又言孟、荀不及扬雄，雄阿附巨君，《颜氏家训》已致诽议，苏子瞻鄙其为人。然《纲目》于天凤五年下大书“莽大夫扬雄死”六字，则有意与温公立异。官职卑微者，史不必书其死。史书凡例，蛮夷君长、盗贼酋帅曰死，大夫则称卒、称薨。故曹操、司马懿之奸恶，其死也，亦不能不曰卒。乃于扬雄特书曰死，此晦庵不能自圆其说者也。唯此书出赵师渊手，故有此体例不纯之事。其后，尹起莘为之作发明，刘益友为之作书法，恐亦彼辈逞臆之说，不免村学究之陋习耳。

作史而存《春秋》笔削之意，本非所宜。其谬与《太玄》拟《易》相同。王通作《元经》，大书“帝正月”，传为笑柄。明人作编年史，多法《纲目》。乾隆御批《通鉴辑览》，亦依仿《纲目》，更不足道。盖以一人之私意为予夺也。其有自以为无误而适得其反者。如唐狄仁杰，人皆目为良臣（中宗复位，得力于张柬之。柬之，狄所举也），而《辑览》则以为狄仕于周，于同平章事上应书周字。是非背于大公，即此可见。其夺益王、卫王之纪年，更无论矣。徐鼒作《小腆纪年》，专纪南明三王之事，自宜以三王纪年，而仍大书分注，以清帝纪年。然则称大清纪年可矣，何谓“小腆”哉？徐鼒生道光时，鸦片战争之后，已无文字之狱，尚有此纰缪，难乎免于刘知几之所谓“党护君亲”矣。笔削之书，孔子而后，世无第二人。太史公、司马温公所不敢为，而后人纷纷为之，不得不叹《纲目》为始作之俑也。《明史》文章，视《宋史》为胜，唯其书法有不如《宋史》者。《宋史》于益、卫二王附本纪之末，一如《后汉书》之于未逾年之君著之先帝本纪之后者。王鸿绪《明史稿》以福、唐、桂三王列入宗室诸王传，尚可谓之特笔。至乾隆时重修《明史》，则以之附于先王传后。须知本纪如经，列传如传，有君而不立本纪，其臣将何所附丽哉？如福王时史可法，唐王时何腾蛟，桂王时瞿式耜、李定国等，读其传者，将不知所事何人。此《明史》荒谬之处也。徐书更不足道矣。

要之，褒贬笔削，《春秋》而后，不可继作。《元经》一书，真伪不可知。《纲目》则晦庵自视亦不甚重。尊《纲目》为圣书者，村学究之见耳。编年之史，较正史为扼要，后有作者，只可效法《通鉴》，不可效法《纲目》，此不易之理也。

四、政书类

正史编年而外，学者欲多识前言往行，则三通尚已。《四库提要》以《通典》《通考》入政书类，《通志》入别史类。不知《通志》

二十略，郑渔仲之创作。本纪、列传，则史抄也。《四库》不加辨别，概归之于别史，失其实矣。作《通典》者杜君卿，唐德宗时人。先是，刘知几之子秩作《政典》三十五卷，分门诠次，大体略具。杜氏以为未备，复博采史志，综贯历代典章制度，而为是书（典章制度之散在列传者，《通典》不备取）。杜氏之意，重在政治，故天文、五行，摈而不录。全书二百卷，分八门，礼占卷帙之半。《开元礼》原书已佚，杜氏撷其精要，存三十六卷，其隆礼如此。书成，德宗时上之（此书上溯黄、虞，下讫天宝，可谓体大思精之作）。至宋，有宋白作《续通典》。今无可见。马贵舆作《文献通考》，盖有因于宋书者。马氏以杜书为未备，故离析增益，而列二十四门。实则《经籍》《象纬》《物异》诸考，无关政治，不过充数而已（《经籍考》尚与文化有关）。然其书出后，继起而无愧色者，亦不可得矣。《通典》事实多而议论少，《通考》录议论至多。宋人素好议论，固其所也。明王圻作《续通考》二百五十四卷，盖不足上规马氏。清高宗时，辑宋、辽、金、元、明五朝事迹，作《续文献通考》二百五十二卷。高宗好胜好名，以《通典》终天宝之末，复敕修《续通典》一百四十四卷（自唐肃宗至德元年迄明崇祯末年）。实则既续《通典》，何必又续《通考》？同时，更撰《皇朝通典》一百卷，此其命名已不通。所谓通者，贯数代而为言也。事止一代，安得谓之通乎？《通志》二十略，大半本于《通典》。《六书》《七音》二略，是其得意之作。帝纪列传，移录原史，不合《通典》《通考》之例。《四库提要》不以与杜、马之书并列，殆为此也。然《通志》疏漏殊甚，不仅言天文可笑，言地理亦可笑。《地理略》全抄《通典》之文。所以然者，南宋时两河沦陷，郑氏无从考征，只得抄撮成书耳。故朱晦庵已云，《通志》所载，与北方人所言不合。夫记载地理，本须亲自涉览，郑氏不知而作，纰缪固宜。至于《六书略》与《说文》全不相涉，《七音略》则以三十六字母为主。谓三十六字母可以贯一切之音，且矜贵其说，云得之梵书。今按《华严》字母，与梵语无关。《涅槃文字品》四十七字，尚与梵语相近。三十六字母者，唐宋间人模拟《华严》之作也。然反切之学，中土所固有。世但知起于三国孙炎，实则《经典释文》即有汉儒反语数条。《史记》之《索隐》《集解》，《汉书》颜注及《文选》李注皆载反切不少。《玉篇》亦有反切，此皆在创制字母之前，其为先有反切后有字母无疑。反切行世既久，归纳而生字母，此殆必然之理。郑氏考古太疏，妄谓江左之儒知有四声，而不知七音，尊其学出于天竺，谬矣。其《校雠》一略，为章实斋所推崇。实则郑氏校雠之学，不甚精密，其类例一依《七略》《七志》，不欲以四部分类，亦但袭古人成法耳。揆郑氏初志，盖欲作一通史。而载笔之时，不能熔铸剪裁，以致直抄纪传，成为今书耳。

《续通志》无本纪、列传，《续通典》《续通考》大体尚佳。唯嫌重复，二者有一已足，不必重规叠矩也。又其所载官制，名实殊不相应。清制在未设军机处以前，内阁沿袭明代故事，有票拟批答之权（即中外章奏，阁臣拟批签进也）。既设军机处，则此权归军机处，而《续通典》《续通考》仍言内阁掌票拟进呈。又给事中自唐至明，职权甚大（宋无此官），制敕诏令，皆须经给事中之手，苟有不合，可以封还。此前代政治之善，可以减杀皇帝之专制。至清，嫌恶此职，以之归入都察院。从前台谏分列，至清而并之。密谕由军机处传发，给事中不得寓目。明代大赦归内阁，由给事中颁发，清亦不然。而

《续通典》《续通考》仍载给事中掌封驳之说。此皆名实不相应者也（是否赋之以封驳之权而为给事中者有所不敢封驳，或抑夺其权而但存其名，均不可知。观密谕给事中不得寓目，可知《续通典》《续通考》所载，实自欺欺人语矣）。《皇朝通志》亦有“六书略”一门。夫六书之法，限于中国文字，而此则以满文、蒙文、回回文充之。见篆书有倒薤、悬针、垂露诸体，亦被满文、蒙文、回回文以倒薤、悬针、垂露之名。又以大写者为大篆，小写者为小篆，称大篆为史籀作，小篆为李斯作，岂非可笑之甚耶？当时若仅续修一部，或《通典》，或《通考》，自唐至明，附以清制，固未尝不可。无如高宗之好夸大，欲多成巨帙，以掩前代所作，不知适以招叠床架屋之讥也（清帝康熙最为聪明，天算诗文，确有长处；雍正专意政治，不甚留意文学，其朱批上谕，宛然讼棍口吻；乾隆天资极钝，而好大喜功，颇思囊括中国全部学问。当时考据之风盛，故《乐善堂集》中亦有考据文。又好作诗，其在苏杭一带石刻者，皆可笑）。要之，清代政书，终以《大清会典》为少疵。《通典》《通考》皆不足观。是故，九通之中独杜氏《通典》最当详究，不仅考史有关，以言经学，亦重要之书也。

章实斋因当时戴东原辈痛诋《通志》，故作斥马申郑之论，谓《通志》示人以体例，本非以考证见长。不知郑氏所志，若果在标举纲领，则作论文可矣，何必抄袭史传，曾不惮烦如此。以此知郑氏之作，正欲以考证见长耳。章氏所言，适得其反。然章氏讥弹《通考》之言，固自不谬。谓天下有比次之书，有独断之学，有考索之功。独断、考索欲其智，比次之书欲其愚。马贵與无独断之学，《通考》不足以成比次之功，其智既无所取，而愚之为道，又有未尽。此论也，切中《通考》之失。然不知官修之书，分门纂辑，比次自不至疏陋；

马氏以一人之力，成此巨著，一人之力有限，宜其不能尽比次之愚，又何其论考索之智耶？

《通典》《通考》而外，会要亦掌故要籍。《唐会要》，元和时苏冕所作，后杨绍复等奉诏续之，宋王溥复续成今书。溥又撰《五代会要》三十卷，南宋徐天麟更撰东、西汉《会要》，取两汉之事，分为若干门，不专记典章制度。《四库》无可归类，入之政书，实非纯粹政书也。东、西汉《会要》，用以搜检两《汉书》甚便。《五代会要》，学者不之重，然所记政典，颇足补《五代史》之阙。五代旧史不全，新史亦有所未详也。如经籍镂版昉之长兴（唐明宗长兴三年校正九经，刻板印卖，学者从此不必手抄），《五代会要》详载其事。然明宗不甚识字，《通鉴》载李绍真、孔循请自建国号，明宗问左右何谓国号。愚陋如此，安能阐扬经术？于时冯道当国，可见九经镂版，冯道之力为多。宋初儒者，鄙夷冯道，新史削而不书（冯之雕印九经，与张宗昌之翻刻唐石经，后先辉映）。不有《五代会要》，后代何从知冯道之功耶？大抵会要一类，只唐、五代二书较为重要，余皆无用。其附于《通典》《通考》之次者，以体例相近故尔。

清秦蕙田作《五礼通考》，依《周礼》吉、凶、宾、军、嘉立为五纲，凡历代典章制度，一一收入。此书由戴东原、钱竹汀、方观承等参酌而成，观象授时一门，戴氏之力居多。全书记载详尽，胜于《通志》。曾涤生尝言：三通之外，可益此而为四通。然其分门之法实不合。先是，徐乾学作《读礼通考》一百二十卷，特详凶礼。于是秦书于凶礼独略，名为五礼，实止四礼，此一失也；又古今典章制度，本非五礼所能包举，秦书二百六十二卷，吉礼占其大半，且多祭祀一类，考古有余，通今不足，此又一失也（《通典》《通考》所载之礼，今尚有用）。《通考》综朝觐巡狩诸事，称曰王礼。选举、学校，分门别立，而秦书一皆入之嘉礼。其中又设观象授时、体国经野诸题，以统天文、舆地，此又极可笑者也。彼以为《周礼》朝觐属于宾礼，后世帝王一统，宾礼止行于外藩，臣工入见，无所谓宾礼，故以朝礼入嘉礼，巡狩之礼，亦并入焉，不知其为大谬也。夫体国经野，设官分职，《周礼》六官皆然，而吉、凶、军、宾、嘉五礼，为春官大宗伯所掌（此封建时代之礼制，后世有不能沿袭者）。《周礼》大宗伯掌邦礼以佐王和邦国，以吉礼事邦国之鬼神示，以凶礼哀邦国之忧，以宾礼亲邦国（朝觐会同），以军礼同邦国，以嘉礼亲万民（冠、昏、宾、射、飨、燕皆在嘉礼）。以五礼为纲，其目三十有六。周代众建诸侯，礼则宜然。后世易封建为郡县，五礼之名，已不甚合。且嘉礼以亲万民，焉得以政治制度当之？故《五礼通考》之名与其分类皆未当也。《礼记》云："经礼三百，曲礼三千。"郑康成谓："经礼者，《周礼》也；曲礼者，《仪礼》也。"余以为观象授时、体国经野、设官分职、学校制度、巡狩朝觐，皆可谓之经礼。《左传》所谓"礼经国家、定社稷、序民人、利后嗣"，《孝经》所谓"安上治民莫善于礼"是也。经礼之外，别立曲礼一项，然后依五礼分之。如是，始秩然不紊。今但以五礼分配，于是舆地归体国经野，职官归设官分职，一切驱蛇龙而放之菹。不识当时戴东原、钱竹汀辈何以不为纠正也。

就政治而言，《通典》一书为最重要，其言五礼亦备。外此则《通考》亦有用。曾氏家书命其子熟读《通考》序，可见注重《通考》矣。凡人于所得力，往往不肯明言，曾氏实得力于《通考》，四通之说，欺人语也。

民国以还，在官多寡学之徒。叶德辉尝告余："康氏自以为是，不足与言学问；梁氏之徒，尚知谦抑，尝问欲明典章制度，宜读何书？则告以可读《通考》。"余问何以不举《通典》？叶笑曰："尚不配读《通典》也。"余谓应用于政治，读《通考》已足。《五礼通考》之类，政治中人，未有好读之者，读之亦无所用。徒以曾氏一言，遂增其声价。实则此书非但不及《通典》，亦不如《通考》甚远。至于皇朝三通，通非所通。《五礼通考》以行政制度归入五礼，亦不通也。今人欲读政书，自以《通典》《通考》为最要，《通志》已无所用。至读皇朝三通，则不如读《大清会典》。要之，九通之中，有用而须熟读者，只《通典》《通考》二书已耳。

五、明辨史实

余于星期讲习会中，曾言经史实录不应无故怀疑。所谓无故怀疑者，矜奇炫异，拾人余唾，以哗众取宠也。若核其同异，审其是非，憭然有得于心，此正学者所有事也。《太史公》记六国事，两《汉书》记王莽事，史有阙文，语鲜确证。《唐书》记太宗阋墙之变及开国功业，虽据实录，不无自定之嫌。明初靖难之祸，建文帝无实录可据。举此四者，可见治史者宜冥心独往，比勘群书而明辨之也。

《史记·六国表序》言："秦既得意，烧天下《诗》《书》，诸侯史记尤甚，为其有讥刺也。《诗》《书》所以复见者，多藏人家；

而史记独藏周室，以故灭。”夫诸侯史记既灭，则太史公所恃以秉笔者，唯《秦记》耳。《六国表》，凡秦与六国战争之事悉载之。六国自相攻伐，如乐毅破齐等亦载之。此事之可信者也。至列传中琐屑之事，则不可尽信。如苏秦合纵，秦兵不敢窥函谷者十五年；鲁仲连义不帝秦，秦军为却五十里是也。又记载人物，往往奇伟非常，信陵君、蔺相如辈，其行谊皆后人所难能。六国既无史记，史公何从知之？曾涤生谓《庄子》多寓言，《史记》所载，恐亦太史公之寓言。不知庄子自称“卮言日出，和以天倪”，其书固多寓言。至于国史，事须征实，焉得以《庄子》为比？案：苏秦、鲁连辈各有著述，《汉志》载《苏子》三十一篇、《鲁连子》十四篇、《魏公子兵法》二十一篇。盖太史公据彼辈自著之书，采摭成文耳。余观常人立言，每好申己绌人，孟、荀大儒，有所不免，与人辩难，恒自夸饰，见绌于人，则略而弗书。《苏子》语本纵横，于事实或有增饰。鲁连围城辩难，何由入秦将之耳？却秦军五十里，是李同战死之功。归之鲁连者，必其自夸之辞。公子无忌敬礼侯生，事或有之；朱亥椎杀晋鄙，亦不足怪；独如姬窃符，颇为诡异；一战而胜，战法亦不详言，止于战前略为铺叙，恐亦袭魏公子书之夸辞也。又叙蔺相如奉璧秦廷，怒发冲冠，秦王即为折服，事亦难信。相如有无著述，今不可知，观其为人，盖任侠一流（史言司马相如好读书、学击剑，慕蔺相如之为人。司马相如之所慕者，当是任侠使气也）。或当时刺客、游侠盛道其事，史公好奇，引以入列传耳。《左传》人物皆平实不奇，汉人亦然，独六国时人行谊往往出恒情之外。然扬子云评《左氏》曰品藻、《史记》曰实录。实录者，实录当时传记也。苏秦有《苏子》，鲁连有《鲁连子》，魏公子有《兵法》，史公皆取以作传，故曰实录，事之确否，史公固不负责，须读者自为分辨耳。

《汉书·王莽传赞》言："莽折节力行，以要名誉，岂所谓色取仁而行违者耶？"又曰："莽既不仁，而有佞邪之材，肆其奸慝，以成篡盗之祸。"今观莽传，莽未篡位前，钓名沽誉，谲诈甚著；既移汉祚，则如顽钝无知之辈。如天下盗贼蜂起，莽乃令太史推三万六千岁历纪，以六岁一改元，布告天下。夫秦皇一世万世之说，至今人笑其愚。莽之此言，不尤可笑乎？又因叛者日众，率群臣至南郊，陈其符命本末，仰天曰："皇天既命授臣莽，何不殄灭众贼？即令臣莽非是，愿下雷霆诛臣莽。"因搏心大哭，气尽，伏而叩头。此与村妪之诅咒何异？又刘歆、王涉自杀后，殿中钩盾土山仙人掌旁有白头公、青衣，郎吏见者，私谓之国师公。衍功侯喜素善卦，莽使筮之，曰："忧兵火。"莽曰："小儿安得此左道？是乃予之皇祖叔父子侨欲来迎我也。"既云莽佞邪，则其容止何其愚騃也。假六艺以文奸言，事固有之；假神仙以欺天下，其愚恐不至此。《史通·曲笔》篇言："《后汉书·更始传》称其懦弱也，其初即位，南面立，朝群臣，羞愧流汗，刮席不敢视。夫以圣公身在微贱，已能结客报仇，避难绿林，名为豪杰；安有贵为人主，而反至于斯者乎？将作者曲笔阿时，独成光武之美；谀言媚主，用雪伯升之怨也。且中兴之史，出自东观，或明皇所定，或马后攸刊，而炎祚灵长，简书莫改，遂使他姓追撰，空传伪录者矣。"余谓草莽之人，初登帝位，羞愧流汗，事所恒有。《史记·高祖本纪》言诸侯将相尊汉王为皇帝，汉王三让，不得已，曰："诸君必以为便，便国家。"观此一语，当时局促不安之状，居然如画。又袁项城洪宪元年元旦，命妇入贺，项城起立，曰："不敢当，不敢当。"夫以汉高、项城之雄鸷，骤当尊位，犹有此惶愧之状，则无怪乎更始之羞愧流汗、刮席不敢视矣。《后汉书》又称："更始居长乐宫，升前殿，郎吏以次列庭中。更始羞怍，俯首刮席不敢视。诸将后至者，更始问虏掠得几何，左右侍官皆宫省久吏，各惊相视。"此又一事也。夫羞愧刮席，事或有之；问虏掠得几何，恐不可信。此盖与王莽之愚騃，同为东汉人所缘饰耳。《通鉴考异》凡事有异同，则于本事之下，明注得失，若无异说，无从考校，则仍而录之，王莽、更始之事是也。

唐太宗之事，新、旧《唐书》之外，有温大雅之《大唐创业起居注》在。温书称建成为大郎，太宗为二郎。据所载二人功业相等，不若新、旧《唐书》归功于太宗一人也。案，唐高祖在太原，裴寂、刘文静劝高祖起事，太宗赞成之，时建成在河东。击西河时，建成、太宗同时被命进军贾胡堡。天雨粮尽，高祖欲还，建成、太宗苦谏，乃止。在长安攻伐，二人之功亦相等。后太宗出关，平王世充、擒窦建德，建成不安于位，王珪、魏徵劝立功以自封，时刘黑闼尽有窦建德之地，建成率众破灭之。创业之功，彼此既堪为伯仲；自非夷、齐，其谁克让？若玄宗讨平韦氏，宋王宪固辞储副，此因玄宗有定国之功，宋王毫无建树，故涕泣固让，与建成、太宗功业相等者绝异。温公乃谓隐太子有泰伯之贤，则乱何自而生？不悟建成自视功业不让太宗，岂肯遽为吴泰伯乎？且唐初本染胡俗，未必信守立嫡以长之说。但鉴于隋文之废太子勇而立炀帝（炀帝亦有平陈之功），卒召祸乱；而建成、太宗之功，又无高下，所以迟迟不肯废太子耳。《唐书》言建成私募四方骁勇及长安恶少年二千人为宫甲，屯左右长林门，号长林兵；又募幽州突厥兵三百，纳宫中。将攻西宫，或告于帝，帝召建成责之。杨文干素凶诐，建成昵之，使为庆州总管，遣募兵送京师，欲为变。尔朱焕等白反状，文干遽发兵反，建成入谒，叩头请死，投身于地，不能起。高祖遣太宗自行讨文干，曰："还，立汝为太子。吾不能效隋文帝自诛其子，当封建成为蜀王。"刘悚《小说》言人妄告东宫。妄告之事，或即太宗为之。盖高祖以隋废太子，语多诬罔，职成乱阶，殷鉴不远，故于废立事极为犹豫。《唐书》又言建成等召秦王夜宴，毒酒而进之，王心中暴痛，吐血数升。今案：建成之臣有魏徵、王珪，设计当不至下劣如此，心痛又何尝不可伪作？太宗密奏建成、元吉淫乱后宫，此暧昧之事，难于征信。高祖许太宗明当鞫问，而太宗先命长孙无忌伏兵门侧。建成入参，并未持兵，则建成无杀弟之意可知。建成、元吉至临湖殿，觉变，反走，太宗从而呼之，元吉张弓射太宗，再三不彀。太宗射建成杀之，元吉中矢走，尉迟敬德追杀之。既系彼此争讼，则静待鞫治可耳，何必伏兵侧门、推刃同气？可见密告之事，全非事实也。夫新、旧《唐书》悉本实录。史载太宗命房玄龄监修国史，帝索观实录，房玄龄以与许敬宗等同作之高祖、今上实录呈览，太宗见书六月四日事，语多隐讳，谓玄龄曰："周公诛管、蔡以安周，季友鸩叔牙以存鲁，朕之所为，亦类是耳，史官何讳焉？"即命削去浮词，直书其事。观此，则唐初二朝实录，经太宗索观之后，不啻太宗自定之史实矣。开国之事，尚有温大雅《起居注》可以考信，其后则无异可考，温公亦何能再为考校哉！

明人郑晓论建成事，谓中国开创之君，其长子多不得安。今案：夏启嗣禹，而太康失国；太甲，汤之长孙而被放；文王舍伯邑考而立武王；秦杀太子扶苏；汉惠帝立而无后，主汉祀者为文帝子孙；东汉光武长子东海王强被废；刘禅，昭烈嫡子，而舆榇降魏；孙亮乃权之少子；晋司马师无后；惠帝庸劣，怀、愍皆惠帝之子；宋营阳王被弑；齐郁林王为明帝所杀；梁昭明太子早卒，武帝舍长孙而立简文，后为侯景所弑；陈武帝殂时，其子昌殁于长安，兄子文帝入嗣大统；隋文帝废太子勇而立炀帝；唐太子建成为太宗所杀；五代异姓为继，不足论；宋太祖不得传位于子；明懿文太子早卒，太祖嫡孙为燕王所篡。综观数千年来，自周而后，开国之君，长子每多不利，形家言震为长子，方位在东，中国西北高而东南下，故长子屯蹇者多。形法虽不足信，亦甚可怪也。

太宗尝称“房谋杜断”。今观唐人记载，当定天下之初，二人实未尝有所建树。历代开国勋臣，皆有定国大计：萧何入关，首收图籍；高祖封于汉中，心怀不平，何谓犹愈于死；进韩信为大将；居关中，转漕给军，补所不足。刘基佐明，其谋虽秘密，亦有可知者——明祖初奉韩林儿正朔，岁首设御座行礼，基独不拜，曰：“牧竖耳，奉之何为？”明祖问征讨大计，时陈友谅据上流，张士诚据下流，基谓先灭陈则张氏势孤，天下可一举而定也。萧、刘二人，有定国大计，彼房、杜何有焉？其所谓谋断者，恐即为太宗谋夺宗嗣而已。今观房、杜之才，守成有余，开创不足。然气度亦自恢廓，魏徵、王珪入参帷幕，房、杜未尝排挤；马周上书，数年间阶位特进，房、杜亦不嫌忌。玄龄自言最慕袁安，尝集古今家诫，书于屏风，以教诸子：“汉袁氏累叶忠节，吾心所尚，尔宜师之。”然玄龄子遗直袭爵，幼子遗爱欲夺之，卒以谋反伏诛，此即效乃父之佐人杀兄也。杜如晦子荷，参太子承乾逆谋，欲废太宗为太上皇，及败坐诛，此亦效乃父之与人家事也。以逆为训，故子姓效尤。王绩（无功，王通之弟）尝上书玄龄，劝其功成身退，否则有灭族之祸。有识之士，见之审矣（绩称玄龄为梁公，则玄龄非文中子弟子可知）。

明成祖兴靖难之师，入都后，革除建文年号，以建文四年为洪武三十五年（洪武讫三十一年）。建文无实录，故事迹可信者少。其初忌讳至深，至嘉靖、万历而稍弛，逊国时事渐见记录，稗官野史亦有记载，言人人殊，莫衷一是。史称建文即位，即兴削藩之议。周、代、湘、齐、岷诸王，相继以罪废黜，此一事也。燕王，建文所深忌，而《明史》纪事则称建文元年，燕王入觐，由皇道入，登陛不拜，御史曾凤韵劾以大不敬。帝诏，至亲勿问。三月，燕王还国。修《明史》时，朱竹垞备论此事之非（见《史馆上总裁第四书》），此又一事也。建文之谋主为齐泰、黄子澄，而方孝孺亦建文所深信。理学之徒虽竭力为方氏辩护，实则反间燕王父子者，方氏也。时燕兵掠沛，方氏以燕世子仁厚，其弟高煦狡谲有宠，有夺嫡之谋，因白帝遣人赍玺书往北平赐世子，世子得书不启封，送之燕军。由此观之，削藩之事，与谋者不仅齐、黄诸人矣。明人小说载成祖待建文诸臣至为惨酷，云："铁铉守济南，突破燕兵，几擒成祖，后被执，成祖烹之。"今南京铁汤池即铉就义地也。又云："戮杀建文臣子之妻，命上元县扛尸至远城与狗子吃。"又云："发建文臣子妻女入教坊，所生儿长大作小龟子。"又云："程济从建文出为僧。"（案：程济事迹，《明史》亦略有记载，谓济本岳池教谕，建文即位，济上书言某月日北方兵起，建文以为非所宜言，逮捕将杀之，济大呼请囚，云：如言不验，诛死未晚。乃下狱。及燕兵起，释之，改官编修，参北征将军。徐州之捷，诸将树碑纪功，济一夜往祭，人莫测。后燕王过徐，见碑大怒，趣左右椎之，再椎，遽曰："止，为我录文来！"已，按碑行诛，无得免者。而济名适在椎脱处。济尝与人书曰："君为忠臣，我为智士。"）凡此所载，其皆可信耶？否耶？吾读《致身录》《从亡录》诸书，终觉其似黎邱眩人。《致身录》为吴江史仲彬所作，潘次耕坚持无此等事，至与史氏子孙互殴。故建文一代，无实录可据，采之野史，失实者多矣。

以上所述，皆非无故怀疑。一则太史公纪六国时事，无所取材，取诸其人自著之书，不免失之浮夸；二则王莽之事，同此一人，而前后愚智悬绝，当出光武诸臣之曲笔；三则建成、元吉之事，有温大雅《起居注》可供参证，房玄龄主修之国史，太宗不无自定之嫌；四则建文逊国之事，世无实录，采之野史，未必可信。孔子曰："多闻阙疑，多见阙殆。"故必博学、审问、慎思、明辨，方足以言怀疑。若矜奇炫异，抹杀事实，则好学之士不当尔也。

第四章　诸子略说

一、诸子流别

讲论诸子，当先分疏诸子流别。论诸子流别者，《庄子·天下篇》《淮南·要略训》、太史公《论六家要旨》及《汉书·艺文志》是已。此四篇中，《艺文志》所述最备，而《庄子》所论多与后三家不同，今且比较而说明之。

《天下篇》论儒家，但云“其在《诗》《书》《礼》《乐》者，邹鲁之士，搢绅先生多能明之”，而不加批判。其论墨家，列宋钘、尹文；而《艺文志》以宋钘入小说家，以尹文入名家。盖宋钘以禁攻寝兵为外，以情欲寡浅为内，周行天下，上说下教，故近于小说；而尹文之名学，不尚坚白同异之辨，觭偶不仵之辞，故与相里勤、五侯之徒——南方之墨异趣。其次论彭蒙、田骈、慎到，都近法家；《艺文志》则以慎到入法家，以田骈入道家，是道家、法家合流也。

田骈当时号为“天口骈”，今《尹文子》又有彭蒙语，是道家、名家合流也。道家所以流为法家者，即老子、韩非同传可以知之。《老子》云：“鱼不可脱于渊，国之利器不可以示人。”此二语是法家之根本，唯韩非能解老、喻老，故成其为法家矣。其次论老聃、关尹同为道家，而已之道术又与异趣。盖老子之言，鲜有超过人格者，而庄子则上与造物者游，下与外死生、无终始者为友，故有别矣。惠施本与庄周相善，而庄子讥之曰：“由天地之道，观惠施之能，其犹一蚊一虻之劳，与物何庸？”即此可知尹文、惠施同属名家，而庄子别论之故。盖尹文之名，不过正名之大体，循名责实，可施于为政，与荀子正名之旨相同；若惠施、公孙龙之诡辩，与别墨一派，都无关于政治也。然则庄子之论名家，视《艺文志》为精审矣。其时荀子未出，故不见著录。若邓析者，变乱是非，民献襦裤而学讼，殆与后世讼师一流，故庄子不屑论及之欤？

《要略》首论太公之谋为道家，次论周、孔之训为儒家，又次论墨家，又次论管子之书为道家，晏子之谏为儒家，又次论申子刑名之书、商鞅之法为法家。比于《天下篇》，独少名家一流。

太史公《论六家要旨》，于阴阳、儒、墨、名、法五家，各有短长，而以黄老之术为依归。此由身为史官，明于成败利钝之效，故独有取于虚无因循之说也。昔老聃著五千言，为道家之大宗，固尝为柱下史矣。故曰“道家者流，出于史官”。

《艺文志》列九流，其实十家。其纵横家在七国力政之际，应运而起，统一之后，其学自废。农家播百谷、勤耕桑，则《吕览》亦载其说；至于君臣并耕，如孟子所称许行之学，殆为后出，然其说亦不能见之实事。杂家集他人之长，以为己有，《吕览》是已；

此在后代，即《群书治要》之比，再扩充之，则《图书集成》亦是也。小说家街谈巷议，道听途说，固不可尽信；然宋钘之流，亦自有其主张；虞初九百，则后来方志之滥觞。是故纵横、农、杂、小说四家，自史公以前，都不数也。

虽然，纵横之名，起于七国。外交专对，自春秋已重之。又氾胜之区田之法，本自伊尹，是伊尹即农家之发端。田蚡所学盘盂书，出自孔甲，是孔甲即杂家之发端。方志者，《周官》土训、诵训之事。今更就《艺文志》所言九流所从出而推论之。

《艺文志》云："儒家出于司徒之官。"此特以周官司徒掌邦教，而儒者主于明教化，故知其源流如此。又云道家出于史官者，老子固尝为柱下史，伊尹、太公、管子，则皆非史也；唯管子下令如流水之原，令顺民心，论卑而易行，此诚合于道家南面之术耳。又云墨家出于清庙之守者，墨家祖尹佚，《洛诰》言："蒸祭文王、武王，逸祝册。"逸固清庙之守也。又《吕览》云："鲁惠公使宰让请郊庙之礼于天子，桓王使史角往，惠公止之，其后在于鲁，墨子学焉。"是尤为墨学出于清庙之确证。又云，名家出于礼官。此特就名位礼数推论而知之。又云法家出于理官者，理官莫尚于皋陶。皋陶曰："余未有知，思曰赞赞襄哉！"此颇近道家言矣。赞者，老子所称辅万物之自然而不敢为也；襄者，因也，即老子所称"圣人无常心，以百姓心为心"也。庄子称"慎到无用贤圣，块不失道"，此即理官引律断案之法矣。然《艺文志》法家首列李悝，以悝作《法经》，为后来法律之根本。自昔夏刑三千，周刑二千五百，皆当有其书，子产亦铸刑书，今悉不可见。独《法经》六篇，萧何广之为九章，遂为历代刑法所祖述。后世律书，有名例，本于曹魏之刑名法例，其原即《法经》九章之具律也。持法最重名例，故法家必与名家相依。又云：阴阳家出于羲和之官。今案，管子称述阴阳之言颇多，《左传》载苌弘之语，亦阴阳家言也。又云：农家出于农稷之官。此自不足深论。又云纵横家出于行人之官者，此非必行人著书传之后代，特外交成案，有可稽考者尔。《张仪传》称仪与苏秦俱事鬼谷先生学术，《风俗通》云："鬼谷先生，六国时纵横家。"更不知鬼谷之学何从受之。又云杂家出于议官者，汉官有议郎，即所谓议官也，于古无征。又云小说家出于稗官者，如淳曰："王者欲知闾巷风俗，故立稗官，使称说之。"是稗官为小官近民者。

诸子之起，孰先孰后，史公、刘、班都未论及，《淮南》所叙，先后倒置，亦不足以考时代。今但以战国诸家为次，则儒家宗师仲尼，道家传于老子，此为最先。墨子或曰并孔子时，或曰在其后。案墨子亟说鲁阳文子，当楚惠王时。惠王之卒，在鲁悼公时。盖墨子去孔子亦四五十年矣。观墨子之论辩，大抵质朴迟钝，独经说为异。意者，经说别墨所传，又出墨子之后。法家李悝，当魏文侯时；名家尹文，当齐宣王时；阴阳家邹衍，当齐湣王、燕昭王时：皆稍稍晚出。纵横家苏秦，当周显王时；小说家淳于髡，当梁惠王时：此皆与孟子并世者。杂家当以《吕览》为大宗，《吕览》集诸书而成，备论天地万物古今之事。盖前此无吕氏之权势者，亦无由办此。

然更上征之春秋之世，则儒家有晏子，道家有管子，墨家则鲁之臧氏近之。观于哀伯之谏，首称清庙，已似墨道；及文仲纵逆祀、祀爰居，则明鬼之效也；妾织蒲，则节用之法也。武仲见称圣人，盖以巨子自任矣。至如师服之论名，即名家之发端。子产之铸刑书，得法家之大本；其存郑于晋楚之间，则亦尽纵横之能事。若烛之武之退秦师，是纯为纵横家；梓慎、禆灶，皆知天道，是纯为阴阳家；蔡墨之述畜龙，盖近于小说矣。唯农家、杂家，不见于春秋。

以上论九流大旨。今复分别论之，先论儒家。

二、儒家

《汉书·艺文志》谓儒家出于司徒之官，大旨是也。《周礼·大司徒》以乡三物教万民六德、六行、六艺。六德者，智、仁、圣、义、中、和，此为普遍之德，无对象。六行者，孝、友、睦、姻、任、恤，此为各别之行，有对象(如孝对父母，友对兄弟，睦姻对戚党，任恤对他人)。六艺者，礼、乐、射、御、书、数。礼乐不可斯须去身，射御为体育之事，书数则寻常日用之要，于是智育、德育、体育俱备。又师氏以三德教国子，曰：至德以为道本，敏德以为行本，孝德以知逆恶。盖以六德、六行概括言之也。又，《大司徒》以五礼防万民之伪而教之中，以六乐防万民之情而教之和；《大司乐》以乐德教国子中和祇庸孝友。《大宗伯》亦称中礼和乐。可知古人教士，以礼乐为重。后人推而广之，或云中和，或云中庸。孔子曰："中庸之为德，其至矣乎，民鲜能久矣。"中庸联称，不始于子思，至子思乃谓："喜怒哀乐之未发谓之中，发而皆中节谓之和。"其始殆由"中和、祇庸、孝友"一语出也。

儒者之书，《大学》是至德以为道本(明明德止于至善，至德也)，《儒行》是敏德以为行本，《孝经》是孝德以知逆恶，此三书实儒家之总持。刘、班言儒家出于司徒之官，固然。然亦有出于大司乐者，中庸二字是也。以儒家主教化，故谓其源出于教官。

《荀子·儒效》称周公为大儒，然则儒以周公为首，《周礼》云："师以贤得民，儒以道得民。"师之与儒殆如后世所称经师、人师。师以贤得民者，郑注谓以道行教民；儒以道得民者，郑注谓以六艺教民。此盖互言之也。

儒之含义綦广，《说文》："儒，柔也。术士之称。"术士之义亦广矣，草昧初开，人性强暴，施以教育，渐渐摧刚为柔。柔者，受教育而驯扰之谓，非谓儒以柔为美也。受教育而驯扰，不唯儒家为然；道家、墨家未尝不然；等而下之，凡宗教家莫不皆然，非可以专称儒也。又《庄子·说剑》："先生必儒服而见王，事必大逆。"庄子道家，亦服儒服。司马相如《大人赋》："列仙之儒，居山泽间，形容甚臞。"仙亦可称为儒。而《宏明集》复有"九流皆儒"之说，则宗教家亦可称儒矣。今所论者，出于司徒之儒家，非广义之术士也。

周公、孔子之间，有儒家乎？曰：有。晏子是也。柳子厚称晏子为墨家，余谓晏子一狐裘三十年，尚俭与墨子同，此外皆不同墨道。春秋之末，尚俭之心，人人共有，孔子云："礼，与其奢也，宁俭。"老子有三宝，二曰俭。盖春秋时繁文缛礼，流于奢华，故老、墨、儒三家，皆以俭为美，不得谓尚俭即为墨家也。且晏子祀其先人，豚肩不掩豆。墨家明鬼，而晏子轻视祭祀如此，使墨子见之，必颦蹙而去。墨子节葬，改三年服为三月服，而晏子丧亲尽礼，亦与墨子相反。可见晏子非墨家也。又儒家慎独之言，晏子先发之，所谓"独立不惭于影，独寝不惭于魂"是也。当时晏子与管子并称，晏之功不如管，而人顾并称之，非晏以重其儒学而何？故孔子以前，周公之后，唯晏子为儒家。蘧伯玉虽似儒家，而不见有书，无可称也。

孔子之道，所包者广，非晏子之比矣。夫儒者之业，本不过大司徒之言，专以修己、治人为务。《大学》《儒行》《孝经》三书，可见其大概。然《论语》之言，与此三书有异。孔子平居教人，多修己、治人之言；及自道所得，则不限于此。修己、治人，不求超出人格；孔子自得之言，盖有超出人格之外者矣。“子绝四：毋意、毋必、毋固、毋我。”毋意者，意非意识之意，乃佛法之意根也。有生之本，佛说谓之阿赖耶识。阿赖耶无分彼我，意根执之以为我，而其作用在恒审思量。有意根即有我，有我即堕入生死。颠狂之人，事事不记，唯不忘我。常人作止语默，绝不自问谁行谁说，此即意根之力。欲除我见，必先断意根。毋必者，必即恒审思量之审。毋固者，固即意根之念念执着。无恒审思量，无念念执着，斯无我见矣。然则绝四即是超出三界之说。六朝僧人好以佛、老、孔比量，谓老、孔远不如佛；玄奘亦云。皆非知言之论也（然此意以之讲说则可，以之解经则不可。何者？讲说可以通论，解经务守家法耳）。

儒者之业，在修己、治人。以此教人，而不以此为至。孔门弟子独颜子闻克己之说。克己者，破我执之谓。孔子以四科设教，德行：颜渊、闵子骞、冉伯牛、仲弓。然孔子语仲弓，仅言“出门如见大宾，使民如承大祭”而已。可知超出人格之语，不轻告人也。颜子之事不甚著，独庄子所称心斋、坐忘，能传其意。然《论语》记颜子之语曰：“仰之弥高，钻之弥深。瞻之在前，忽焉在后。”盖颜子始犹以为如有物焉，卓然而立。经孔子之教，乃谓“如有所立卓尔。虽欲从之，末由也已”（如当作假设之辞，不训似）。此即本来无物，无修无得之意。然老子亦见到此，故云“上德不德，是以有德；下德不失德，是以无德”。德者得也。有所得非也，有所见亦非也。

扬子云则见不到此。故云颜苦孔之卓，实则孔颜自道之语，皆超出人格语。孟子亦能见到，故有“望道而未之见”语。既不见则不必望，而犹曰望者，行文不得不尔也。孔子曰：“吾有知乎哉？无知也。”此亦非谦辞。张横渠谓：“洪钟无声，待叩乃有声；圣人无知，待问乃有知。”其实答问者有依他心，无自依心。待问而知之知，非真知也，依他而为知耳。佛法谓一念不起，此即等于无知。人来问我，我以彼心照我之心，据彼心而为答，乌得谓之有知哉？横渠待问有知之语犹未谛也。佛法立人我、法我二执：觉自己有主宰，即为人我执；信佛而执着佛，信圣人而执着圣人，即为法我执，推而至于信道而执着道，亦法我执也。绝四之说，人我、法我俱尽。“如有所立卓尔，虽欲从之，末由也已”者，亦除法我执矣。此等自得之语。孔、颜之后，无第三人能道（佛、庄不论）。

子思之学，于佛注入天趣一流。超出人格而不能断灭，此之谓天趣。其书发端即曰“天命之谓性”，结尾亦曰“与天地参，上天之载，无声无臭”。佛法未入中土时，人皆以天为绝顶。佛法既入，乃知天尚非其至者。谢灵运言：成佛生天，居然有高下。如以佛法衡量，子思乃中国之婆罗门。婆罗门者，崇拜梵天王者也。然犹视基督教为进。观基督教述马利亚生耶稣事，可知基督教之上帝，乃欲界天，与汉儒所称感生帝无别（佛法所谓三界者：无色界天、色界天、欲界天。欲界天在人之上，而在色界天之下）。而子思所称之“无声无臭”，相当于佛法之色界天，适与印度婆罗门相等。子思之后有孟子。孟子之学，高于子思。孟子不言天，以我为最高，故曰“万物皆备于我”。孟子觉一切万物皆由我出。如一转而入佛法，即三界皆由心造之说，而孟子只是数论。数论立神我为最高，一切万物，皆由神我流出。

孟子之语，与之相契。又曰“反身而诚，乐莫大焉”者，反观身心，觉万物确然皆备于我，故为可乐。孟子虽不言天，然仍入天界。盖由色界天而入无色界天。较之子思，高出一层耳。夫有神我之见者，以我为最尊，易起我慢。孟子生平夸大，说大人则藐之。又云“我善养吾浩然之气，至大至刚，以直养而无害，塞乎天地之间”。其我慢如此。何者？有神我之见在，不自觉其夸大耳。以故孟子之学，较孔、颜为不逮。要之，子思、孟子均超出人格，而不能超出天界，其所得与婆罗门、数论相等。然二家于修己治人之道，并不抛弃，则异于婆罗门、数论诸家。子思作《中庸》，孟子作七篇，皆论学而及政治者也。子思、孟子既入天趣，若不转身，必不能到孔、颜之地，唯庄子为得颜子之意耳。

荀子语语平实，但务修己治人，不求高远。论至极之道，固非荀子所及。荀子最反对言天者，《天论》云：“圣人不求知天。”又云：“星坠木鸣，日月有蚀，怪星党见，牛马相生，六畜为妖：怪之，可也；畏之，非也。”揆荀子之意，盖反对当时阴阳家一流（邹衍之说及后之《洪范五行传》一流）。其意以为天与人实不相关。

《非十二子》云：“案往旧造说，谓之五行。子思唱之，孟轲和之。”今案：孟子书不见五行语，《中庸》亦无之。唯《表记》（《表记》《坊记》《中庸》《缁衣》皆子思作》）有水尊而不亲、土亲而不尊、天尊而不亲、命亲而不尊、鬼尊而不亲诸语。子思五行之说，殆即指此（《汉书·艺文志》：《子思》二十三篇。今存四篇，见《戴记》。余十九篇不可见，其中或有论五行语）。孟子有外书，今不可见。或亦有五行语。荀子反对思、孟，即以五行之说为其的。盖荀子专以人事为重，怪诞之语（五行之说，后邹衍辈所专务者），非驳尽不可也。汉儒孟、荀并尊，余谓如但尊荀子，则《五行传》、纬书一流不致嚣张。今人但知阴阳家以邹衍为首，察荀子所云，则阴阳家乃儒家之别流也（《洪范》陈说五行而不及相生相克，《周本纪》武王问箕子殷所以亡，箕子不忍言殷恶，武王亦丑，故问以天道。据此知《洪范》乃箕子之闲话耳。汉文帝见贾生于宣室，不问苍生问鬼神。今贾生之言不传，或者史家以为无关宏旨，故阙而不书。当时武王见箕子心怀惭疚，无话可说，乃问天道。箕子本佯狂，亦妄称以应之。可见《洪范》在当时并不着重，亦犹贾生宣室之对也。汉儒附会，遂生许多怪诞之说。如荀子之说早行，则《五行传》不致流衍）。墨子时子思已生、邹衍未出。《墨经》有“五行无常胜，说在宜”一语。而邹衍之言，以五胜为主。五胜者，五行相胜：水胜火、火胜金、金胜木、木胜土、土胜水也。然水火间承之以釜，火何尝不能胜水？水大则怀山襄陵，土又何尝能胜水？墨子已言“五行无常胜”，而孟子、邹衍仍有五行之说，后乃流为谶纬。如荀子不斥五行，墨家必起而斥之。要之，荀子反对思、孟，非反对思、孟根本之学，特专务人事，不及天命，即不主超出人格也。

荀子复言隆礼乐（或作仪），杀《诗》《书》，此其故由于孟子长于《诗》《书》，而不长于礼（孟子曰：“诸侯之礼，吾未之学也。”）。墨子时引《诗》《书》（引《书》多于《孟子》）而反对礼乐。荀子偏矫，纯与墨家相反。此其所以隆礼乐，杀《诗》《书》也（《非十二子》反对墨家最甚，宁可少读《诗》《书》，不可不尊礼乐，其故可知）。其所以反对子思、孟子者，子思、孟子皆有超出人格处，荀子所不道也。

若以政治规模立论，荀子较孟子为高。荀子明施政之术，孟子仅言五亩之宅树之以桑，使民养生送死无憾而已。由孟子此说，乃与龚遂之法相似，为郡太守固有余，治国家则不足。以其不知大体，仅有农家之术尔。又孟子云："尧舜性之也、汤武身之也、五霸假之也。"又谓："仲尼之门无道桓文之事者。"于五霸甚为轻蔑。荀子则不然，谓义立而王、信立而霸、权谋立而亡，于五霸能知其长处。又《议兵》云："齐之技击，不可以遇魏氏之武卒；魏氏之武卒，不可以遇秦之锐士；秦之锐士，不可以当桓文之节制；桓文之节制，不可以敌汤武之仁义。"看来层次分明，不如孟子一笔抹杀。余谓《议兵》一篇，非孟子所能及。

至于性善、性恶之辩，以二人为学入门不同，故立论各异。荀子隆礼乐而杀《诗》《书》，孟子则长于《诗》《书》。孟子由诗入，荀子由礼入。诗以道性情，故云人性本善；礼以立节制，故云人性本恶。又，孟子邹人，邹鲁之间，儒者所居，人习礼让，所见无非善人，故云性善；荀子赵人，燕赵之俗，杯酒失意，白刃相仇，人习凶暴，所见无非恶人，故云性恶。且孟母知胎教，教子三迁，孟子习于善，遂推之人性以为皆善；荀子幼时教育殆不如孟子，自见性恶，故推之人性以为尽恶。

孟子论性有四端：恻隐为仁之端，羞恶为义之端，辞让为礼之端，是非为智之端。然四端中独辞让之心为孩提之童所不具，野蛮人亦无之。荀子隆礼，有见于辞让之心性所不具，故云性恶，以此攻击孟子，孟子当无以自解。然荀子谓礼义辞让，圣人所为。圣人亦人耳，圣人之性亦本恶，试问何以能化性起伪？此荀子不能自圆其说者也。反观孟子既云性善，亦何必重视教育，即政治亦何所用之？是故二家之说俱偏，唯孔子"性相近、习相远"之语为中道也。

扬子云迂腐，不如孟、荀甚远，然论性谓善恶混，则有独到处。

于此亦须采佛法解之，若纯依儒家，不能判也。佛法阿赖耶识，本无善恶。意根执着阿赖耶为我，乃生根本四烦恼：我见、我痴、我爱、我慢是也。我见与我痴相长，我爱与我慢相制。由我爱而生恻隐之心，由我慢而生好胜之心。孟子有见于我爱，故云性善；荀子有见于我慢，故云性恶；扬子有见于我爱、我慢交至为用，故云善恶混也。

孟、荀、扬三家，由情见性，此乃佛法之四烦恼。佛家之所谓性，浑沌无形，则告子所见无善无不善者是矣。扬子生孟、荀之后，其前尚有董仲舒。仲舒谓人性犹谷，谷中有米，米外有糠。是善恶之说，仲舒已见到，子云始明言之耳。子云之学，不如孟、荀，唯此一点，可称后来居上。

然则论自得之处，孟子最优，子思次之，而皆在天趣。荀子专主人事，不务超出人格，则但有人趣。若论政治，则荀子高于思、孟，子云投阁，其自得者可知。韩昌黎谓孟子醇乎醇，荀与扬大醇而小疵，其实，扬不如荀远甚。孟疏于礼，我慢最重，亦未见其醇乎醇也，司马温公注《太玄》《法言》，欲跻扬子于孟、荀之上。夫孟、荀著书，不事模拟，扬则模拟太甚，绝无卓然自立之处，若无善恶混一言，乌可与孟、荀同年而语哉！温公所云，未免阿其所好。至于孔、颜一路，非唯汉儒不能及，即子思、孟子亦未能步趋，盖逖乎远矣。以上略论汉以前之儒者。

论汉以后之儒家，不应从宋儒讲起，六朝、隋唐亦有儒家也。概而言之，须分两派：一则专务修己治人，不求高远；一则顾亭林所讥明心见性之儒是矣（明心见性，亭林所以讥阳明学派者，唯言之太过，不如谓尽心知性为妥）。修己治人之儒，不求超出人格；明心见性，则超出人格矣。

汉以后专论修己治人者，隋唐间有文中子王通（其人有无不可知，假定为有），宋有范文正（仲淹）、胡安定（瑗）、徐仲车（积），南宋有永嘉派之薛士龙（季宣）、陈止斋（傅良）、叶水心（适），金华派之吕东莱（祖谦），明有吴康斋（与弼、白沙、阳明均由胡出）、罗一峰（伦），清有顾亭林（炎武）、陆桴亭（世仪，稍有谈天说性语）、颜习斋（元）、戴东原（震）。此数子者，学问途径虽不同（安定修己之语多，治人之语少；仲车则专务修己，不及治人；永嘉诸子偏重治人，东莱亦然；习斋兼务二者，东原初意亦如此，唯好驳斥宋人，致入棘丛），要皆以修己治人为归，不喜高谈心性。此派盖出自荀子，推而上之，则曾子是其先师。

明心见性之儒，首推子思、孟子。唐有李习之（翱），作《复性书》，大旨一依《中庸》。习之曾研习禅宗。一日，问僧某"'黑风吹堕鬼国'，此语何谓？"僧呵曰："李翱小子，问此何为？"习之不觉怒形于色。僧曰："此即是'黑风吹堕鬼国'。"今观《复性书》虽依《中庸》立论，其实阴袭释家之旨。宋则周濂溪（敦颐）开其端。濂溪之学本于寿涯。濂溪以为儒者之教，不应羼杂释理。寿涯教以改头换面，又授以一偈，云："有物先天地，无形本寂寥。能为万象主，不逐四时凋。"（此诗语本《老子》"有物混成，先天地生。寂兮寥兮，独立而不改，周行而不殆，可以为天下母。吾不知其名，强字之曰道"一章。"有物先天地"，即"有物混成，先天地生"也；"无形本寂寥"，即"寂兮寥兮"也；"能为万象主，不逐四时凋"，即"独立不改，周行而不殆，可以为天下母"也。寿涯不以佛法授濂溪，而采《老子》，不识何故）。后濂溪为《太极图说》《通书》，更玄之又玄矣。张横渠（载）《正蒙》

之意，近于回教。横渠，陕西人，唐时景教已入中土，陕西有大秦寺，唐时立，至宋嘉祐时尚在，故横渠之言，或有取于彼。其云“清虚一大之谓天”，似回教语；其云“民吾同胞，物吾与也”，则似景教。人谓《正蒙》之旨，与墨子兼爱相同。墨子本与基督教相近也。然横渠颇重礼教，在乡拟兴井田，虽杂景教、回教意味，仍不失修己治人一派之旨。此后有明道（程颢）、伊川（程颐）世所称二程子者。伊川天资不如明道，明道平居燕坐，如泥塑木雕（此非习佛家之止观，或如佛法所称有宿根耳）；受濂溪之教，专寻孔、颜乐处，一生得力，从无忧虑，实已超出人格，著《定性书》，谓不须防检力索，自能从容中道。以佛法衡之，明道殆入四禅八定地矣。杨龟山（时）、李延平（侗）传之。数传而为朱晦庵（熹）。龟山取佛法处多，天资高于伊川，然犹不逮谢上蔡（良佐）。上蔡为二程弟子中天资最高者。后晦庵一派，不敢采取其说，以其近乎禅也。龟山较上蔡为有范围，延平范围渐小。迨晦庵出，争论乃起，时延平以默坐、澄心、体认、天理教晦庵（此亦改头换面语，实即佛法之止观）。晦庵读书既多，言论自富，故陆象山（九渊）、王阳明（守仁）讥为支离。阳明有朱子晚年定论之说，据与何叔京一书（书大意谓，但因良心发现之微，猛省提撕，使心不昧，即为学者下功夫处），由今考之，此书乃晦庵二十四岁时作，非真晚年。晚年定论，乃阳明不得已之语，而东原非之，以为堕入释氏。阳明以为高者，东原反以为歧。实则晦庵恪守师训，唯好胜之心不自克，不得不多读书，以资雄辩。虽心知其故，而情不自禁也。至无极、太极之争，非二家学问之本，存而不论可矣（象山主太极之上无无极，晦庵反之，二人由是哄争。晦庵谓如曰未然，则各尊所闻，各行所知；象山答云，通人之过虽微，针药久当自悟。盖象山稍为和平矣）。

宋儒出身仕宦者多，微贱起家者少。唯象山非簪缨之家（象山家开药肆），其学亦无师承。常以为二程之学，明道疏通，伊川多障。晦庵行辈，高出象山，论学则不逮。象山主先立乎其大者（宋人为学，入手之功，各有话头：濂溪主静，伊川以后主敬，象山则谓先立乎其大者），不以解经为重，谓“六经注我，我不注六经”。顾经籍烂熟，行文如汉人奏议，多引经籍。虽不如晦庵之尽力注经，亦非弃经籍而不读也。其徒杨慈湖（简。慈湖成进士为富阳主簿时，象山犹未第。至富阳，慈湖问“何谓本心”，象山曰：“君今日所断扇讼，彼讼扇者必有一是、有一非，若见得孰是孰非即决定为某甲是某乙非，非本心而何？”慈湖亟问曰：“止如斯耶？”象山厉声答曰：“更何有也！”慈湖退，拱坐达旦，质明纳拜，遂称弟子）作《绝四记》，多参释氏之言，然以意为意识，不悟其为意根，则于佛法犹去一间。又作《己易》，以为易之消息，不在物而在己，己即是易。又谓衣冠礼乐、娶妻生子，学周公、孔子。知其余不学周孔矣。既没，弟子称之曰“圆明祖师”（不知慈湖自称抑弟子尊之云尔）。宋儒至慈湖，不讳佛如此。然犹重视礼教，无明人猖狂之行。盖儒之有礼教，亦犹释之有戒律。禅家呵佛骂祖，猖狂之极，终不失僧人戒律。象山重视礼教，弟子饭次交足，讽以有过。慈湖虽语言开展，亦守礼唯谨，故其流派所衍，不至如李卓吾辈之披猖也。

明儒多无师承，吴康斋与薛敬轩（瑄）同时，敬轩达官，言语谨守矩矱，然犹不足谓为修己治人一流。英宗复辟，于谦凌迟处死，敬轩被召入议，但谓三阳发生，不可用重刑，诏减一等。凌迟与斩，相去几何？敬轩于此固当力争，不可则去，乌得依违其间如此哉（此事后为刘蕺山所斥）？康斋父溥与解缙、王艮、胡广比舍居，燕兵薄京城，城陷前一夕皆集溥舍，缙陈说大义，广亦奋激慷慨，艮独流涕不言。三人去，康斋尚幼，叹曰："胡叔能死，是大佳事。"溥曰："不然，独王叔死耳。"语未毕，隔墙闻广呼外喧甚："谨视豚！"溥顾曰："一豚尚不能舍，肯舍生乎？"然己亦未尝死节。康斋之躬耕不仕，殆以此故。敬轩之学不甚广传，康斋之传甚广〔陈白沙（献章）即其弟子；又有娄一斋（谅）以其学传阳明。白沙之学传湛甘泉（若水）。其后，王、湛两家之传最广，皆自康斋出也〕。康斋安贫乐道，无超过人格语。白沙讲学，不作语录，不讲经，亦无论道之文。唯偶与人书，或托之于诗，常称曾点浴沂风雩之美，而自道功夫，则谓静中养出端倪（端倪一语，刘蕺山谓为含糊。其实孟子有四端之说，四端本不甚著，故须静中养之）。亦复时时静坐，然犹不足以拟佛法，盖与四禅八定近耳。弟子湛甘泉（若水），与阳明同时。阳明成进士，与甘泉讲学，甚相得，时阳明学未成也。阳明幼时，尝与铁柱宫道士交契，三十服官之后，入九华山，又从道士蔡蓬头问道。乃为龙场驿丞，忧患困苦之余，忽悟知行合一之理。谓宋儒先知后行，于事未当。所谓"如恶恶臭""如好好色"，即知即行，非知为好色而后好之，知为恶臭而后恶之也。其致良知之说，在返自龙场之后，以为昔人之解致知格物，非唯朱子无当，司马温公辈亦未当（温公以格为格杀勿论之格。然物来即格之，唯深山中头陀不涉人事者为可，非所语于常人也）。朱子以穷知事物之理为格物（宋人解格物者均有此意，非朱子所创也），阳明初信之，格竹三日而病，于是斥朱子为非是。朱子之语，包含一切事物之理，一切事物之理，原非一人之知所能尽，即格竹不病，亦与诚意何关？以此知阳明之斥朱子为不误。然阳明以为格当作正字解。格物者，致良知以正物。物即心中之念，致良知，则一转念间，知其孰善孰恶，去其恶，存其善，斯意无不诚。余谓阳明之语虽踔，顾与《大学》原文相反。《大学》谓物格而后致知，非谓致知而后物格。朱子改窜《大学》，阳明以为应从古本。至解格物致知，乃颠倒原文，又岂足以服朱之心哉（后朱派如吕泾野楠辈谓作止语默皆是物，实袭阳明之意而引申之。顾亭林谓“为人君止于仁、为人臣止于敬、为人子止于孝、为人父止于慈、与国人交止于信”，斯即格物。皆与阳明宗旨不同，而亦不采朱子穷至事物之理之说。然打破朱子之说，不可谓非阳明之力也）！

格物致知之说，王心斋（艮）最优。心斋为阳明弟子（心斋初为盐场灶丁，略读《四书》，制古衣冠、大带、笏板服之，曰：“言尧之言，行尧之行，而不服尧之服，可乎哉？”或闻其论曰：“此绝类王巡抚之谈学也。”时阳明巡抚江西，心斋即往谒，古服举笏立于中门，阳明出迎于门外。始入，据上坐；辩难久之，心折，移坐于侧；论毕，下拜称弟子。明日复见，告之悔，复上坐，辩难久之，乃大服，卒为弟子。本名银，阳明为改曰艮），读书不多，反能以经解经，义较明白。谓《大学》有“物有本末、事有始终，知所先后，则近道矣”语：致知者，知事有终始也；格物者，知物有本末也。格物致知，原系空文，不必强为穿凿。是故诚意是始，平天下是终；诚意是本，平天下是末。知此即致知矣。刘蕺山（宗周）等崇其说，称之曰：“淮南格物论，谓是致知格物之定论。”盖阳明读书多，不免拖沓；心斋读书少（心斋入国子监，司业问：“治何经？”曰：“我治总经。”又作《大成歌》，亦有寻孔、颜乐处之意，有句云：“学是学此乐，乐是乐此学。”），故能直截了当，斩除葛藤也。心斋解“在止于至善”，谓身名俱泰，乃为至善；杀身成仁，便非至善。其语有似老子。而弟子颜山农（钧）、何心隐辈，猖狂无度，自取戮辱之祸，乃与师说相反。清人反对王学，即以此故。颜山农颇似游侠，后生来见，必先享以三拳，能受，乃可为弟子。心隐本名梁汝元，从山农时，亦曾受三拳，而心终不服，知山农狎妓，乃伺门外，山农出，以三拳报之。此诚非名教所能羁络矣。山农笃老而下狱遣戍，心隐卒为张江陵所杀（江陵为司业，心隐问曰："公居太学，知《大学》道乎？"江陵目摄之，曰："尔意时时欲飞，却飞不起。"江陵去，心隐曰："是夫异日必当国，必杀我。"时政由严氏，而世宗幸方士蓝道行，心隐侦知嵩有揭帖，嘱道行假乩神降语："今日当有一奸臣言事。"帝迟之，而嵩揭帖至，由此疑嵩。御史邹应龙避雨内侍家，侦知其事，因抗疏极论嵩父子不法，严氏遂败。江陵当国，以心隐术足以去宰相，为之心动，卒捕心隐下狱死），盖王学末流至颜、何辈而使人怖畏矣。

阳明破宸濠，弟子邹东廓（守益）助之，而欧阳南野（德）、聂双江（豹）辈，则无事功可见。双江主兵部，《明史》赞之曰："豹也碌碌，弥不足观。"盖皆明心见性，持位保宠，不以政事为意。湛甘泉为南京吏部尚书亦然。罗念庵（洪先）辞官后，入山习静，日以晏坐为事，谓："理学家辟佛乃门面语。周濂溪何尝辟佛哉？"阳明再传弟子万思默（廷言）、王塘南（时槐）、胡正甫（直）、邓定宇（以赞）官位非卑，亦无事功可见。思默语不甚奇，日以晏坐为乐。塘南初曾学佛，亦事晏坐，然所见皆高于阳明。塘南以为一念不动，而念念相续，此即生生之机不可断之意（一念不动，念念相续，即释家所谓阿赖耶识，释家欲传阿赖耶以成涅槃，而王学不然，故仅至四禅四空地）。思默自云静坐之功，若思若无思，则与佛法中非想非非想契合，即四空天中之非想非非想天耳。定宇语王龙溪（畿）曰："天也不做他，地也不做他，圣人也不做他。"张阳和（元忭）谓此言骇听。定宇曰："毕竟天地也多动了一下，此是不向如来行处行手段。"正甫谓天地万物，皆由心造，独契释氏旨趣。前此，理学家谓天地万物与我同体，语涉含混。不知天地万物与我，孰为宾主。孟子"万物皆备于我"之说亦然。皆不及正甫之明白了当。梨洲驳之，反为支离矣。甘泉与阳明并称。甘泉好谈体认天理。人有不成瘵者，问于甘泉。甘泉曰："君恐未能体认天理耳。"阳明讥甘泉务外，甘泉不服，谓心体万物而无遗，何外之有？后两派并传至许敬庵（孚远），再传而为刘蕺山（宗周）。蕺山绍甘泉之绪，而不甚心服。三传而为黄梨洲（宗羲）。梨洲余姚人，蕺山山阴人。梨洲服膺阳明而不甚以蕺山为然，盖犹存乡土之见。蕺山以常惺惺为教。常惺惺者，无昏愦时之谓也，语本禅宗，非儒家所有。又蕺山所以不同于阳明者，自阳明之徒王心斋以致知为空文，与心、意二者无关，而心、意之别未明也。心斋之徒王一庵（栋）以为意乃心之主宰（即佛法意根），于是意与心始别。蕺山取之，谓诚意者，诚其意根，此为阳明不同者也。然蕺山此语，与《大学》不合。《大学》语语平实，不外修己治人。明儒强以明心见性之语附会，失之远矣。诚其意根者，即堕入数论之神我，意根愈诚，则我见愈深也。余谓《中庸》"诚者物之终始，不诚无物"二语甚确。盖诚即迷信之谓。迷信自己为有，迷信世界万物为有：均迷信也。诚之为言，无异佛法所称无明。信我至于极端，则执一切为实有。无无明则无物，故曰"不诚无物"。《中庸》此言，实与释氏之旨符合。唯下文足一句曰"是故，君子诚之为贵"，即与释氏大相径庭。盖《中庸》之言，比于婆罗门教，所谓“参天地、赞化育”者，是其极致，乃入摩醯首罗天王一流也。儒、释不同之处在此，儒家虽采佛法，而不肯放弃政治社会者亦在此。若全依释氏，必至超出时间，与中土素重世间法者违反，是故明心见性之儒，谓之为禅，未尝不可。唯此所谓禅，乃曰禅八定，佛家与外道共有之禅，不肯打破意根者也。昔欧阳永叔谓“孔子罕言性，性非圣人所重”，此言甚是。儒者若但求修己治人，不务谈天说性，则譬之食肉不食马肝，亦未为不知味也。

儒者修己之道，《儒行》言之甚详，《论语》亦有之，曰“行己有耻”，曰“见利思义，见危授命”。修己之大端，不过尔尔。范文正开宋学之端，不务明心见性而专尚气节，首斥冯道之贪恋。《新五代史》之语，永叔袭文正耳。其后学者渐失其宗旨，以气节为傲慢而不足尚也，故群以极深研几为务。于是风气一变。国势之弱，职此之由。宋之亡，降臣甚多，其明证也。明人之视气节，较宋人为重。亭林虽诮明心见性之儒，然入清不仕，布衣终身，信可为百世师表。夫不贵气节，渐至一国人民都无豪迈之气，奄奄苟活，其亡岂可救哉？清代理学家甚多，然在官者不可以理学论。汤斌、杨名时、陆陇其辈，江郑堂《宋学渊源记》所不收，其意良是。何者？炎黄之胄，服官异族，大节已亏，尚得以理学称哉？若在野而走入王派者，则有李二曲（颙）、黄梨洲（宗羲）。其反对王派者，今举顾亭林、王船山（夫之）、陆桴亭、颜习斋、戴东原五家论之。此五家皆与王派无关，而又非拘牵朱派者也。梨洲、二曲虽同祖阳明，而学不甚同。梨洲议论精致，修养不足；二曲教以悔过为始基，以静坐为入手，李天生（因笃，陆派也）之友欲从二曲学，中途折回，天生问故，曰：“人谓二曲王学之徒也。”二曲闻之叹曰：“某岂王学乎哉！”盖二曲虽静坐观心，然其经济之志，未曾放弃。其徒王心敬（尔缉），即以讲求区田著称。此其所以自异于王学也。梨洲弟子万季野（斯同）治史学，查初白（慎行）为诗人，并不传其理学。后来全谢山（祖望）亦治史学，而于理学独推重慈湖，盖有乡土之见焉。

阳明末流，一味猖狂，故清初儒者皆不愿以王派自居。顾亭林首以明心见性为诟病。亭林之学，与宋儒永嘉派不甚同。论其大旨，亦以修己治人为归。亭林研治经史最深，又讲音韵、地理之学，清人推为汉学之祖。其实，后之为汉学者仅推广其《音学五书》，以讲小学耳。其学之大体，则未有步趋者也。唯汪容甫（中）颇有绍述之意，而日力未及。观容甫《述学》，但考大体，不及琐碎，此即亭林矩矱。然亭林之学，枝叶蔚为大国而根本不传者，亦因种族之间，言议违禁，故为人所忌耳（《四库提要》称其音韵之学，而斥经世之学为迂阔，其意可知）。种族之见，亭林胜于梨洲。梨洲曾奉鲁王命乞师日本，后遂无闻焉；亭林则始终不渝。今通行之《日知录》，本潘次耕（耒）所刻，其中胡字、虏字，或改作外国，或改作异域；我朝二字，亦被窜易。“素夷狄行乎夷狄”一条，仅存其目。近人发现雍正时抄本，始见其文，约二千余言。大旨谓孔子云：“居处恭、执事敬、与人忠，虽之夷狄不可弃也。”此之谓“素夷狄行乎夷狄”，非谓臣事之也。又言，管仲大节有亏而孔子许之者，以管仲攘夷，过小而功大耳。以君臣之义，较夷夏之防，则君臣之义轻，夷夏之防重，孔子所以亟称之也。又“胡服”一条，刻本并去其目。忌讳之深如此，所以其学不传。亭林于夷夏之防，不仅腾为口说，且欲实行其志，一生奔驰南北，不遑宁居，到处开垦，隐结贤豪，凡为此故也。山东、陕西、山西等处，皆有其屯垦之迹。观其意，殆欲于此作发展计。汉末田子泰（或作田子春，名畴），躬耕徐无山（今河北玉田县），百姓归之者五千余家。子泰为定法律、制礼仪、兴学校，众皆便之。乌丸、鲜卑并遣译致贡。常忿乌丸贼杀冠盖，有欲讨之意。而曹操北征，子泰为向导，遂大斩获，追奔逐北。使当时无曹操，则子泰必亲自攘夷矣。亭林之意，殆亦犹是。船山反对王学，宗旨与横渠相近，曾为《正蒙》作注。盖当时王学猖狂，若以程朱之学矫之，反滋纠纷，唯横渠之重礼教乃足以惩之。船山之书，自说经外，只有抄本，得之者，什袭珍藏。故《黄书》流传甚广，而免于禁网也。船山论夷夏之防，较亭林更为透彻，以为六朝国势不如北魏远甚，中间又屡革命，而能支持三百年之久者，以南朝有其自立精神故也。南宋不及百六十年，未经革命，而亡于异族，即由无自立精神故也。此说最中肯綮，然有鉴于南宋之亡，而谓封建藩镇，可以抵抗外侮，此则稍为迂阔。特与六朝人主封建者异趣：六朝人偏重王室，其意不过封建亲戚以为藩屏而已；船山之主封建，乃从诸夏夷狄着想，不论同姓异姓，但以抵抗外侮为主，此其目光远大处也。要之，船山之学，以政治为主，其理学亦不过修己治人之术，谓之骈枝可也。

陆桴亭《思辨录》，亦无过修己治人之语，而气魄较小。其论农田水利，亦尚有用。顾足迹未出江苏一省，故其说但就江苏立论，恐不足以致远。

北方之学者，颜（习斋）、李（刚主）、王（昆绳）、刘（继庄）并称，而李行辈略后。习斋之意，以为程、朱、陆、王都无甚用处，于是首举《周礼》乡三物以为教，谓《大学》格物之物，即乡三物之物。其学颇见切实。盖亭林、船山但论社会政治，却未及个人体育。

不讲体育，不能自理其身，虽有经世之学，亦无可施。习斋有见于此，于礼、乐、射、御、书、数中，特重射、御，身能盘马弯弓，抽矢命中，虽无反抗清室之语，而微意则可见也。昆绳、刚主，亦是习斋一流，唯主张井田，未免迂腐。继庄精舆地之学。《读史方舆纪要》之作，继庄周游四方，观察形势；顾景范考索典籍，援古证今，二人联作，乃能成此巨著。其后徐乾学修《一统志》，开馆洞庭山，招继庄纂修。继庄首言郡县宜记经纬度，故《一统志》每府必记北极测地若干度。此事今虽习见，在当时实为创获。

大概亭林、船山，才兼文武，桴亭近文，习斋近武。桴亭可使为地方官，如省长之属；习斋可使为卫戍司令。二人之才不同，各有偏至。要皆专务修己治人，无明心见性之谈也。

东原不甘以上列诸儒为限，作《原善》《孟子字义疏证》。其大旨有二：一者，以为程、朱、陆、王均近禅，与儒异趣；一者，以为宋儒以理杀人，甚于以法杀人。盖雍乾间，文字之狱，牵累无辜，于法无可杀之道，则假借理学以杀之。东原有感于此，而不敢正言，故发愤为此说耳。至其目程、朱、陆、王均近禅，未免太过。象山谓“六经注我，我注六经”，乃扫除文字障之谓，不可谓之近禅。至其驳斥以意见为理，及以理为如有物焉得于天而具于心之说，只可以攻宋儒，不足以攻明儒。阳明谓理不在心外，则非如有物焉，凑拍附着于气之谓也。罗整庵（钦顺）作《困知记》，与阳明力争理气之说，谓宋人以为理之外有气，理善，气有善有不善。夫天地生物，唯气而已，人心亦气耳。所谓理者，气之流行而有秩序者也，非气之外更有理也。理与气不能对立。东原之说，盖有取于整庵。然天理、人欲，语见《乐记》，《乐记》本谓穷人欲则天理灭，不言人欲背于天理也。而宋儒则谓理与欲不能并立。于是东原谓天理即人欲之有节文者，无欲则亦无理，此言良是，亦与整庵相近。唯谓理在事物而不在心，则矫枉太过，易生流弊。夫能分析事物之理者，非心而何？安得谓理在事物哉？依东原之说，则人心当受物之支配，丧其所以为我，此大谬矣。至孟子"性善"之说，宋儒实未全用其旨。程伊川、张横渠皆谓人有义理之性，有气质之性。义理之性善，气质之性不善。东原不取此论，谓孟子亦以气质之性为善，以人与禽兽相较而知人之性善，禽兽之性不善（孟子有"人之异于禽兽者几希"语）。余谓此实东原之误。古人论性，未必以人与禽兽比较。详玩《孟子》之文，但以五官与心对待立论。孟子云："从其大体为大人，从其小体为小人。""耳目之官不思而蔽于物。物交物，则引人而已矣。心之官则思，思则得之，不思则不得也。"其意殆谓耳目之官不纯善，心则纯善。心纵耳目之欲，是养其小体也。耳目之欲受制于心，是养其大体也。今依生理学言之，有中枢神经，有五官神经。五官不能谓之无知，然仅有欲而不知义理，唯中枢神经能制五官之欲，斯所以为善耳。孟子又云："口之于味，目之于色，耳之于声，鼻之于臭，四肢之于安佚，性也。有命焉，君子不谓性也。"是五官之欲固可谓之性。以五官为之主宰，故不以五官之欲为性，而以心为性耳。由此可知。孟子亦不谓性为纯善，唯心乃纯善。东原于此不甚明白。故不取伊川、横渠之言，而亦无以解孟子之义。由今观之，孟、荀、扬三家论性虽各不同，其实可通。孟子不以五官之欲为性，此乃不得已之论。如合五官之欲与心而为真，亦犹扬子所云善恶混矣。孟子谓恻隐、羞恶、辞让、是非四端，性所具有。荀子则谓人生而有好利焉，顺是则争夺生而辞让亡矣。是荀子以辞让之心非性所本有。故人性虽具恻隐、羞恶、是非三端，不失其为恶。然即此可知荀子但云性不具辞让之心，而不能谓性不具恻隐、羞恶、是非之心。是其论亦同于善恶混也。且荀子云：“途之人皆可以为禹。”孟子云：“人皆可以为尧舜。”是性恶、性善之说，殊途同归也。荀子云：“人皆有可以知仁义法正之质，皆有可以能仁义法正之具。”孟子云：“乃若其情则可以为善矣，乃所谓善也。”此其语趣尤相合（孟子性善之说，似亦略有变迁。可以为善曰性善，则与本来性善不同矣）。虽然，孟子曰：“仁、义、礼、知，非由外铄我也，我固有之也。”荀子则谓礼义法度，圣人所生，必待圣人之教，而后能化性起伪。此即外铄之义，所不同者在此。

韩退之《原性》有上中下三品说。前此，王仲任《论衡》记周人世硕之言，谓人性有善有恶。举人之善性，养而致之则善长；举人之恶性，养而致之则恶长。故作《养书》一篇。又言宓子贱、漆雕开、公孙尼子之徒，亦论情性，与世子相出入。又孔子已有“生而知之者上、学而知之者次、困而学之又其次、困而不学民斯为下”语。如以性三品说衡荀子之说，则谓人性皆恶可也。不然，荀子既称人性皆恶，则所称圣人者，必如宗教家所称之圣人，然后能化性起伪尔。是故，荀子虽云性恶，当兼有三品之义也。

告子谓性无善、无不善，语本不谬，阳明亦以为然。又谓生之谓性，亦合古训。此所谓性，即阿赖耶识。佛法释阿赖耶为无记性（无善无恶），而阿赖耶之义即生理也。古人常借生为性字。《孝经》“毁不灭性”，《左传》“民力凋尽，莫保其性”皆是。《庄子》云：“性者生之质也。”则明言生即性矣。故“生之谓性”一语，实无可驳。而孟子强词相夺，驳之曰：“犬之性犹牛之性，牛之性犹人之性欤？”

若循其本，性即生理。则犬之生与牛之生，牛之生与人之生，有何异哉？至杞柳杯棬之辨，孟子之意谓戕贼杞柳以为杯棬可，戕贼人以为仁义不可。此因告子不善措辞，致受此难。如易其语云“性犹金铁也，义犹刀剑也；以人性为仁义，犹以金铁为刀剑”，则孟子不能谓之戕贼矣。

东原以孟子举犬性、牛性、人性驳告子，故谓孟子性善之说，据人与禽兽比较而为言。余谓此非孟子本旨，但一时口给耳。后人视告子如外道，或曰异端，或曰异学。其实儒家论性，各有不同。赵邠卿注《孟子》，言告子兼治儒、墨之学，邠卿见《墨子》书亦载告子（《墨子》书中之告子，与孟子所见未必为一人。以既与墨子同时，不得复与孟子同时也），故为是言。不知《墨子》书中之告子，本与墨子异趣，不得云兼治儒、墨之学也。宋儒以告子为异端，东原亦目之为异端，此其疏也。

《孟子字义疏证》一书，唯说理气语不谬（大旨取罗整庵），论理与欲亦当。至阐发性善之言，均属难信。其后承东原之学者，皆善小学、说经、地理诸学，唯焦里堂（循）作《孟子正义》，不得不采《字义疏证》之说（近黄式三亦有发挥东原之言）。要之，东原之说，在清儒中自可卓然成家，若谓可以推倒宋儒（段若膺作挽词有“孟子之功不在禹下”语，太过），则未敢信也。

道、咸间方植之（东树）作《汉学商兑》，纠弹东原最力。近胡适尊信东原之说，假之以申唯物主义。然“理在事物而不在心”一语，实东原之大谬也。

三、道家

数道家当以老子为首。《汉书·艺文志》道家首举《伊尹》《太公》。然其书真伪不可知，或出后人依托。《管子》之书，可以征信，唯其词意繁富，杂糅儒家、道家，难寻其指归。太史公言其“善因祸而为福、转败而为功”，盖《管子》之大用在此。黄老并称，始于周末，盛行于汉初。如史称环渊学黄老道德之术；陈丞相少时，好黄帝、老子之术；胶西有盖公善治黄老言；窦太后好黄帝、老子言；王生处士善为黄老言。然黄帝论道之书，今不可见。《儒林传》，黄生与辕固争论汤武革命，曰：“冠虽敝必加于首，履虽新必贯于足。”其语见《太公六韬》。然今所传《六韬》不可信，故数道家当以老子为首。

《庄子·天下篇》自言与老聃、关尹不同道。老子多政治语，庄子无之；庄子多超人语，老子则罕言。虽大旨相同，而各有偏重，所以异也。《老子》书八十一章，或论政治，或出政治之外，前后似无系统。今先论其关于政治之语。老子论政，不出因字，所谓“圣人无常心，以百姓心为心”是也。严几道（复）附会其说，以为老子倡民主政治。以余观之，老子亦有极端专制语，其云“鱼不可脱于渊，国之利器不可以示人”，非极端专制而何？凡尚论古人，必审其时世。老子生春秋之世，其时政权操于贵族，不但民主政治未易言，即专制政治亦未易言。故其书有民主语，亦有专制语。即孔子亦然。在贵族用事之时，唯恐国君之不能专制耳。国君苟能专制，其必有愈于世卿专政之局，故曰“鱼不可脱于渊，国之利器不可以示人”。然此二语法家所以为根本。

太史公以老子、韩非同传，于学术源流最为明了。韩非《解老》《喻老》而成法家，然则法家者，道家之别子耳。余谓老子譬之大医，医方众品并列，指事施用，都可疗病。五千言所包亦广矣，得其一术，即可以君人南面矣。

汉文帝真得老子之术者，故太史公既称孝文好道家之学，以为繁礼饰貌无益于治；又称孝文帝本好刑名之言。盖文帝貌为玄默躬化，其实最擅权制。观夫平、勃诛诸吕，使使迎文帝，文帝入，即夕拜宋昌为卫将军，领南北军；以张武为郎中令、行殿中。其收揽兵权，如此其急也。其后贾谊陈《治安策》，主以众建诸侯而少其力，文帝依其议，分封诸王子为列侯。吴太子入见，侍皇太子饮博，皇太子引博局提杀之，吴王怨望不朝，而文帝赐之几杖，盖自度能制之也。且崩时，诫景帝："即有缓急，周亚夫真可任将兵。"盖知崩后，吴楚之必反也。盖文帝以老、庄、申、韩之术合而为一，故能及此。然谓周云成、康，汉言文、景，则又未然。成康之世，诸侯宗周；文帝之世，诸侯王已有谋反者。非用权谋，乌足以制之？知人论世，不可同年而语矣。

后人往往以宋仁宗拟文帝，由今观之，仁宗不如文帝远甚。虽仁厚相似，而政术则非所及也。仁宗时无吴王叛逆之事；又文帝之于匈奴与仁宗之于辽、西夏不同。仁宗一让之后，即议和纳币，无法应付；文帝则否，目前虽似让步，却能养精蓄锐，以备大举征讨，故后世有武帝之武功。周末什一而税，以致颂声。然汉初但十五而取一（高帝、惠帝皆然），文帝出，常免天下田租，或取其半，则三十而税一矣。又以缇萦上书，而废肉刑。此二事可谓仁厚。然文帝有得于老子之术。老子之术，平时和易，遇大事则一发而不可当，自来学老子而至者，唯文帝一人耳。

《老子》书中有权谋语，“将欲歙之，必固张之；将欲弱之，必固强之；将欲废之，必固兴之；将欲夺之，必固与之”是也。凡用权谋，必不明白告人。而老子笔之于书者，以此种权谋，人所易知故尔。亦有中人权谋而不悟者，故书之以为戒也。

历来承平之世，儒家之术，足以守成；戡乱之时，即须道家。以儒家权谋不足也。凡戡乱之傅佐，如越之范蠡（与老子同时，是时《老子》书恐尚未出），汉初之张良、陈平（二人纯与老子相似。张良尝读《老子》与否不可知，陈平本学黄老），唐肃宗时之李泌，皆有得于老子之道。盖拨乱反正非用权谋不可，老子之真实本领在此。然即“无为而无不为”一语观之，恐老子于承平政事亦优为之，不至如陈平之但说大话（文帝问左丞相周勃：“天下一岁决狱几何？”勃谢不知。问：“天下钱谷一岁出入几何？”勃又谢不知，惶愧汗出浃背。帝问左丞相陈平，平曰：“有主者。”帝曰：“君所主者何事？”平曰：“宰相上佐天子理阴阳、顺四时，下遂万物之宜，外镇抚四夷、诸侯，内亲附百姓，使卿大夫各得任其职焉。”盖周勃武夫，非所能对；陈平粗疏，亦不能对也）。承平而用老子之术者，文帝之前曹参曾用盖公，日夜饮酒而不治事，以为法令既明，君上垂拱而臣下守职，此所谓“无为而无不为”也。至于晋人清谈，不切实用，盖但知无为，而不知无不为矣。

至于老子之道最高之处，第一看出常字，第二看出无字，第三发明无我之义，第四倡立无所得三字，为道德之极则。《老子》首章云：“道可道，非常道。名可名，非常名。”常道、常名，王注不甚明白，韩非《解老》则言之了然，谓“物之一存一亡、乍死乍生、初盛而后衰者，不可谓常；唯与天地之剖判也俱生，至天地消散也不死不衰者，谓常”。盖常道者，不变者也。《庄子·天下篇》称“老聃建之以常无有，主之以太一”。常无有者，常无、常有之简语也。《老子》曰：“常无欲以观其妙，常有欲以观其徼。”又云：“无名天地之始，有名万物之母。”无名故为常，有名故非常。徼者边际界限之意。夫名必有实，实非名不彰，彻去界限，则名不能立，故云“常有欲以观其徼也”。圣人内契天则，故常无以观其妙。外施于事，故常有以观其徼。建之以常无有者，此之谓也。

《老子》云：“天下万物生于有，有生于无。”后之言佛法者，往往以此斥老子为外道，谓“无何能生有？”然非外道也。《说文》：“无，奇字无也。通于元者，虚无，道也。”《尔雅》：“元，始也。”夫万物实无所始。《易》曰：“大哉乾元。”首出庶物，是有始也。又曰：“见群龙无首。”天德不可为首，则无始也。所谓有始者，毕竟无始也。《庄子》论此更为明白，云：“有始也者，有未始有始也者，有未始有夫未始有始也者。”《说文系传》云：“无通于元者，即未始有始之谓也。”又佛法有缘起之说，唯识宗以阿赖耶识为缘起；《起信论》以如来藏为缘起。二者均有始。而《华严》则称无尽缘起，是无始也。其实缘起本求之不尽，无可奈何，乃立此名耳。本无始，无可奈何称之曰始，未必纯是；无可奈何又称之曰无始。故曰无通于元。儒家无极、太极之说，意亦类是。故《老子》曰：“天下万物生于有，有生于无。”语本了然，非外道也。

无我之言，《老子》书中所无，而《庄子》详言之。太史公《孔子世家》：“老子送孔子曰：‘为人臣者毋以有己，为人子者毋以有己。’”二语看似浅露，实则含义宏深。盖空谈无我，不如指切事状以为言，其意若曰一切无我，固不仅言为人臣、为人子而已。所以举臣与子者，就事说理，《华严》所谓事理无碍矣。于是孔子退而有犹龙之叹。夫唯圣人为能知圣，孔子耳顺心通，故闻一即能知十。其后发为“毋意、毋必、毋固、毋我”之论，颜回得之而克己。此如禅宗之传授心法，不待繁词，但用片言只语，而明者自喻。然非孔子之聪明睿智，老子亦何从语之哉（老子语孔子之言，《礼记·曾子问》载三条，皆礼之粗迹，其最要者在此。至无我、克己之语，则《庄子》多有之）！

《德经》以上德、下德开端（是否《老子》原书编次如此，今不可知）。云：“上德不德，是以有德；下德不失德，是以无德。”德者得也，不德者，无所得也。无所得乃为德，其旨与佛法归结于无所得相同，亦与文王视民如伤、望道而未之见符合。盖道不可见，可见即非道。望道而未之见者，实无有道也。所以望之者，立文不得不如此耳。其实何尝望也。佛家以有所见为所知障，又称理障。有一点智识，即有一点所知障。纵令理想极高，望去如有物在，即所知障也。今世讲哲学者不知此义，无论剖析若何精微，总是所知障也。老子谓：“玄之又玄，众妙之门。”玄之一字，于老子自当重视。然老子又曰“涤除玄览”，玄且非扫除不可，况其他哉。亦有极高极深之理，自觉丝毫无谬，而念念不舍，心存目想，即有所得，即所谓所知障，即不失德之下德也。孔子云：“吾有知乎哉？无知也。”无知故所知障尽。颜子语孔子曰：“回益矣，忘仁义矣。”孔子曰：“可矣，犹未也。”他日复见曰：“回益矣，忘礼乐矣。”孔子曰：“可矣，犹未也。”他日复见曰：“回益矣，坐忘矣。”孔子乃称：“而果其贤乎！丘请从而后。”盖坐忘者，一切皆忘之谓，即无所得之上德也。此种议论，《老子》书所不详，达者观之立喻；不达者语之而不能明。非如佛书之反复申明，强聒而不舍。盖儒以修己治人为本；道家君人南面之术，亦有用世之心。如专讲此等玄谈，则超出范围，有决江救涸之嫌。故略示其微而不肯详说，否则，其流弊即是清谈。非唯祸及国家，抑且有伤风俗，故孔、老不为也。印度地处热带，衣食之忧，非其所急；不重财产，故室庐亦多无用处；自非男女之欲，社会无甚争端。政治一事，可有可无，故得走入清谈一路而无害。中土不然，衣食居处，必赖勤力以得之，于是有生存竞争之事。团体不得不结，社会不得不立，政治不得不讲。目前之急，不在乎有我、无我，乃在衣食之足、不足耳。故儒家、道家，但务目前之急；超出世间之理，不欲过于讲论，非智识已到、修养已足者，不轻为之语。此儒、道与释家根本虽同，而方法各异之故也。

六朝人多以老、庄附佛法（如僧祐《宏明集》之类），而玄奘以为孔、老两家，去佛甚远，至不肯译《老子》，恐为印度人所笑。盖玄奘在佛法中为大改革家，崇拜西土，以为语语皆是，而中国人语都非了义。以玄奘之智慧，未必不能解孔子、老子之语，特以前人注解未能了然，虽或浏览，不足启悟也。南齐顾欢谓孔、老与佛法无异，中国人只须依孔、老之法，不必追随佛法，虽所引不甚切当，而大意则是（《南齐书》五十四载欢之论曰："国师、道士，无过老、庄；儒林之宗，孰出周、孔？若孔、老非佛，谁则当之？二经所说，如合符契，道则佛也，佛则道也。其圣则符，其迹则反。"又云："理之可贵者道也，事之可贱者俗也。舍华效夷，义将安取？"）。至"老子化胡"，乃悠谬之语。人各有所得，奚必定由传授也。

道士与老子无关，司马温公已见及此。道士以登仙为极则，而庄子有齐死生之说，又忘老聃之死，正与道士不死之说相反也。汉武帝信少翁、栾大、李少君之属以求神仙，当时尚未牵合神仙、老子为一。《汉书·艺文志》以神仙、医经、经方同入方技，可证也。汉末张道陵注《老子》（《宏明集》引），其孙鲁亦注《老子》（曰：想余注《老子》。“想余”二字不可解），以老子牵入彼教，殆自此始。后世道士，乃张道陵一派也。然少翁辈志在求仙，道陵亦不然，仅事祈祷或用符箓捉鬼，谓之劾禁。盖道士须分两派，一为神仙家，以求长生、觊登仙为务；一为劾禁家，则巫之余裔也。北魏寇谦之出，道士之说大行。近代天师打醮、画符、降妖而不求仙，即是劾禁一派。前年，余寓沪上，张真人过访，余问炼丹否？真人曰：“炼丹须清心寡欲。”盖自以不能也。

梁陶宏景为《本草》作注，又作《百一方》，而专务神仙。医家本与神仙家相近，后世称陶氏一派曰茅山派，张氏一派曰龙虎山派。二派既不同，而炼丹又分内丹、外丹二派。《抱朴子》载炼丹之法，唐人信之，服大还而致命者不少。后变而为内丹之说，《悟真篇》即其代表。然于古有汉人所作《参同契》，亦著此意。元丘处机（即长春真人），亦与内丹相近，白云观道士即此派也。此派又称龙门派。是故，今之道士，有此三派，而皆与老子无关者也。

神仙家、道家，《隋志》犹不相混。清修《四库》，始混而为一。其实炼丹一派，于古只称神仙家，与道家毫无关系。宋元间人集《道藏》，凡诸子书，自儒家之外，皆被收录。余谓求仙一派，本属神仙家，前已言之。劾禁一派，非但与老子无关，亦与神仙家无关。求之载籍，盖与《墨子》为近。自汉末至唐，相传墨子有《枕中五行记》（其语与墨子有无关系，不可知）。《后汉书·刘根传》："根隐居嵩山，诸好事者就根学道。太守史祈，以根为妖妄，收而数之曰：'汝有何术，而惑诬百姓？'根曰：'实无他异，颇能令人见鬼耳。'于是左顾而啸，祈之亡父、祖及近亲数十人皆反缚在前，向根叩头。祈惊惧，顿首流血。根默然，忽俱去不知所在。"余按：其术与《墨子·明鬼》相近。刘根得之何人不可知，张道陵之术与刘根近似，必有所受之也。盖劾禁一派，虽与老子无关，要非纯出黄巾米贼，故能使晋世士大夫若王羲之、殷仲堪辈皆信之也。

庄子自言与老聃之道术不同，"死与？生与？天地并与？神明往与？"此老子所不谈，而庄子闻其风而悦之。盖庄子有近乎佛家轮回之说，而老子无之。庄子云："若人之形老，万化而未始有极也，其为乐可胜计邪？"此谓虽有轮回而不足惧，较之"精气为物、游魂为变"二语，益为明白。老子但论摄生，而不及不死不生，庄子则有不死不生之说。《大宗师》篇，南伯子葵问乎女偊，女偊称卜梁倚守其道三日，而后能外天下；又守之七日，而后能外物；又守之九日，而后能外生。已外生矣，而后能朝彻；朝彻而后能见独；见独而后能无古今；无古今而后能入于不死不生。天下者，空间也。外天下则无空间观念。物者实体也。外物即一切物体不足撄其心。先外天下，然后外物者，天下即佛法所谓地水火风之器世间，物即佛法所谓有情世间也。已破空间观念，乃可破有情世间，看得一切物体与己无关，然后能外生。外生者，犹未能证到不死不生，必须朝彻而见独。朝彻犹言顿悟，见独则人所不见，己独能见，故先朝彻而后能见独。人为时间所转，乃成生死之念。无古今者，无时间观念，死生之念因之灭绝，故能证知不死不生矣。佛家最重现量，阳明亦称留得此心常现在。庄子云无古今而后能入于不死不生者，亦此意也。南伯子葵、女偶、卜梁倚，其人有无不可知。然其言如此，前人所未道，而庄子盛称之，此即与老聃异趣。老子讲求卫生，《庚桑楚》篇，老聃为南荣趎论卫生之经可见。用世涉务必先能卫生。近代曾国藩见部属有病者辄痛呵之，即是此意。《史记·老子列传》称老子寿一百六十余。卫生之效，于此可见。然庄子所以好言不死不生，以彭祖、殇子等量齐观者，殆亦有故。《庄子》书中，自老子而外，最推重颜子，于孔子尚有微词，于颜子则从无贬语。颜子之道，去老子不远，而不幸短命，是以庄子不信卫生而有一死生、齐彭殇之说也。

内篇以《逍遥》《齐物》开端，浅言之，逍遥者，自由之义；齐物者，平等之旨。然有所待而逍遥，非真逍遥也。大鹏自北冥徙于南冥，经时六月，方得高飞；又须天空之广大，扶摇、羊角之势，方能鼓翼。如无六月之时间，九万里之空间，斯不能逍遥矣。列子御风，似可以逍遥矣。然非风则不得行，犹有所待，非真逍遥也。禅家载黄龙禅师说法，吕洞宾往听，师问道服者谁？洞宾称云水道人。师曰："云干水涸，汝从何处安身？"此袭庄子语也。无待，今所谓绝对。唯绝对乃得其自由。故逍遥云者，非今通称之自由也。如云法律之内有自由，固不为真自由；即无政府，亦未为真自由。在外有种种动物为人害者，在内有饮食男女之欲，喜怒哀乐之情，时时困其身心，亦不得自由。必也一切都空，才得真自由，故后文有外天下、外物之论，此乃自由之极致也。

"齐物论"三字，或谓齐物之论，或谓齐观物论，二义俱通。《庄子》此篇，殆为战国初期，学派纷歧、是非蜂起而作。“彼亦一是非，此亦一是非”，庄子则以为一切本无是非。不论人物，均各是其所是，非其所非，唯至人乃无是非。必也思想断灭，然后是非之见泯也。其论与寻常论平等者不同，寻常论平等者仅言人人平等或一切有情平等而已。是非之间，仍不能平等也。庄子以为至乎其极，必也泯绝是非，方可谓之平等耳。

揆庄子之意，以为凡事不能穷究其理由，故云“恶乎然？然于然；恶乎不然？不然于不然”。然之理即在于然，不然之理即在于不然。若推寻根源，至于无穷，而然、不然之理终不可得，故云然于然、不然于不然，不必穷究是非之来源也。《逍遥》《齐物》之旨，大略如是。

《养生主》为常人说法，然于学者亦有关系。其云“生也有涯，知也无涯，以有涯随无涯，殆已”，斯言良是。夫境界无穷，生命有限，以有限求无穷，是夸父逐日也。《养生主》命意浅显，颇似老子卫生之谈。然不以之为七篇之首，而次于第三，可知庄子之意，卫生非所重也。世间唯愚人不求知，稍有智慧，无不竭力求知。然所谓一物不知儒者之耻，天下安有此事？如此求知，所谓殆已。其末云：“指穷于为薪，火传也，不知其尽也。”以薪喻形骸，以火喻神识。薪尽而火传至别物，薪有尽而火无穷，喻形体有尽而神识无尽。此佛家轮回之说也。

《人间世》论处世之道，颜子将之卫、叶公问仲尼二段可见，其中尤以“心斋”一语为精。宋儒亦多以晏坐为务。余谓心斋犹晏坐也。古者以《诗》、《书》、礼、乐教士，《诗》《书》属于智识，礼、乐属于行为。古人守礼，故能安定。后人无礼可守，心常扰扰。《曲礼》云："坐如尸，立如斋。"此与晏坐之功无大异。常人闲居无事，非昏沉即掉举。欲救此弊，唯有晏坐一法。古人礼乐不可斯须去身，非礼勿动（动者，非必举手投足之谓，不安定即是动）、非礼勿言（心有思想即言也），自不必别学晏坐。"子之燕居，申申如也，夭夭如也。"申申挺直之意，夭夭屈曲之意，申申、夭夭并举，非崛强，亦非伛偻，盖在不申不屈之间矣。古有礼以范围，不必晏坐，自然合度。此须观其会通，非谓佛法未入中土之时，中土绝无晏坐法也。心斋之说与四勿语（非礼勿视、非礼勿听、非礼勿言、非礼勿动）相近，故其境界，亦与晏坐无异。向来注《庄子》者，于"瞻彼阕者，虚室生白，吉祥止止"十二字多不了然。谓室比喻心，心能空虚则纯白独生，然阕字终不可解。按：《说文》"事已闭门"为阕。此盖言晏坐闭门，人从门隙望之，不见有人，但见一室白光而已。此种语，佛书所恒道，而中土无之，故非郭子玄所知也。

《德充符》言形骸之不足宝，故以兀者王骀发论，至谓王骀之徒与孔子中分鲁国，则其事有无不可知矣。中有二语，含义最深，自来不得其解，曰："以其知，得其心；以其心，得其常心。"余谓此王骀之绝诣也。知者，佛法所谓意识；心者，佛法所谓阿赖耶。阿赖耶恒转如瀑流，而真如心则无变动。常心者，真如心之谓。以止观求阿赖耶，所得犹假；直接以阿赖耶求真如心，所得乃真。此等语与佛法无丝毫之异。世间最高之语，尽于此矣。

《大宗师》篇有不可解处，如"真人之息以踵，众人之息以喉"。喉踵对文，自当训为实字，疑参神仙家言矣。至乎其极，即为卜梁倚之不死不生，如此方得谓之大宗师。

《应帝王》言变化不测之妙。列子遇季咸而心醉，归告其师壶子。

季咸善相人，壶子使之相，示之以地文，示之以天壤，示之以太冲，最后示之以虚而委蛇。季咸无从窥测，自失而走。此如《传灯录》所载忠国师事，有西僧能知人心事，师往问之，僧曰："汝何以在天津桥上看猢狲耶？"师再问之，僧又云云。最后一无所念而问之，僧无从作答。此即壶子对季咸之法矣。

要之，内篇七首，佛家精义俱在。外篇、杂篇与内篇稍异。盖《庄子》一书，有各种言说，外篇、杂篇，颇有佛法所谓天乘（四禅四空）一派。《让王篇》主人事，而推重高隐一流。盖庄子生于乱世，用世之心，不如老子之切，故有此论。郭子玄注，反薄高隐而重仕宦。此子玄之私臆，未可轻信。子玄仕于东海王越，招权纳贿，素论去之，故其语如此，亦其所也，唯大致不谬耳。外篇、杂篇，为数二十六；更有佚篇，郭氏删去不注，以为非庄子本旨。杂篇有孔子见盗跖及渔父事，东坡以为此二篇当删。其实《渔父》篇未为揶揄之言，《盗跖》篇亦有微意在也。七国儒者，皆托孔子之说以糊口，庄子欲骂倒此辈，不得不毁及孔子，此与禅宗呵佛骂祖相似。禅宗虽呵佛骂祖，于本师则无不敬之言。庄子虽揶揄孔子，然不及颜子，其事正同。禅宗所以呵佛骂祖者，各派持论，均有根据，非根据佛即根据祖，如用寻常驳辩，未必有取胜之道，不得已而呵佛骂祖耳。孔子之徒，颜子最高，一生从未服官，无七国游说之风。自子贡开游说之端，子路、冉有皆以从政终其身。于是七国时仕宦游说之士，多以孔子为依归，却不能依傍颜子，故庄子独称之也。东坡生于宋代，已见佛家呵佛骂祖之风，不知何以不明此理，而谓此二篇当删去也。

太史公谓庄子著书十余万言，剽剥儒、墨。今观《天下》篇开端即反对墨子之道，谓墨子虽独能任，奈天下何？则史公之言信矣。

唯所谓儒者乃当时之儒，非周公、孔子也。其讥弹孔子者，凡以便取持论，非出本意，犹禅宗之呵佛骂祖耳。

老子一派，传者甚众，而《庄子》书，西汉人见者寥寥。史公而外，刘向校书，当曾见之。桓谭号为博览，顾独未见《庄子》。班嗣家有赐书，谭乞借《庄子》，而嗣不许。《法言》曾引《庄子》，殆扬子云校书天禄阁时所曾见者。班孟坚始有解《庄子》语，今见《经典释文》。外此，则无有称者。至魏晋间，《庄子》始见重于世，其书亦渐流传。自《庄子》流传，而清谈之风乃盛。由清谈而引进佛法。魏晋间讲佛法者，皆先究《庄子》（东晋支遁曾注《庄子》）。《宏明集》所录，皆庄、佛并讲者也。汉儒与佛法扞格，无沟通之理。明帝时佛经虽入中土，当时视之，不过一种神教而已。自庄子之说流行，不啻为研究佛法作一阶梯，此亦犹利玛窦入中国传其天算之学，而中国人即能了悟。所以然者，利玛窦未入之前，天元、四元之术，已研究有素，故易于接引也。

清儒谓汉称黄老，不及老庄，黄老可以致治，老庄唯以致乱。然史公以老、庄、申、韩同传，老子有治天下语。汉文兼参申韩，故政治修明。庄子政治语少，似乎遗弃世务。其实，庄在老后，政治之论，老子已足；高深之论，则犹有未逮，故庄子偏重于此也。漆园小吏，不过比今公安局长耳，而庄子任之。官愈小，事愈繁剧，岂庄子纯然不涉事务哉！清谈之士，皆是贵族，但借庄子以自高，故独申其无为之旨。然不但清谈足以乱天下，讲理学太过，亦足以乱天下。亭林谓今之心学，即昔之清谈。比喻至切。此非理学之根本足以乱天下，讲理学而一切不问，斯足以乱天下耳。以故，黄老治天下、老庄乱天下之语，未为通论也。

四、墨家

墨子，据高诱《吕览注》谓为鲁人。《史记·孟荀列传》或曰并孔子时，或曰在其后。盖墨子去孔子不远，与公输般同时。据《礼记·檀弓》：季康子之母死，公输般请以机封，事在哀公之末，或悼公之初。墨子见楚惠王时，盖已三四十岁，是时公输般已老，则墨子行辈，略后于般也。《亲士》篇言吴起之裂。考吴起车裂，在周安王二十一年，上去孔子卒已逾百年，墨子虽寿考，当不及见。至《所染》篇言宋康染于唐鞅田不礼。宋康之灭，在周赧王二十九年，去吴起之裂又九十余年，则绝非墨子所及见矣。是知《墨子》书有非墨子自著而后人附益之者。韩非《显学》篇，称孔墨之后，儒分为八，墨离为三——有相里氏之墨、相夫氏之墨、邓陵氏之墨。《庄子·天下》篇亦云相里勤之弟子，五侯之徒，南方之墨者，若获已齿、邓陵子之属，俱诵《墨经》，而倍谲不同，相谓别墨。今观墨子《尚贤》《尚同》《兼爱》《非攻》《节用》《节葬》《天志》《明鬼》《非乐》《非命》，皆有上中下三篇，文字虽小异，而大体则同。一人所著，绝不如此重沓，此即墨离为三之证。三家所传不同，而集录者兼采之耳。《汉书》称《墨子》七十一篇，今存五十三篇。

墨子之学，以兼爱、尚同为本，兼爱、尚同则不得不尚贤。至于节用，其旨专在俭约，则所以达兼爱之路也。节葬、非乐，皆由节用来。要之，皆尚俭之法耳。明鬼之道，自古有之，墨子传之，以为神道设教之助，亦有所不得已。依墨子之道，强本节用，亦有用处，而孟子、荀子非之。孟子斥其兼爱（攻其本体），荀子斥其尚俭（攻其办法）。夫兼爱之道，乃人君所有事，墨子无其位而有其行，故孟子斥为无父。汪容甫谓孟子厚诬墨子，实非知言。近世治墨学者，喜言《经上》《经下》，不知墨子本旨在兼爱、尚同，而尚贤、节用、节葬、非乐是其办法，明鬼则其作用也。

明鬼自是迷信。春秋战国之间，民智渐启，孔子无迷信之语，老子语更玄妙，何以墨子犹有尊天明鬼之说？近人以此致疑老子不应在墨子之前，谓与思想顺序不合。不知老子著书，关尹所请，关尹自当传习其书。《庄子·达生》篇有列子问关尹事，则老子传之关尹，关尹传之列子矣。今《列子》书虽是伪托，《庄子》记列子事则可信。《让王》篇言郑子阳遗粟于列子，据《史记·六国表》《郑世家》，子阳之死在周安王四年，是时上去孔子之卒八十一年。列子与子阳同时，遗粟之时，盖已年老，问关尹事，当在其前。关尹受老子之书，又在其前，如此上推，则老、孔本同时，列子与墨子同时。然老子著书传关尹，关尹传列子，此外有无弟子不可知。齐稷下先生盛言老子，则在墨子之后五六十年。近人以为思想进步必须有顺序，然必须一国之中交通方便，著书易于流布，方足言此。何者？一书之出，人人共见，思想自不致却退也。若春秋之末，各国严分疆界，交通不便，著书则传诸其人，不若后世之流行，安得以此为论？且墨子足迹，未出鲁、宋、齐、楚四国。宋国以北，墨子所未至。老子著书在函谷关，去宋辽远。列子郑人，与宋亦尚异处。故谓墨子未见老子之书可也。墨子与孔子同为鲁人，见闻所及，故有非儒之说。然《论语》一书，恐墨子亦未之见。《论语》云：“曾子有疾，孟敬子问之。”而《礼记》：“悼公之丧，孟敬子食食。”可见《论语》

之成，在鲁悼之后，当楚简王之世。是时墨子已老，其说早已流行，故《论语》虽记孔子“天何言哉”之言，而墨子犹言天志也。

又学派不同，师承各别，墨子即见老孔之书，亦未必遽然随之而变。今按：儒家著书在后（儒家首《晏子》），道、墨著书在前。《伊尹》《太公》之书，《艺文志》所不信，《辛甲》二十九篇则可信也（辛甲，道家，见《左传》襄四年）。墨家以《尹佚》二篇开端。尹佚即史佚也。《艺文志》所称某家者流出于某官，多推想之辞。唯道家之出史官，墨家之出清庙之守，确为事实。道家辛甲为周之太史，墨家不但史角为清庙之守，尹佚亦清庙之守。《洛诰》逸祝册可证也。师承之远，历五百余载，学派自不肯轻易改变。故公孟以无鬼之论驳墨子，墨子无论如何不肯信也。春秋之前，道家有辛甲，墨家有尹佚。《左传》引尹佚之语五，《国语》引之者一，而辛甲则鲜见称引，可见尹佚之学流传甚广，而辛甲之学则不甚传。老子本之辛甲，墨子本之尹佚，二家原本不同，以故墨子即亲见老子之书，亦不肯随之而变也。

《礼记》孔子语不尽可信，而《论语》及《三朝记》，汉儒皆以为孔子之语，可信。《三朝记·千乘篇》云：“下无用则国家富，上有义则国家治，长有礼则民不争，立有神则国家敬，兼而爱之，则民无怨心，以为无命，则民不偷。昔者先王立此六者，而树之德，此国家所以茂也。”今按：孔子所言，与墨子相同者五——“无用”即不奢侈之意，墨子所谓节用也；“上有义”即墨子所谓尚同也；“立有神”即墨子所谓明鬼也；“以为无命”即墨子所谓非命也。盖尹佚有此言，而孔子引之。其中不及节葬、非乐者，据《礼记·曾子问》：“下殇，土周，葬于园，遂舆机而往。史佚有子而殇，棺敛于宫中。”于此可见史佚不主节葬。周用六代之乐，史佚王官，亦断不能非之。

节葬、非乐乃墨子量时度势之言。尹佚当太平时，本无须乎此。墨子经春秋之乱，目睹厚葬以致发冢（《庄子》有“诗、礼发冢”语可证），故主节葬。春秋之初，乐有等级，及季氏僭用八佾，三家以雍彻，后又为女乐所乱（齐人馈女乐可见），有不得不非之势。盖节葬、非乐二者，本非尹佚所有，乃墨子以意增加者也。其余兼爱、尚同、明鬼、节用，自尹佚以来已有之。尚贤老子所非，其名固不始于墨子。墨子明鬼，但能称引典籍而不能明言其理，盖亦远承家法，非己意所发明也。

孔、老之于鬼神，措辞含蓄，不绝对主张其有，亦不绝对主张其无。老子曰：“以道莅天下，其鬼不神。”韩非解之曰：“夫内无痤疽瘅痔之害而外无刑罚法诛之祸者，其轻恬鬼也甚，故曰‘以道莅天下，其鬼不神。’”盖天下有道，祸福有常，则鬼神不足畏矣。孔子曰：“敬鬼神而远之。”然《中庸》曰：“鬼神之为德，视之而弗见，听之而弗闻，体物而不可遗，洋洋乎如在其上，如在其左右。”如此旁皇周浃，又焉能远？盖孔、老之言，皆谓鬼神之有无，全视人之信不信耳。至公孟乃昌言无鬼之论，此殆由孔老皆有用世之志，不肯完全摧破迷信，正所谓“不信者吾亦信之”也。公孟在野之儒，无关政治，故公然论无鬼矣。凡人类思想，固由闭塞而渐进于开明，然有时亦未见其然，竟有先进步而后却退者。如鬼神之说，政治衰则迷信甚，信如老子之言。然魏有王弼、何晏崇尚清谈，西晋则乐广、王衍大扇玄风，于是迷信几于绝矣。至东晋而葛洪著《抱朴子》内外篇，外篇语近儒家，内篇则专论炼丹。尔时老、庄“一生死、齐彭殇”之论已成常识，而抱朴犹信炼丹，以续神仙家之绪。又如阳明学派，盛行于江西，而袁了凡亦江西人，独倡为功过格，以承道教之风。夫清谈在前，而后有葛洪；阳明在前，而后有袁黄——皆先进步而后却退也。一人之思想，决不至进而复退。至于学说兴替、师承不同，则进退无常。以故老子之言玄妙，孔子之言洒落，而墨子终不之信也。且墨子明鬼亦有其不得已者在。墨子之学，主于兼爱、尚同，欲万民生活皆善，故以节用为第一法。节用则家给人足，然后可成其兼爱之事实，以节用故反对厚葬，排斥音乐。然人由俭入奢易，由奢反俭难。庄子曰："以裘褐为衣，以跂蹻为服，墨子虽独能任，奈天下何？"墨子亦知其然，故用宗教迷信之言诱人，使人乐从。凡人能迷信，即处苦而甘。苦行头陀，不惮赤脚露顶，正以其心中有佛耳。南宋有邪教曰吃菜事魔，其始盖以民之穷困，故教之吃菜，然恐人之不乐从也，故又教之事魔，事魔则人乐吃菜矣。于是从之者，皆渐饶益。论者或谓家道之丰，乃吃菜之功，非事魔之报；当禁事魔，不禁吃菜。其言似有理，实可笑也。夫不事魔，焉肯吃菜？墨子之明鬼，犹此志矣。人疑墨子能做机械，又《经上》《经下》辨析精微，明鬼之说，与此不类。不知其有深意存焉。

节用之说，孔、老皆同。老子以俭为宝，孔子曰宁俭。然俭有程度，孔子饭疏饮水，而又割不正不食，固以时为转移也。墨子无论有无，壹以自苦为极。其徒未必人人穷困，岂肯尽听其说哉？故以尊天明鬼教之，使之起信。此与吃菜事魔，雅无二致。若然，则公孟之论，宜乎不入耳矣。

《墨经》上、下所载，即坚白同异之发端。坚白同异，《艺文志》称为名家。名家之前，孔子有正名之语，《荀子》有《正名》之篇，皆论大体，不及琐细。其后《尹文子》亦然。独《墨子》有坚白同异之说，惠施、公孙龙辈承之，流为诡辩，与孔子、荀子不同。鲁哀公欲学小辩，孔子云：“奕固十棋之变，由不可既也，而况天下之言乎？”小辩，盖即坚白同异之流。小事诡辩，人以为乐。如云“火不热”“犬可为羊”，语异恒常，耸人听闻，无怪哀公乐之也。

《经》上、下又有近于后世科学之语，如：“平，同高也；圆，一中同长也。”解释皆极精到。然物之形体，有勾股者，有三角者，有六觚者，但讲平圆二种，一鳞一爪，偏而不全，总不如几何学，事事俱备。且其书庞杂，无系统可寻，今人徒以其保存古代思想，故乐于研讨耳。其实不成片段，去《正名》篇远矣。

墨子数称道禹（《庄子·天下篇》），禹似为其教祖。《周髀算经》释“矩”字云：“禹之所以治天下者，此数之所生也。”赵注云：“禹治洪水，望山川之形，定高下之势，乃勾股之所由生。”《考工记》：“有虞氏上陶，夏后氏上匠。”禹明于勾股测量之术，匠人世守其法以营造宫室，通利沟洫（《考工记》：“匠人建国，水地以悬，置槷以悬，视以景，为规，识日出之景与日入之景。昼参诸日中之景，夜考之极星，以正朝夕。”又：“匠人为沟洫，凡行奠水；磬折以参伍。欲为渊，则勾于矩。”匠人明勾股测量之理如此，故能建国行水。而行水、奠水，即禹治水之方也）。墨子既以禹为祖，故亦尚匠，亦擅勾股测量之术。公输般与之同时，世为巧匠。公输子削竹木以为鹊，成而飞之，三日不下，而墨子亦能做飞鸢。唯墨子由股术进求其理，故有“平，同高也”“圆，一中同长也”“端，体之无序而最前者也”诸语。此皆近于几何，所与远西不同者，远西先有原理，然后以之应用；中国反之，先应用然后求其理耳。

墨子、公输般皆生于鲁，皆能造机械、备攻守。其后，楚欲攻宋，二人解带为城，以牒为械，试于惠王之前。般九设攻城之机变，墨子九拒之。般之攻械尽，墨子之守圉有余。此虽墨子夸饰之辞，亦足证二人之功力相敌矣。

五、法家

《艺文志》称法家者流，盖出于理官。余谓此语仅及其半。法家有两派：一派以法为主，商鞅是也；一派以术为主，申不害、慎到是也。唯韩非兼善两者，而亦偏重于术。出于理官者，任法一派则然，而非所可语于任术一流。《晋书·刑法志》："魏文侯师李悝，撰次诸国法，著《法经》六篇，商君受之以相秦。"此语必有所本。今案：商鞅本事魏相公叔痤，为中庶子。秦孝公下令求贤，乃去魏之秦。《秦本纪》载其事，在孝公元年，当梁惠王十年，上距文侯之卒，仅二十六年，故商鞅得与李悝相接。商鞅不务术，刻意任法，真所谓出于理官者（《法经》即理官之书也）。其余，申不害、慎到，本于黄、老，而主刑名，不纯以法为主。韩非作《解老》《喻老》，亦法与术兼用者也。太史公以老、庄、申、韩同传，而商君别为之传，最为卓识。大概用法而不用术者，能制百姓、小吏之奸，而不能制大臣之擅权，商鞅所短即在于是。主术者用意最深，其原出于道家，与出于理官者异。春秋时世卿执政，国君往往屈服。反对世卿者，辛伯谏周桓公云："并后匹嫡，两政耦国，乱之本也。"（《左传》桓十八年）辛伯者，辛甲之后，是道家渐变而为法家矣。管子亦由道家而入法家，《法法》篇（虽云法法，其实仍是术也）谓："人君之势，能杀人、生人，富人、贫人，贵人、贱人。人主操此六者，以畜其臣；人臣亦望此六者，以事其君。六者在臣期年，臣不忠，君不能夺；在子期年，子不孝，父不能夺。故《春秋》之记，臣有弑其君、子有其弑父者。”其惧大权之旁落如此。老子则云：“鱼不可脱于渊，国之利器不可以示人。”语虽简单，实最扼要。盖老子乃道家、法家之枢转矣。其后慎到论势（见《韩非子·难势》），申不害亦言术。势即权也，重权即不得不重术，术所以保其权者也。至韩非渐以法与术并论，然仍重术。《奸劫弑臣篇》所论，仅防大臣之篡夺，而不忧百姓之不从令，其意与商鞅不同。夫大臣者，法在其手，徒法不足以为防，必辅之以术，此其所以重术也。《春秋》讥世卿（三传相同，《左传》曰：“是以为君，慎器与名，不可以假人。”），意亦相同。春秋之后，大臣篡弑者多，故其时论政者，多主专制。主专制者，非徒法家为然，管子、老子皆然。即儒家亦未尝不然。盖贵族用事，最易篡夺，君不专制，则臣必擅主。是故孔子有不可以政假人之论。而孟子对梁惠王之言，先及弑君。唯孟子不主用术，主用仁义以消弭乱原，此其与术家不同处耳。庄子以法术、仁义都不足为治，故云“窃钩者诛，窃国者侯”，“绝圣弃智，大盗乃止”。然其时犹无易专制为民主之说，非必古人未见及此，亦知即变民主，无益于治耳。试观民国以来，选举大总统，无非借兵力贿赂以得之。古人深知其弊，故或主执术以防奸，或主仁义以弭乱。要使势位尊于上，觊觎绝于下，天下国家何为而不治哉！

后世学管、老、申、慎而至者，唯汉文帝；学商鞅而至者，唯诸葛武侯。文帝阳为谦让，而最能执术以制权臣，其视陈平、周勃，盖如骨在口矣。初即位，即令宋昌、张武收其兵权，然后以微词免勃，而平亦旋死。《史》《汉》皆称文帝明申、韩之学，可知其不甚重法以防百姓。武侯信赏必罚，一意于法，适与文帝相反。虽自比管仲，实则取法商鞅（《魏氏春秋》记司马宣王问武侯之使，使对诸葛公夙兴夜寐，罚二十以上皆亲览焉，是纯用商君之法）。唯《商君书》列六虱：曰礼乐、曰诗书、曰修善、曰孝弟、曰诚信、曰贞廉、曰仁义、曰非兵、曰羞战。名为六虱，实有九事。商鞅以为六虱成群，则民不用；去其六虱，则兵民竞劝。而武侯《出师表》称“郭攸之、费祎、董允等，此皆良实，志虑忠纯”，可见武侯尚以诚信、贞廉为重，非如商鞅之极端用法，不须亲贤臣、远小人也。《商君书》云：“善治者使跖可信，而况伯夷乎？不能治者使伯夷可疑，而况盗跖乎？势不能为奸，虽跖可信也；势得为奸，虽伯夷可疑也。”独不念躬揽大柄、势得犯上，足以致人主之疑乎？夫教人以可疑之道，而欲人之不疑之也，难矣。作法自毙，正坐此论。及关下求舍，见拒而叹，不已晚乎？韩非《定法》云：“申不害言术，公孙鞅为法，二者不可相无。然申不害徒术而无法。韩者，晋之别国也。晋之故法未息，而韩之新法又生；先君之令未收，而后君之令又下。申不害不擅其法，不一其宪令，则奸多。故利在故法前令则道之，利在新法后令则道之，利在故新相反、前后相勃，则申不害虽十使昭侯用术，而奸臣犹有所谲其辞矣。故托万乘之劲韩，十七年而不至于霸王者，虽用术于上，法不勤饰于官之患也。公孙鞅徒法而无术。其治秦也，设告相坐而责其实，连什伍而同其罪，赏厚而信，刑重而必。是以其民用力劳而不休，逐敌危而不却，故其国富而兵强。然而无术以知奸，则以其富强资人臣而已矣。及孝公、商君死，惠王即位，秦法未败也，而张仪以秦殉韩魏；惠王死，武王即位，甘茂以秦殉周；武王死，昭襄王即位，穰侯越韩魏而东攻齐，五年而秦不益尺土之地，乃成其陶邑之封；应侯攻韩八年，成其汝南之封。”“故战胜则大臣尊，益地则私封立：主无术以知奸也。商君虽十饰其法，人臣反用其资。故乘强秦之资，数十年而不至于帝王者，法虽勤饰于官，主无术于上之患也。”其言甚是。以三国之事证之，魏文帝时兵力尚不足，明帝时兵力足矣，末年破公孙渊，后竟灭蜀，而齐王被废、高贵乡公被弑。魏室之强，适以成司马氏奸劫弑臣之祸，其故亦在无术以制大臣也。是故，韩非以术与法二者并重。申不害之术，能控制大臣，而无整齐百姓之法，故相韩不能致富强；商鞅之法，能致富强，而不能防大臣之擅权。然商鞅之法，亦唯可施于秦国耳。何者？春秋时，秦久不列诸侯之会盟，故《史记·六国表》云：“秦始小国，僻远，诸夏宾之，比于戎翟。”商君曰：“始秦戎翟之教，父子无别，同室而居；今我更制其教，而为其男女之别，大筑冀阙，营如鲁、卫。”可见商鞅未至之时，秦民之无化甚矣。唯其无化，故可不用六虱，而专任以法。如以商君之法施之关东，正恐未必有效。公叔痤将死，语惠王曰：“公孙鞅年虽少，有奇才，愿王举国而听之；即不听用，必杀之，无令出境。”假令惠王用公叔之言，使商鞅行法于魏，魏人被文侯、武侯教化之后，宜非徒法之所能制矣。是故武侯治蜀，虽主于法，犹有亲贤臣、远小人之论。盖知国情时势不同，未可纯用商君之法也。其后学商鞅者，唐有宋璟，明有张居正。宋璟行法，百官各称其职，刑赏无私，然不以之整齐百姓。张居正之持法，务课吏职，信赏罚、一号令，然其督责所及，官吏而外则士人也，犹不普及氓庶。于时阳明学派，盛行天下，士大夫竞讲学议政，居正恶之，尽毁天下书院为公廨。又主沙汰生员。向时童子每年入学者，一县多则二十，少亦十人。沙汰之后，大县不过三四人，小县有仅录一人者，此与商鞅之法相似（沙汰生员，亭林、船山亦以为当然）。然于小民，犹不如商君持法之峻也。盖商君、武侯所治，同是小国。以秦民无化，蜀人柔弱，持法尚不得不异。江陵当天下一统之朝，法令之行，不如秦蜀之易。其治百姓，不敢十分严厉，固其所也。

商鞅不重孝弟诚信贞廉，老子有“不尚贤，使民不争”之语，慎到亦谓“块不失道，无用贤圣”。后人持论与之相近而意不同者，梨洲《明夷待访录》所云“有治法无治人”是也（梨洲之言，颇似慎到）。慎到语本老子。老子目睹世卿执政，主权下逮，推原篡夺之祸，始于尚贤。《吕氏春秋·长见篇》云：“太公望封于齐，周公旦封于鲁，二君甚相善也。相谓曰：‘何以治国？’太公望曰：‘尊贤尚功。’周公旦曰：‘亲亲上恩。’太公望曰：‘鲁自此削矣。’周公旦曰：‘鲁虽削，有齐者亦必非吕氏也。’其后齐日以大，至于霸，二十四世而田成子有齐国；鲁日以削，至于觐存，三十四世而亡。”盖尊贤上功，国威外达，主权亦必旁落，不能免篡弑之祸；亲亲尚恩，以相忍为国，虽无篡弑之祸，亦不能致富强也。老子不尚贤，意在防篡弑之祸；而慎到之意又不同。汉之曹参，宋之李沆，皆所谓块不失道者。曹参日夜饮醇酒，来者欲有言，辄饮以醇酒，莫得开说。李沆接宾客，常寡言，致有“无口匏”之诮。而沆自称居重位，实无补，唯中外所陈利害，一切报罢之，少以此报国尔。盖曹、李之时，天下初平，只须与民休息，庸人扰之，则百姓不得休息矣。慎到之言，不但与老子相近，抑亦与曹、李相近。庄子学老子之术，而评田骈、慎到为不知道。慎到明明出于老子，而庄子诋之者，庄子卓识，异于术、法二家。以为有政府在，虽不尚贤，犹有古来圣知之法，可资假借。王莽一流，假周、孔之道，行篡弑之事，固已为庄子所逆料。

班孟坚曰："秦燔《诗》《书》，以立私议；莽诵六艺，以文奸言。殊途同归。"是故《诗》《礼》可以发冢，仁、义适以资盗。必也绝圣弃知，大盗乃止。

有国者欲永免篡弑之祸，恐事势有所不能。日本侈言天皇万世一系，然试问大将军用事时，天皇之权何在？假令大将军不自取其咎，即可取天皇而代之，安见所谓万世一系耶？辛伯忧两政耦国，《公羊》讥世卿擅主，即如其说，遏绝祸乱之本，亦岂是久安长治之道？老子以为不尚贤则不争，然曹操、司马懿、刘裕有大勋劳于王室，终于篡夺，固为尚贤之过；若王莽无功，起自外戚，亦竟篡汉，不尚贤亦何救于争哉？若民主政体，选贤与能，即尚贤之谓。尚贤而争宜矣。

是故论政治者，无论法家、术家，要是苟安一时之计，断无一成不变之法。至于绝圣弃知，又不能见之实事。是故政治比于医药，医家处方，不过使人苟活一时，不能使人永免于死亡也。

六、名家

《汉书·艺文志》："名家者流，出于礼官。古者名位不同，礼亦异数。"余谓此乃局于一部之言，非可以概论名家也。《荀子·正名篇》举刑名、爵名、文名、散名四项。刑名、爵名、文名，皆有关于政治，而散名则普及社会一切事务，与政治无大关系。《艺文志》之说，仅及爵名，而名家多以散名为主。荀子因孔子正名之言，作《正名》篇，然言散名者多，言刑名、爵名者少。《墨子·经》上、下以及惠施、公孙龙辈，皆论散名，故名家不全出于礼官也。

名家最得大体者，荀子；次则尹文。尹文之语虽简，绝无诡辩之风；惠施、公孙龙以及《墨子·经》上、下，皆近诡辩一派，而以公孙龙为最。《法言》称公孙龙诡辞数万以为法，而不及尹文、惠施。荀子讥惠施蔽于辞而不知实。其实，惠施尚少诡辩之习也。名家本出孔子正名一语，其后途径各别，遂至南辕北辙。

孔子正名之言有所本乎？曰：有。《礼记·祭法》云："黄帝正名百物，以明民共财。"《国语》作"成命百物"，韦注："命，名也。"郑注《论语》："正名谓正书字也。古者曰名，今世曰字。"《礼记》曰："百名以上则书之于策。"然则黄帝正名，即仓颉造字矣。《易》曰："上古结绳而治，后世圣人易之以书契。"项籍云："书，足以记姓名。"造字之初，本以记姓名、造契约，故曰"明民共财"。《易》曰："理财正辞。"其意亦同。《管子·心术篇》曰："物固有形，形固有名。此言不得过实，实不得延名。姑形以形，以形务名，督言正名。"延即延长之意，过也。形不能定形，故须以名定之，此谓名与实不可相爽。然则正名之说，由来已久，孔子特采古人之说尔。

名家主形名，形名犹言名实。孔子之后，名家首推尹文。尹文谓名有三科：一曰命物之名，方员白黑是也；二曰毁誉之名，善恶贵贱是也；三曰况谓之名，贤愚爱憎是也（《大道》上）。其语简单肤廓，不甚切当。又云："有形者必有名，有名者未必有形（如墨子所称之鬼何有于实？只存名耳）。形而不名，未必失其方圆白黑之实。名而不可寻名，以检其差，故亦有名以检形，形以定名，名以定事，事以检名。察其所以然，则形名之与事物，无所隐其理矣（《大道》上）。"盖尹文是循名责实一派，无荒诞琐屑病，唯失之泰简，大体不足耳。

荀子《正名》，颇得大体。其时惠施、公孙龙辈已出，故取当时诸家之说而破之。惠施、公孙龙二人之术，自来以为一派，其实亦不同。《庄子·天下篇》载惠施之说十条，其他辩者之说二十二条。今观惠施之说，尚少诡辩，与其他辩者之说卵有毛、鸡三足者不同。盖公孙龙辈未服官政，故得以诡辩欺人，而惠施身为卿相（惠施为梁惠王相，并见《庄子》《吕览》），且庄子称其多方。多方者，方法多也。知其不但为名家而已。黄缭问天地所以不坠不陷、风雨雷霆之故，惠施不辞而应，不虑而对，遍为万物说，说而不休，多而无已；犹以为寡，益之以怪。惠施之博学于此可见。叶水心尝称惠施之才高于孟子。今案：梁惠王东败于齐，长子死焉；西丧地于秦七百里；南辱于楚。意欲报齐，以问孟子。孟子不愿魏之攻齐，故但言可使制梃以挞秦楚之坚甲利兵。于是惠王问之惠施，惠施对以王若欲报齐，不如因变服折节而朝齐，楚王必怒；王游人而合其斗，则楚必伐齐，以休楚而伐疲齐，则必为楚禽，是王以楚毁齐也。惠王从之，楚果伐齐，大败之于徐州。于此知惠施之有权谋，信如水心之言矣。今就《庄子》所载惠施之说而条辨之，无非形名家言也。一曰至大无外谓之大一，至小无内谓之小一。小一几何学之点，点无大小长短可言，是其小无内也。大一即几何学之体，引点而为线，则有长短；引线而为面，则有方圆；引面而为体，是其大可以无外也。点为无内，故曰至小；体可无外，故曰至大。二曰无厚不可积也，其大千里（墨子亦有无厚语）。无厚者，空间也，故不可积。空间无穷，千里甚言其大耳。三曰天与地卑、山与泽平。卑当作比。《周髀算经》云："天象盖笠，地法覆盘。"如其说，则天与地必有比连之处矣。大戴《礼记·曾子·天圆篇》云："如诚天圆而地方，则是四角之不掩也。"

曾子之意，殆与惠施同。山高泽下，人所知也。山上有泽，《咸》之象也。黄河大江，皆出昆仑之巅，松花江亦自长白山下注。故云山与泽平也。四曰日方中方睨、物方生方死。今之常言，时间有过去、现在、未来三者。其实无现在之时间，方见日中，而日已睨矣。生理学者谓人体新陈代谢，七年而血肉骸骨都非故我之物，此与佛法刹那、无常之说符合。故曰物方生方死，生死犹佛言生灭尔。五曰大同而与小同异，此之谓小同异；万物毕同毕异，此之谓大同异。此义亦见《荀子·正名篇》。同者荀子谓之共，异者荀子谓之别。其言曰："万物虽众，有时而欲遍举之，故谓之物。物也者，大共名也。推而共之，共则有共，至于无共然后止。有时而欲别举之，故谓之鸟兽。鸟兽也者，大别名也。推而别之，别则有别，至于无别然后止。"鸟兽皆物也，别称之曰鸟兽，此之谓小同异。动物、植物、矿物同称之曰物，是毕同也。物与心为对待，由心观物，是毕异也，此之谓大同异。六曰南方无穷而有穷，此言太虚之无穷，而就地上言之则有穷也。四方皆然，言南方者，举一隅耳。七曰今日适越而昔来（《齐物论》"来"作"至"）。谓之今日，其为时有断限；谓之昔，其为时无断限。就适越一日之程言之，自昧旦至于日入，无非今日也。就既至于越言之，可云昔至也。八曰连环可解也。案《国策》，秦昭王尝遣使者遗君王后连环，曰："齐多智，解此环不？"君王后以示群臣，群臣不知解。君王后引椎椎破之，谢秦使曰："谨以解矣。"杨升庵《丹铅录》尝论此事，以为连环必有解法，非椎破之也。今湖南、四川颇有习解连环者。然惠施之意，但谓既能贯之，自能解之而已。其时有无解连环之法则不可知。九曰我知天下之中央，燕之北、越之南是也。此依旧注固可通，然依实事亦可通。据《周髀算经》，以北极为中央，则燕之北至北极、越之南亦至南极，非天之中央而何？十曰泛爱万物。天地一体也，此系实理，不待繁辞。综上十条观之，无一诡辩。其下二十二条，虽有可通者，然用意缴绕，不可谓之诡辩。惠施与庄子相善，而公孙龙闻庄子之言，口呿而不合，舌举而不下（见《秋水》篇）。盖公孙龙纯为诡辩，故庄子不屑与为伍也。

惠施遗书，《汉志》仅列一篇。今欲考其遗事，《庄子》之外，《吕览》《国策》皆可资采摭。庄子盛称惠施。惠施既殁，庄子过其墓，顾谓从者曰："自夫子之死，吾无以为质。吾无与言之。"（《徐无鬼》篇）其推重之如此。然又诋之曰：由天地之道，观惠施之能，犹一蚊一虻之劳（《天下》篇）。则自道术之大处言之尔。至于"惠子相梁，庄子往见之。或谓惠子曰：'庄子来，欲代子相。'于是惠子恐，搜于国中，三日三夜"（《秋水》篇）。此事可疑。案：《史记·魏世家》称惠王卑礼厚币以招贤者，其时惠施为相，令自己出，宜无拒绝庄子之事。意者鹓雏、腐鼠之喻，但为寓言，以自明其高尚而已。《吕览·不屈篇》云，魏惠王谓惠子曰："寡人不若先生，愿得传国。"惠子辞。以子之受燕于子哙度之，《吕览》之言可信。以此可知惠施之为名家，非后世清谈废事者比。要而论之，尹文简单，而不玄远；惠施玄远矣，尚非诡辩；《墨·经》上、下以及公孙龙辈，斯纯为诡辩矣。自此辈出，而荀子有《正名》之作。

《荀子·正名》本以刑名、爵名、文名、散名并举，而下文则专论散名。其故由于刑名随时可变，爵名易代则变；文名从礼，如《仪礼》之名物，后世改变者亦多矣；唯散名不易变。古今语言，虽有不同，然其变以渐，无突造新名以易旧名之事；不似刑名、爵名、文名之随政治而变也。有昔无而今有、昔微而今著者，自当增作新名。故荀子云："若有王者起，必有循于旧名，有作于新名。"散名之在人者，荀子举性、情、虑、伪、事、行、智、能、病、命十项。名何缘而有同异？荀子曰："缘天官。"此语甚是。人之五官，感觉相近，故言语可通，喜怒哀乐之情亦相近，故论制名之缘由曰"缘天官"也。其云"单足以喻则单，单不足以喻则兼"，此可以破白马非马之论。盖总而名之曰马，以色别之曰白马。白马非马之论，本无由成立也。至坚白同异之论，坚中无白，白中无坚；白由眼识，坚由身识；眼识有白而无坚，身识有坚而无白；由眼知白，由身知坚，由心综合而知其为石。于是名之曰石。故坚白同异之论，无可争也。如此则诡辩之说可破（公孙龙辈所以诡辩者，以其无缘天官一语为之限制，得荀子之说而诡辩自破）。大概草昧之民，思想不能综合，但知牛之为牛，马之为马，不知马与牛之俱为兽；知鸡之为鸡，鹜之为鹜，不知鸡与鹜之俱为鸟。稍稍进步，而有鸟兽之观念；再进步而有物之观念。有物之观念，斯人类开化矣（其于石也，先觉其坚与白，然后综合而名之曰石；由石而综合之曰矿；由草、木、鸟、兽、矿而一切包举之曰物）。荀子又曰："名无固宜。约之以命，约定俗成谓之宜；异于约则谓之不宜。"盖物之命名，可彼可此，犬不必定谓之犬，羊不必定谓之羊；唯既呼之为犬、为羊，则约定俗成，犬即不可以为羊也。制名之理，本无甚高深，然一经制定，则不可以变乱。孔子谓"名不正则言不顺；言不顺则事不成；事不成则礼乐不兴；礼乐不兴则刑罚不中；刑罚不中则民无所措手足"，此推论至极之说。施于政治、文牍最要。若指鹿为马，则循名不能责实，其弊至于无所措手足矣。

要之，形与名务须切合，儒家正名之旨在此（《管子》已有此语）。为名家者，即此已定。惠施虽非诡辩，然其玄远之语，犹非为政所急。以之讲学则可，以之施于政治则无所可用。至其他缴绕之论，适足乱名实耳。

第五章　文学略说

文学分三项论之：一论著作之文与独行之文有别；二论骈体、散体各有所施，不可是丹非素；三论周秦以来文章之盛衰。

一、著作之文与独行之文

著作之文云者，一书首尾、各篇互有关系者也；独行之文云者，一书每篇各自独立，不生关系者也。准是论文，则《周易》、《春秋》、《周官》、《仪礼》、诸子，著作之文也（《仪礼》虽分十七篇而互有关系）；《诗》《书》，独行之文也。孔子删《诗》，如后世之总集，唯商初、周初诸篇偶有关系，然各篇不相接者多，与《春秋》编年者异撰，或同时并列三篇，或旷数百年而仅存一篇。自尧至秦，一千七百年中，《商书》残缺；《夏书》则于后羿、寒浞之事，一无记载。盖《书》本各人各作，不相系联。孔子删而集之，亦犹夫《诗》

矣。后人文集，多独行之文；唯正史为著作之文耳。以故著作之文，以史类为主；而周末诸子，说理者为后起，老、墨、庄、申、韩、孟、荀是也；唯《吕览》是独行之文编集而为著作者也。著作之盛，周末为最。顾独在诸子，史部不能相抗。至汉，太史公继《春秋》而作，史部始盛。此后子书，西汉有陆贾《新语》（真伪不可知）、贾谊《新书》、董仲舒《春秋繁露》（后人归入经部）、桓宽《盐铁论》（集当时郡国贤良商论盐铁榷沽事）、扬雄《法言》；东汉有王充《论衡》、王符《潜夫论》、仲长统《昌言》（全书不可见）、荀悦《申鉴》、徐干《中论》。持较周秦诸子，说理固不逮，文笔亦渐逊矣。然魏文帝论文，不数宴游之作，而独称徐干为不朽者，盖犹视著作之文尊于独行者也。

著作之文，本有史部、子部二类。王充谓："司马子长累积篇第，文以万数；然而因成前纪，无胸中之造。扬子云作《太玄经》，造于助思，极窈冥之深，非庶几之才，不能成也。"（《论衡·超奇篇》）此为抑扬太过。《史记》虽袭前文，其为去取，亦甚难矣。充又数称桓君山，谓说论之徒，君山为甲。今桓谭书不可见，唯《群书治要》略载数篇，亦无甚高深处。而充称为素丞相者，盖王、桓气味相投，能破坏不能建立，此即邱光庭《兼明书》之发端也（东汉人皆信阴阳五行，王充独破之，故蔡中郎得其书，秘之帐中。中郎长于碑版，能为独行之文而不能著作者）。至于三国，《典论》全书不可见。刘劭《人物志》论官人之法，行文精练，汉人所不能为，《隋志》入之名家，以其书品评人物，综核名实，于名家为近也。其论英雄，谓"张良英而不雄，韩信雄而不英。体分不同，以多为目，故英雄异名，皆偏至之材，人臣之任也。故英可为相，雄可为将。若一人之身兼有英、雄，则能长世，高祖、项羽是也。然英之分以多于雄，而英不可以少也。英分少则智者去之，故项羽气力盖世，明能合变，而不能听采奇异，有一范增不用，是以陈平之徒，皆亡归高祖。英分多故群雄服之，英材归之，两得其用，故能吞秦破楚，宅有天下。然则英雄多少，能自胜之数也。徒英而不雄，则雄才不服也；徒雄而不英，则智者不归也。故雄能得雄，不能得英；英能得英，不能得雄。故一人之身兼有英雄，乃能役英与雄。能役英与雄，故能成大业也”。语似突梯，而颇合当时情理。晋世重清谈，宜多著作之文；然而无有者，盖清谈务简，异于论哲学也。乐广擅清言，而不著书。《世说新语》云："客问乐令旨不至者，乐亦不复剖析文句，直以麈尾柄确几曰：'至不？'客曰：'至。'乐因又举麈尾曰：'若至者，那得去？'于是客乃悟服。广辞约而旨达，皆此类。"故无长篇大论。其时子书有《抱朴子》等（《抱朴子》外篇论儒术，内篇论炼丹），颜之推讥之，以为"魏晋以来，所著诸子，理重事复，递相模学，犹屋下架屋、床上施床耳"。《颜氏家训》言处世之方，不及高深之理。精于小学，故有《音辞篇》；信奉释氏，故有《归心篇》。其书与今敦煌石室所出《太公家教》类似。之推文学之士，多学问语。太公不知何人，或为隋唐间老农。学问有深浅，故文笔异雅俗耳。李习之谓《太公家教》与《文中子》为一类，不知《文中子》夸饰礼乐，而《家教》则否，余故谓是《家训》之类也。唐人子部绝少。后理学家用禅宗语录体著书，亦入子部，其文字鄙俚，故顾亭林讥之曰："夫子之文章，不可得而闻矣。"

史部之书，范晔《后汉书》、陈寿《三国志》，皆一手所作。《宋书》《齐书》《梁书》《陈书》亦然。《隋书》，魏徵等撰。本纪、列传，出颜师古、孔颖达手（自来经学家作史，唯孔颖达一人）；《天文》《律历》《五行》三志，出李淳风手。《新唐书》，宋祁撰列传，欧阳修撰志，虽出两人，文笔不甚相远。《晋书》出多人之手。《旧唐书》，号称刘昫撰，昫实总裁而已。《旧五代史》，薛居正撰，恐亦非一人之作。欧阳修《新五代史》，固出一手，然见闻不广，遗漏太多。辽、金、元三史，皆杂凑而成，唯《东都事略》乃王偁一人之作。《明史》本万斯同所作，但有列传，无本纪、表、志。余弟子朱逖先在北京购得稿本，体裁工整，而纸色如新，未敢决然置信。然文笔简练，殆非季野不能为。王鸿绪《横云山人明史稿》，纪、表、志、传具备，而删去万历以后列传。乾隆时重修《明史》，则又出多人之手矣。编年史如《汉纪》《后汉纪》《十六国春秋》，皆一手所作（《十六国春秋》，真伪不可知）。《通鉴》一书，周、秦、两汉为刘奉世所纂，六朝为刘恕所纂，隋唐为范祖禹所纂，虽出众手，而温公自加刊正。"臣光曰"云云，皆温公自撰，亦可称一手所成者也。大抵事出一手者为著作之文（史部、子部应分言之），反之则非著作之文。宋人称《新五代史》可方驾《史记》，《史记》安可几及？以后世史部独修者少，故特重视之耳。

《左》《国》《史》《汉》中之奏议书札，皆独行之文也。西汉以前，文集未著。《楚辞》一类，为辞章之总集。汉人独行之文，皆有为而作，或为奏议，或为书札，鲜有以论为名者。其析理论事，仅延笃《仁孝先后论》一篇耳，其文能分析而未臻玄妙，徒以《解嘲》《非有先生论》之属皆是设论，非论之正，故不得不以延笃之论为论之首也。魏晋六朝，崇尚清谈。裴頠《崇有》，范缜《神灭》，斯为杰构。清谈者宗师老子，以无为贵，故裴頠作论以破其说。《宏明集》所收，多扬玄虚之旨，范缜远承公孟（太史公云：学者多言无鬼神），近宗阮瞻，昌论无鬼。谓形之于神，犹刀之于利，未闻刀去而利存，安有人亡而神在？是仍以清谈破佛法也。此种析理精微之作，唐以后不可见。近世曾涤生言古文之法，无施不可，独短于说理（方望溪有“文以载道”之言，曾氏作此说，是所见过望溪也）。夫著作之文，原可以说理。古人之书，《庄子》奇诡，《孟》《荀》平易，皆能说理。韩非《解老》《喻老》，说理亦未尝不明。降格以求，犹有《崇有》《神灭》之作，何尝短于说理哉？后人为文，不由此道，故不能说理耳。然而宗派不同，门户各别，彼所谓古文，非吾所谓古文也。彼所谓古文者，上攀秦汉，下法唐宋，中间不取魏晋六朝。秦汉高文，本非说理之作，相如、子云，一代宗工，皆不能说理。韩、柳为文，虽云根柢经、子，实则但摹相如、子云耳。持韩较柳，柳犹可以说理，韩尤非其伦矣（柳遭废黜，不能著成一书，年为之限，深可惜也）。盖理有事理、名理之别。事理之文，唐宋人尚能命笔；名理之文，唯晚周与六朝人能为之。古文家既不敢上规周秦，又不愿下取六朝，宜其不能说理矣。要之，文各有体。法律条文，自古至今，其体不变。汉律、唐律，如出一辙。算术说解，自《九章》而下，亦别自成派。良以非此文体，无以说明其理故也。律算如此，事理、名理亦然。上之周秦诸子，下之魏晋六朝，舍此文体不用，而求析理之精、论事之辨，固已难矣。然则古人之文，各类齐备，后世所学，仅取一端。是故，非古文之法独短于说理，乃唐宋八家下逮归、方之作，独短于说理耳。

史部之文，班马最卓。后世学步，无人能及。传之于碑，文体攸殊。传纯叙事，碑兼文质。而宋人造碑，宛然列传。昌黎以二千余字作

《董晋行状》，其他碑志，不及千字；宋人所作神道墓志，渐有长者。子由作《东坡墓志》，字近七千，而散漫冗碎，不能收束。晦庵作《韩魏公志》，文成四万，亦不能收束。持较《史》《汉》千余字之《李斯列传》，七八千字之《项羽本纪》，皆收束得住，不可同年而语矣。后人无作长篇之力量，则不能不学韩、柳之短篇，以求收束得住，所谓起伏照应之法。凡为作长篇，不易收束而设也（此法宋人罕言，明人乃常言尔）。是故即论单篇独行之作，亦古今人不相及矣。

后世史须官修，不许私撰。学成班马，技等屠龙。唯子书无妨私作，然自宋至今，载笔之士，率留意独行之文，不尚著作。理学之士，创为语录，有意子部，而文采不足。余皆单篇孤行，未有巨制，岂不以屠龙之技为不足学耶？今吴江有宝带桥，绵亘半里，列洞七十，传为胡元时造；福建泉州有万安桥，长及二里，传为蔡襄所造。此皆绝技，后人更无传者。何者？师不以传之弟子，弟子亦不愿受之于师，以学而无所可用也。著作之文，每下愈况，亦犹此矣。

二、骈文、散文各有体要

骈文、散文，各有短长。言宜单者，不能使之偶；语合偶者，不能使之单。《周礼》《仪礼》，同出周公，而《周礼》为偶，《仪礼》则单。盖设官分职，种别类殊，不偶则头绪不清；入门上阶，一人所独，为偶则语必冗繁。又《文言》《春秋》，同出孔子，《文言》为偶，《春秋》则单。以阴阳刚柔，非偶不行；年经月纬，非单莫属也。同是一人之作，而不同若此，则所谓辞尚体要矣。

骈散之分，实始于唐，古无是也。晋宋两代，骈已盛行。然属对自然，不尚工切。晋人作文，好为迅速。《兰亭序》醉后之作，文不加点，即其例也。昭明《文选》则以沉思翰藻为主，《兰亭》速成，乖于沉思，文采不艳，又异翰藻，是故屏而弗录。然魏晋佳论，譬如渊海，华美精辨，各自擅场。但取华美，而弃精辨，一偏之见，岂为允当？顾《文选》所收对偶之文，犹未极其工切也。

降及隋唐，镂金错采，清顺之气，于焉衰歇。所以然者，北入南学（如温子升辈是），得其皮毛，循流忘返，以至斯极。于是初唐四杰廓清之功，不可没也（颜师古作《等慈寺塔记铭》，有意为文，即不能工；杨盈川作《王子安文集序》，以为当时之文，皆糅之金玉龙凤，乱之青黄朱紫，子安始革此弊）。降及中叶，李义山始专力于对仗，为宋人四六之先导。王子安落霞、孤鹜二语，本写当时眼前景物，而宋人横谓落霞，飞蛾之号，以对孤鹜，乃为甚工（宋人笔记中多此语）。其可笑有如此者。骈文本非宋人所工，徒以当时表奏皆用四六，故上下风行耳。欧阳永叔以四六得第，虽宗韩柳，不非骈体（永叔举进士，试《左氏失之诬论》有“石言于晋，神降于莘；内蛇斗而外蛇伤，新鬼大而故鬼小”语，颇以自矜）。东坡虽亦作四六，而常讥骈体。平心论之，宋人四六实有可议处也。清乾隆时，作骈体者规摹燕许，斐然可观。李申耆选《骈体文钞》（申耆，姚姬传之弟子，肄业钟山书院，反对师说，乃作是书），取《过秦论》《报任少卿书》，一切以为骈体，则何以异于桐城耶？阮芸台妄谓古人有文有辞，辞即散体，文即骈体，举孔子《文言》以证文必骈体，不悟《系辞》称辞，亦骈体也。刘申叔文本不工，而雅信阮说。余弟子黄季刚初亦以阮说为是，在北京时，与桐城姚仲实争，姚自以老耄，不肯置辩。或语季刚：呵斥桐城，非姚所惧；诋以末流，自然心服。其后白话盛行，两派之争，泯于无形。由今观之，骈散二者本难偏废。头绪纷繁者，当用骈；叙事者，止宜用散；议论者，骈散各有所宜。不知当时何以各执一偏，如此其固也。

邹阳，纵横家也。观其上书(《邹阳》七篇，《汉志》入纵横家。《史记》，邹阳与鲁仲连同传。周、孔之作不论，论汉人之作，相如、子云之文非有为而作，故特数邹阳)，行文以骈。而文气之盛，异于后之四六。是故谓骈体气弱，未为笃论。宋子京《笔记》谓作史不应有骈语；刘子玄亦云：史文用骈，似箫笛杂鼙鼓、脂粉饰壮士。此谓叙事不宜用骈也。不仅宋子京、刘子玄知此，六朝人作史，亦无用骈语者。唐诏令皆用骈体，而欧阳永叔撰《新唐书》，一切削去，此则太过。夫诏令以骈而不可录；罪人供状，词旨鄙俚，莫此为甚，何为而可录耶？后人不愿为散体者，谓散体短于说理，不知《崇有》《神灭》之作，亦非易为。若夫桐城派导源震川（尧峰亦然），阳湖略变其法，而大旨则同。震川之文，好摇曳生姿，一言可了者，故作冗长之语。曾涤生讥之曰："神乎？味乎？徒辞费耳。"此谓震川未脱八股气息也。至于散之讥骈，谓近俳优，此亦未当。玉溪而后，雕绘满眼，弊固然矣。若《文选》所录，固无襞积臃肿之病也。今以口说衡之，历举数事，不得不骈；单述一理，非散不可。二者并用，乃达神旨。以故，骈散之争，实属无谓。若立意为骈，或有心作散，比于削趾适屦，可无须尔。

骈散合一之说，汪容甫倡之，李申耆和之。然晋人为文，如天马行空，绝无依傍，随笔写去，使人难分段落。今观容甫之文，句句锻炼，何尝有天马行空之致；容甫讥呵望溪，而湘绮并诮汪、方。

湘绮之文，才高于汪，取法魏晋，兼宗两汉。盖深知明七子之弊，专学西汉，有所不逮；但取晋宋，又不甘心。故其文上取东汉，下取魏晋，而自成湘绮之文也。若论骈散合一，汪、李尚非其至，湘绮乃成就耳。然湘绮列传碑版，模拟《史记》，袭其成语，往往有失检之处。如《邹汉勋传》云："如邹汉勋者，又何以称焉？"此袭用《史记·伯夷列传》语而有误也。夫许由、卞随、务光之事，太史疑其非实，故作此问。若邹汉勋者，又何疑焉？

三、周秦以来文章之盛

论历代文学，当自周始。孔子曰："郁郁乎文哉，吾从周。"周初之文，厥维经典，不能论其优劣。春秋而后，始有优劣可言。春秋时文体未备，综其所作，记事、叙言多而单篇论说少。七国时文体完具，但无碑版一体。钟鼎虽与碑版相近，然其文不可索解。故正式碑版，断自秦后起也（任昉《文章缘起》，其书真伪不可知，所论亦未可信据）。概而论之，文章大体备于七国；若其细碎，则在六朝。六朝之后，亦有新体，如墓志，本为不许立碑者设；后世碑与墓志并用，其在六朝，墓志不为正式文章也。又如寿序，宋以前犹未着。然论文学之盛衰，固不拘于文体之损益。

自唐以来，论文皆以气为主。气之盛衰，不可强为。大抵见理深、感情重，自然气盛。周秦之作，未有不深于理者，故篇篇有气。论感情，亦古人重于后人。《颜氏家训》谓："别易会难，古人所重；江南饯送，下泣言离。"梁武帝送弟王子侯出为东郡，云："我年已老，与汝分张，甚以恻怆。"数行泪下。非独爱别离如此，即杯酒失意，白刃相仇，亦唯深于感情者为然。何者？爱深者恨亦深，二者成正比例也。今以《诗经》观之，好贤如《缁衣》，恶恶如《巷伯》，皆可谓甚矣。至于《楚辞·离骚》之忠怨，《国殇》之严杀，皆各尽其致。汉人叙战争者，如《项羽本纪》《李陵列传》，有如目睹。非徒其事迹之奇也，乃其文亦极描写之能事矣。此在后世文人为之，虽有意描写，亦不能几及。何也？其情不至也。大抵抒情之作，往往宜于小说。然自唐以降，小说家但能叙鬼怪，而不能叙战争攻杀。此由实情所无，想象亦有所不逮。唯有男女之情，今古不变，后世小说，类能道之。然人之爱情，岂仅限于男女？君臣、父子、兄弟、朋友，无不有爱情焉。而后世小说之能事，则尽于述男女而已。

汉人之文，后世以为高，然说理之作实寡。魏晋渐有说理之作，但不能上比周秦。今人真欲上拟周秦两汉，恐贻举鼎绝膑之诮。明七子李空同辈，高谈秦汉，其实邯郸学步耳。后七子如李沧溟文，非其至者，而诗尚佳；王凤洲文胜于沧溟，颇能叙战争及奇伟之迹，此亦由于情感激发尔。如杨椒山之事，人人愤慨，故凤洲所作行状，有声有色。顾持较《史》《汉》，犹不能及。以《史》《汉》文出无心，凤洲则有意模拟，着力与不着力，自有间也。

抒情说理之作如此，其非抒情亦非说理如《七发》之类者亦然（《七发》亦赋类）。《七发》气势浩瀚，无堆垛之迹。拟作者《七启》《七命》即大有径庭。相如、子云之赋，往往用同偏旁数字堆垛以成一句，然堆垛而不觉其重。何也？有气行乎其间，自然骨力开张也。降及东汉，气骨即有不逮。然《两都》《两京》以及《三都》，犹粗具规模，后此则无能为之者矣。此类文字，不关情之深、理之邃。以余度之，殆与体气有关。汉人之强健，恐什佰于今人，故其词气之盛，亦非后世所及。今人发古墓，往往见古人尸骨大于今人，此一证也。武梁祠画像，其面貌虽不可细辨，然鼻准隆起，有如犹太、回回人，此又一证也。汉世尚武之风未替，文人为将帅者，往往而有。又汉行征兵制，而其时歌谣，无道行军之苦者。唐代即不然，杜诗《兵车行》《石壕吏》之属可征也。由此可见，唐人之体气已不逮汉人，此又一证也。以汉人坚强好勇，故发为文章，举重若轻，任意堆垛而不见堆垛之迹，此真古今人不相及矣。不特文章为然，见于道德者亦然。道德非尽出于礼，亦生于情。情即有关于气体。体气强则情重，德行则厚；体气弱，情亦薄，德行亦衰。孔子曰："仁者必有勇。"知无勇不能行仁也。《吕氏春秋·慎大览》称孔子之劲，举国门之关，而不肯以力闻。《史记·仲尼弟子传》云：子路性鄙，少孔子九岁，好勇力，志伉直，冠雄鸡，佩豭豚，陵暴孔子。孔子设礼诱之，乃儒服委质，因门人请为弟子。今观孝堂山石刻子路像，奋袖抽剑，雄鸡之冠，与《史记》所言符合。知孔子之服子路，非仅用礼，亦能以力胜矣。后世理学家不取粗暴之徒，殆亦为无孔子之力故耳（澹台灭明之斩蛟，亦好勇之征也）。夫并生一时代者，体格之殊，当不甚远。孔子、墨子，时代相接。孔子之勇如此，则墨子之以自苦为极，若救宋之役，百舍重茧而不息，亦可信矣。自两汉以迄六朝，文气日以衰微者，其故可思也。《世说新语》记王子猷、子敬俱坐一室，上忽发火，子猷遽走避，不惶取屐；子敬神色恬然，徐唤左右，扶凭而出，不异平常。尔时膏粱子弟，染于游惰如此，体气之弱可知矣。有唐国势，虽不逮两汉，犹胜于六朝。故燕、许大手笔，文虽骈体，气骨特健，自此一变而为韩、柳之散文。宋代尚文，讳言武事，欧、曾、王、苏之作，气骨已劣于韩、柳。余常谓文不论骈散，要以气骨为主。

曾涤生倡阴阳刚柔之说，合于东人所谓壮美、优美者。以历代之作程之：周、秦、两汉之文刚，魏、晋、南朝之文柔；唐代武功犹著，故其文虽不及两汉，犹有两汉遗风；宋代国势已弱，故欧、苏、曾、王之文，近于六朝；南宋及元，中国既微，文不成文。洪武肇兴，驱逐胡虏，国势虽不如汉唐，优于赵宋实远。其异于汉唐者，汉唐自然强盛，明则有勉强之处耳。明人鉴于宋人外交之卑屈，故特自尊大。凡外夷入贡，表章须一律写华文，朝鲜、安南文化之国，许其称臣；南洋小国及满洲之属，则降而称奴。天使册封，不可径入其国城，须特建天桥，逾城而入；贡使之入中国者，官秩虽高，见典史不可不用手本，不可不称大人。外夷称中国曰天朝者，即始于此。诸如此类，即可见明代国势之盛，出于勉强。国势如此，国人体气恐亦类此。其见于文事者，台阁体不足为代表；归震川闲情冷韵之作，亦不足为代表；所可代表者，为前后七子之作。彼等强学秦汉，力不足以赴之，譬如举鼎绝膑，不自觉其面红耳赤也。归震川生长昆山，王凤洲生长太仓，籍贯同隶苏州，而气味差池。震川与凤洲争名，二人皆自谓学司马子长。然凤洲专取《史记》描摹之笔及浓重之处，震川则以为《史记》佳处在闲情冷韵。盖苏州人好作冷语，震川之文，苏州人之文也。震川殆知秦汉不易学，而又不甘自谓不逮秦汉，故专摹《史记》之冷语欤？由此遂启桐城派之先河。桐城派不皆效法震川，顾其主平淡、不主浓重则同。姚姬传学问之博，胜于方望溪，而文之气魄则更小，谋篇过六七百字者甚罕。梅伯言修饰更精，而气体尤不逮矣。曾涤生以为学梅伯言而以为未足，颇有粗枝大叶之作，气体近于阳刚。此其故关于国势、体力。清初国势之盛，乃满洲之盛，非汉族之盛。汉人慑伏于满洲淫威之下，绿营兵丁大抵羸劣，营汛武职官俸薄，往往出为贾竖，自谋生活，其权力犹不如今之警察。故汉人皆以当兵为耻。夫不习戎事，则体力弱；及其为文，自然疲苶矣。曾涤生自办团练，以平洪杨之乱，国势既变，湘军亦俨然一世之雄，故其文风骨遒上，得阳刚之气为多。虽继起无人，然并世有王湘绮，亦可云近于阳刚矣。湘绮与涤生路径不同，涤生自桐城入而不为八家所囿；湘绮虽不明言依附七子，其路径实与七子相同，其所为诗，宛然七子作也。唯明人见小欲速，文章之士，不讲其他学问。昌黎云：作文宜略识字。七子不能，故虽高谈秦汉，终不能逮。湘绮可谓识字者矣，故其文优于七子也。由上所论，历代文章之盛衰，本之国势及风俗，其彰彰可见者也。

文之变迁，不必依骈散为论。然综观尚武之世，作者多散文；尚文之世，作者多骈文。秦汉尚武，故为散文，骈句罕见。东汉崇儒术，渐有骈句。魏晋南朝，纯乎尚文，故骈俪盛行。唐代尚武，散体复兴（唐人散体，非始于韩柳。韩柳之前，有独孤及、梁肃、萧颖士、元结辈，其文渐趋于散，唯魄力不厚。至昌黎乃渐厚耳。譬之山岭脉络，来至独孤、萧、梁，至韩柳乃结成高峰也）。宋不尚武，故其文通行四六。作散文者，仅欧、曾、王、苏数人而已（姚姬传云：论文章，虽朱子亦未为是。大抵南宋之文，为后世场屋之祖。吕东莱、陈止斋、叶水心，学问虽胜，文则不工。东莱《博议》，纯乎场屋之文。陈止斋、叶水心之作，当时所谓对策八面锋，亦仅可应试而已）。余波及于明清，桐城一派，上接秦汉、下承韩柳固不足，以继北宋之轨则有余，胜于南宋之作远矣。

唐宋以来之散文，导源于独孤及、萧颖士辈，是固然矣。然其前犹可推溯，人皆不措意耳。《文中子》书，虽不可信，要不失为初唐人手笔。其书述其季弟王绩（字无功，号东皋子），作《五斗先生传》（见《事君》篇），其文今不可见。以意度之，殆拟陶渊明之《五柳先生传》。其可见者，《醉乡记》《负苓者传》，皆散漫而不用力，于陶氏为近，不可不推为唐代散文之发端。又马周所作章奏，模拟贾太傅《治安策》，于散体中为有骨力。唐人视周为策士一流，不与文学之士同科，实亦散文之滥觞也。大凡文品与当时国势不符者，文虽工而人不之重。燕许庙堂之文，当时重之，而陆宣公论事明白之作，见重于后世者，当时反不推崇。萧颖士之文，平易自然。元结始为谲怪，独孤及、梁肃变其本而加之厉。至昌黎始明言词必己出，凡古人已用之语，必屏弃不取，而别铸新词。昌黎然，柳州亦然，皇甫湜、孙樵，无不皆然。风气既成，宜乎宣公奏议之不见崇矣。然造词之风，实非始于昌黎。《唐阙史》云："左将军吐突承璀（昌黎同时人）方承恩顾，及将败之岁，有妖生所居。先是，承璀尝华一室，红梁粉壁，为谨诏敕藏机务之所。一日，晨启其户，有毛生地，高二尺许，承璀大恶之，且恐事泄，乃躬执箕帚，芟除以瘗。虽防口甚固，而娓娓有知者。承璀尤不欲达于班列。一日，命其甥尝所亲附者曰：'姑为我微行省闼之间，伺其丛谈，有言者否。'甥禀教敛躬而往。至省寺，即词诘守卫，辄不许进。方出安上门，逢二秀士，自贡院回，笑相谓曰：'东广坤毳可以为异矣。'甥驰告曰：'醋大知之久矣（中官谓南班，无贵贱皆呼醋大），且易其名呼矣。'谓左军为东广、地毛为坤毳矣。"易左军、地毛曰东广、坤毳，则与称龙门曰虬户无异，以言之者无碍，闻之者立悟。知唐人好以僻字易常名，乃其素习。故樊宗师作《绛守居园池记》，而昌黎称为文从字顺也。今观其文，代东方以丙、西方以庚，亦东广、坤毳之类。昌黎称之者，以其语语生造，合于己意也。盖造词为当时风尚，而昌黎则其杰出者耳。

欧阳永叔号称宗师韩柳，其实与韩柳异辙。唯以不重四六为学韩柳耳。永叔《题绛守居园池记》，诋呵樊氏，不遗余力，可知其与昌黎异趣矣。宋子京与永叔同时，皆以学昌黎为名，而子京喜造词，今《新唐书》在，人以涩体称之，可证也。夫自作单篇，未尝不可造词；作史则不当专务生造。子京之文，有盛名于时，及永叔之文行，趋之者皆崇自然，于是子京之文不复见称道。故知文品不合于时代，虽工亦不行也。

唐末迄于五代，文之衰弊已极。北宋初年，柳河东（开）、穆伯长（修）稍为杰出。河东文实不工，伯长才力薄弱，而故为佶屈聱牙。于时王禹偁所作，实较柳、穆为胜，唯才力亦薄弱耳。禹偁激赏丁谓、孙何，《宋史·丁谓传》云："谓与何同袖文谒禹偁，禹偁重之，以为自唐韩愈、柳宗元后，三百年始有此作。"二人之文，今不可见。穆伯长弟子尹师鲁（洙），文颇可观。苏子美（舜钦）亦佳。师鲁之文，永叔所自出，唯师鲁简练，永叔摇曳为异。永叔之文，震川一派所自昉也。苏子美仕不得志，颇效柳州之所为，永叔亟称之。此二家较柳、穆、王三家为胜。又永叔同时有刘原父（敞），才力宏大，司马温公文亦醇美。今人率称八家，以余论之，唐宋不止八家。唐有萧颖士、独孤及、梁肃、韩愈、柳宗元、李翱六家（皇甫湜、孙樵不足数），宋则尹洙、苏舜钦、刘敞、宋祁、司马光、欧阳修、曾巩、王安石、苏洵父子，合十一家（柳、穆、王不必取，苏门如秦观之《淮海集》、苏过之《斜川集》，文非不佳，唯不出东坡之窠臼，故不取。元结瑰怪，杜牧粗豪，亦不取），合之可称唐宋十七家。茅鹿门之所以定为八家者，盖韩柳以前之作，存者无多；宋初人文亦寡。六家之文，于八股为近；韩柳名高，不得不取：故遂定为八家耳。

权德舆年辈高于昌黎，文亦不恶，唯少林下风度耳。明台阁体即自此出。杜牧之文为侯朝宗、魏叔子所自出，唯粗豪太过耳。近桐城、阳湖二派，拈雅健二字以为论文之准。然则权德舆雅而不健，杜牧之健而不雅。雅健并行，二家所短。若依此选文，唐可八家（合权、杜数之），宋可十六家（合柳、穆、王、秦、苏过数之），允为文章楷则矣（雅健者，文章入门之要诀，不仅散文之须雅健，骈文亦须雅健，派别可以不论）。乾嘉间朱竹君（筠）《笥河文集》行于北方，其文亦雅而不健，似台阁一路。姚姬传笑之，以为笥河一生为文学宋景濂，永远是门外汉。是故，雅而不健，不可；健而不雅，亦不可。明于雅健二字，或为独行之文，或为著作之文，各视其人之力以为趣舍，庶乎可以言文。

四、文章之分类

继此复须讨论者，文章之分类是也。《文心雕龙》分为十九类，《古文辞类纂》则为十三类。今依陆士衡《文赋》为说，取其简要也。自古唯能文之士为能论文，否则皮傅之语，必无是处。士衡《文赋》，区分十类，虽有不足，然语语确切，可作准绳。其言曰："诗缘情而绮靡，赋体物而浏亮，碑披文以相质，诔缠绵而凄怆，铭博约而温润，箴顿挫而清壮，颂优游以彬蔚，论精微而朗畅，奏平彻以闲雅，说炜晔而谲诳。"十类以外，传、状、序、记，士衡所未齿列。今案：家传一项，晋人所作，有《李郃传》《管辂传》，全文今不可见。就唐人所引观之，大抵散漫，无密栗之致。行状一项，《文选》录任彦升《竟陵文宣王行状》一篇，体裁与后世所作不类。原行状之体，本与传同，而当时所作，文多质少，语率含浑（行状上之尚书，考功司据以拟谥，李翱以为今之行状，文过其质，不可为据，始变文为质，不加藻饰）。游记一项，古人视同小说，不以入文苑。东汉初，马第伯作《封禅仪记》，偶然乘兴之笔。后则游记渐孳，士衡时尚无是也。序录一项，古人皆自著书而自为序。刘向为各家之书作序，此乃在官之作；后世为私家著述作序者，古人无是也。此四项，士衡所不论，今就士衡所赋者论之。

诗、赋：士衡缘情、体物二语，实作诗造赋之要。赋本古诗之流，七国时始为别子之祖。至汉，《子虚》《上林》，篇幅扩大，而《古诗十九首》仍为短章。盖体物者，铺陈其事，不厌周详，故曰浏亮。缘情者，咏歌依违，不可直言，故曰绮靡。然赋亦有缘情之作，如班孟坚之《幽通》、张平子之《思玄》、王仲宣之《登楼》，皆偶一为之，非赋之正体也。

碑、诔：古人刻石，不以碑名。秦皇刻石，峄山、泰山、琅琊、芝罘、碣石、会稽诸处，皆直称刻石，不称碑。庙之有碑，本以丽牲；墓之有碑，本以下棺。作碑文者，东汉始盛。今汉碑存者百余通，皆属文言。往往世系之下，缀以考语；所治何学，又加考语；每历一官，辄加考语，无直叙其事者。故曰“披文以相质也”。不若是，将与行状、家传无别。魏晋不许立碑；北朝碑文，体制近于汉碑；中唐以前之碑，体制亦未变也。独孤及、梁肃始为散文，然犹不直叙也。韩昌黎作《南海神庙碑》，纯依汉碑之体；作《曹成王碑》，用字瑰奇，以此作碑则可，作传即不可。桐城诸贤不知此，以昌黎之碑为独创，不知本袭旧例也（昌黎犹知文体，宋以后渐不然）。宋人作碑，一如家传，唯首尾异耳。此实非碑之正体。观夫蔡中郎为人作碑，一人作二三篇。以其本是文言，故属辞可以变化。若为质言，岂有一人之事迹，可作二三篇述之耶？至汉碑有称“诔曰”者，知碑与诔本不必分，然大体亦有区别。碑虽主于文饰，仍以事实为重。诔则但须缠绵凄怆而已。后世作诔者少，潘安仁《马汧督诔》，乃是披文相质之作。碑与诔故是同类。后世祭文，则与诔同源。

铭、箴：碑亦有铭。此所谓铭，则器物之铭也。崔子玉《座右铭》，多作格言，乃《太公家教》之类，取其义，不取其文耳。张孟阳《剑阁铭》云：“敢告梁益。”是箴体也。所谓博约温润者，语不宜太繁，又不宜太露。然则《剑阁铭》是铭之正轨也。箴之由来已久。官箴王阙，本以刺上，后世作箴，皆依《虞箴》为法，扬子云、崔亭伯官箴、州箴，合四十余篇。所与铭异者，有顿挫之句，以直言为极，故曰“顿挫而清壮”也。张茂先《女史箴》，笔路渐异，尚能合法；至昌黎《五箴》，则失其步趋者也。

颂、论：三颂而外，秦碑亦颂之类也。刻石颂德，斯之谓颂矣。唯古代之颂，用之祭祀。生人作颂，始于秦碑。及后人作碑亦称“颂曰”是也。柳子厚作《平淮西雅》，其实颂也。颂与雅，后世不甚分耳。要以优游炳蔚为贵。论者，评议臧否之作。人之思想，愈演愈深，非论不足以发表其思想，故贵乎精微朗畅也。士衡拟《过秦》作《辩亡论》，议封建作《五等论》。二者皆论政之文，故为粗枝大叶，而非论之正体。论之正体，当以诸子为法，论名理不论事理，乃为精微朗畅者矣。庄、荀之论，无一不合精微朗畅之旨。韩非亦有之，但不称论耳（论事之作，不以为正体，王褒《四子讲德论》作于汉代，周秦无有也）。《文选》录王褒《四子讲德论》。论事本非正体，当为士衡所不数。盖周秦而后，六朝清谈佛法诸论，合乎正轨。《崇有论》反对清谈，《神灭论》反对佛法，此亦非精微朗畅不能取胜。此种论，唐以后不能作。盖唐以后人只能论事理，不能论名理矣。刘梦得、柳子厚作《天论》，似乎精细，要未臻精微朗畅之地。宋儒有精微之理，而作文不能朗畅，故流为语录。

奏、说：七国时游说，多取口说而鲜上书，上书即奏也。纵横家之作，大抵放恣，苏秦、范雎是矣。即李斯《谏逐客》亦然。自汉人乃变为平彻闲雅之作，以天下统一，纵横之风替也。平则易解，雅则可登于庙堂。此种体式，自汉至唐不变。至明人奏议，辄以痛骂为能事，故焦里堂谓温柔敦厚之教至明人而尽。如杨椒山劾严嵩曰贼嵩，虽出忠愤，甚非法式。又如刘良佐、刘泽清称福王拘囚太子是无父子，不纳童氏是无夫妇。又如万历时御史献酒、色、财、气四箴，此皆乖于进言之道。自唐以来，奏议以陆宣公为最善，既平彻又闲雅，可谓正体。所不足者，微嫌繁冗耳。唐人好文，三四千言之奏，人主犹能遍览，若在后世，正恐无暇及此。曾涤生自谓学陆宣公，今观其文，类于八股，平固有之，雅则未能。甲午战后，王湘绮尝代李少荃奏事，多引《诗》《书》，模拟汉作，雅则有余，平则不足。于是知平彻闲雅之难也。说者，古人多为口说，原非命笔为文，《文心雕龙》讥评士衡，谓："自非谲敌，则唯忠与信，披肝胆以献主，飞文敏以济辞，此说之本也。"不悟七国游士，纵横捭阖，肆口陈言，取快一时，确有炜晔谲诳之观，然其说必与事实相符，乃得见听。苏秦之合纵，非易事也。而六国之君听之者，固以其口辩捷给，亦为有其实学耳。《国策》言苏子去秦而归，揣摩太公阴谋之符，然后出说人主。由今观之，苏子亦不徒恃阴谋，盖明于地理耳。七国时地图难得，唯涉路远者，知舆地大势。荀子游于列国，故《议兵篇》所言地理不误，自余若孟子之贤，犹不知淮泗之不入江（《孟子》：“决汝汉、排淮泗而注之江。”不知淮泗不入江也）。汉兴，萧何入关，收秦图籍，故能知天下形势。否则，高祖起自草莽，何由知之？唯苏秦居洛阳，必尝见地图。故每述一国境界，悉中事情，然后言其财赋之多寡，兵力之强弱，元元本本，了然无遗。其说赵肃侯也，谓“臣请以天下之地图按之”。夫以草泽匹夫，而深知国情如此。宜乎六国之君，不敢不服其说矣。后世口说渐少，唯战争时或有之，留侯之借箸、武侯之求救于孙权，皆所谓谲诳者。后杜牧之作《燕将录》，载谭忠为燕牧刘济使，说魏牧田季安；又元和十四年说刘济子忠，皆慷慨立谈，类于苏秦。颇疑牧之所文饰，非当时实事。昌黎作《董晋行状》，述晋对李怀光语，亦口若悬河。晋服官无闻，此亦疑昌黎所文饰也。然则苏秦而后，口说可信者，唯留侯、诸葛二事。要皆炜晔谲诳，不尽出于忠信，以此知士衡之说为不可易也。

综上所论，知士衡所举十条，语语谛当，可作准绳。至其所未及者，祭文准诔，传状准史（今人如欲作传，不必他求，只依《史》《汉》可矣。行状与传，大体相同，唯首尾为异。且行状所以议谥，明以来议谥不据行状，则行状无所用之，不作可也）。序记之属，古人所轻。官修书库，序录提要，盖非一人所能为。若私家著述，于古只有自序；他人作之，亦当提挈纲领，不可徒为肤泛。记唯游记可作，《水经注》、马第伯《封禅仪记》，皆足取法。宋人游记叙山水者，多就琐碎之处着笔，而不言大势，实无足取。余谓《文赋》十类之外，补此数条已足。姚氏《古文辞类纂》分十三类，大旨不谬。然所见甚近，以唐宋直接周秦诸子、《史》《汉》，置东汉、六朝于不论，一若文至西汉，即斩焉中绝，昌黎之出，真似石破天惊者也。天下安有是事耶（桐城派所说源流不明，不知昌黎亦有师承）？余所论者，似较姚氏明白。